Jon Ronson es un escritor y presentador televisivo británico, famoso por su columna «The Human Zoo» en el diario *The Guardian* y por haber escrito y presentado un sinfín de documentales. Su primer libro, *Extremistas: mis aventuras con los radicales*, que describe sus encuentros con algunos de los mayores megalómanos y teóricos de conspiraciones, fue publicado en el Reino Unido en 2001 y se mantuvo durante siete semanas en el «top ten» del *Sunday Times*. *Los hombres que miraban fijamente a las cabras*, publicado en 2010 en Ediciones B, fue adaptado al cine con gran éxito de público y crítica. La película, con el mismo título, estaba protagonizada por George Clooney, Ewan McGregor, Jeff Bridges y Kevin Spacey.

Título original: *The psychopath test*
Traducción: Carlos Abreu
1.ª edición: febrero, 2017

© Jon Ronson, 2011
© Ediciones B, S. A., 2017
   para el sello B de Bolsillo
   Consell de Cent, 425-427 - 08009 Barcelona (España)
   www.edicionesb.com

Créditos de las fotos del interior:
Página 17. Steve Alexander - *www.temporarytemples.co.uk*
Página 30. Arriba: © Douglas R. Hofstadter 2007. Reimpreso con el permiso de Basic
Books, miembro de Perseus Books Group. / M. C. Escher *El ser o la nada*
© 2010 The M.C. Escher Company-Holland. *www.mcescher.com*
Página 212. © Teri Pengilley 2009
Página 282. Barney Poole 2011

Printed in Spain
ISBN: 978-84-9070-336-6
DL B 24519-2016

Impreso por NOVOPRINT
            Energía, 53
            08740 Sant Andreu de la Barca - Barcelona

¿Es usted un psicópata?

JON RONSON

Para Anita Bhoomkar (1966-2009),
amante de la vida y de toda su locura

1

La última pieza del rompecabezas

Éste es un relato sobre la locura. Empieza con una entrevista curiosa en un Costa Coffee del barrio de Bloomsbury, en el centro de Londres. Era la cafetería que frecuentaban los neurólogos, pues el Instituto de Neurología del University College de Londres se encontraba a la vuelta de la esquina. Y allí estaba una neuróloga, acercándose por Southampton Row y saludándome algo tímidamente con la mano. Se llamaba Deborah Talmi.

Tenía el aspecto de alguien que se pasa el día en un laboratorio y no está acostumbrado a encuentros raros con periodistas en cafés ni a verse envuelto en misterios desconcertantes. La acompañaba alguien: un joven alto, sin afeitar, con pinta de intelectual. Los dos se sentaron.

—Soy Deborah —dijo ella.

—Y yo, Jon —dije yo.

—Me llamo James —dijo él.

—Bien —dije—. ¿Lo has traído?

Deborah asintió y deslizó despacio un paquete sobre la mesa. Lo abrí y lo hice girar entre mis manos.

—Es bastante bonito —comenté.

En julio, Deborah había recibido un extraño paquete por correo. Lo encontró en su casillero, en la universidad. Llevaba matasellos de Gotemburgo, Suecia. Alguien había escrito en el sobre acolchado: «¡Le contaré más cuando regrese!» Sin embargo, el nombre del remitente brillaba por su ausencia.

El paquete contenía un libro de solo cuarenta y dos páginas, veintiuna de las cuales —las de número par— estaban completamente en blanco, aunque todos los detalles —el papel, las ilustraciones, el tipo de letra— parecían indicar que la impresión había salido muy cara. En la cubierta aparecía el grabado delicado e inquietante de dos manos sin cuerpo que se dibujaban la una a la otra. Deborah lo reconoció como una reproducción de *Manos dibujando*, de M. C. Escher.

El autor era un tal «Joe K.» (referencia a Josef K., el personaje de Kafka, o tal vez un anagrama de *joke*, «broma» en inglés), y el título era *El ser o la nada*, una especie de alusión al ensayo de Sartre *El ser y la nada*, publicado en 1943. Alguien había recortado cuidadosamente la hoja que contenía la información sobre la editorial, el copyright, el ISBN, etcétera, por lo que allí no había una sola pista. Un adhesivo advertía: «¡Atención! Estudie por favor la carta para el profesor Hofstadter antes de leer el libro. ¡Buena suerte!»

Deborah lo hojeó. Saltaba a la vista que era una suerte de enigma, con versos crípticos, páginas de las que se habían recortado palabras y cosas por el estilo. Ella echó otro vistazo a la nota que decía: «¡Le contaré más cuando regrese!» Uno de sus colegas estaba de visita en Suecia, y aunque no era el tipo de persona que solía enviar paquetes misteriosos, la explicación más lógica era que lo había mandado él.

Sin embargo, cuando su colega volvió y Deborah se lo preguntó, él aseguró no saber nada al respecto.

Deborah estaba intrigada. Realizó algunas búsquedas en Internet. Y fue entonces cuando descubrió que no era la única.

—¿Todos los destinatarios eran neurólogos? —le pregunté.

—No —respondió—. Muchos lo eran, pero uno era un astrofísico del Tíbet, y otro, un teólogo de Irán.

—Todos eran profesores universitarios —señaló James.

Habían recibido el paquete exactamente de la misma manera que Deborah: en un sobre acolchado enviado desde Gotemburgo que llevaba escritas las palabras «¡Le contaré más cuando regrese!» Se pusieron en contacto unos con otros a través de blogs y foros de mensajes e intentaron descifrar la clave.

Uno de los destinatarios sugirió que el libro debía interpretarse como una alegoría cristiana «ya desde el enigmático "¡Le contaré más cuando regrese!" (una clara referencia al Segundo Advenimiento de Cristo). El autor o autores parecen estar rebatiendo el ateísmo que Sartre refleja en *El ser Y la nada* (no *El ser O la nada*)».

Una investigadora en psicología perceptiva de nombre Sarah Allred se mostró de acuerdo: «Tengo la ligera sospecha de que esto resultará ser un ardid publicitario o de marketing viral concebido por alguna organización religiosa para ridiculizar al mundo académico, los intelectuales, los científicos y los filósofos.»

A los demás esto les pareció poco probable: «El factor coste descarta la teoría viral a menos que la campaña dé por sentado que sus objetivos cuidadosamente seleccionados publicarán en Internet sus reflexiones sobre el libro misterioso.»

Casi todos los destinatarios creían que la respuesta radicaba, de un modo intrigante, en ellos mismos. Ellos habían sido escogidos para recibir el paquete. No cabía duda de que había alguna pauta detrás de aquello, pero ¿cuál? ¿Habían asistido todos a una misma conferencia hacía unos años, o algo así? ¿Pretendían ofrecerles un cargo importante en alguna empresa secreta?

«¿O sea que, en pocas palabras, el primero que desentrañe

el enigma se queda con el puesto?», escribió un destinatario australiano.

Lo que parecía evidente era que una persona brillante o una organización que tenía vínculos con Gotemburgo había ideado un acertijo tan complejo que ni siquiera los profesores universitarios inteligentes como ellos podían descifrarlo. Tal vez no podía ser descifrado porque el código estaba incompleto. Tal vez faltaba una pieza del rompecabezas. Alguien propuso «acercar la carta a una lámpara encendida o exponerla a vapores de yodo. Quizás haya alguna frase secreta escrita en otro tipo de tinta».

Pero no había ninguna frase secreta.

Al final se dieron por vencidos. Si se trataba de un enigma que los profesores universitarios no podían resolver, tal vez debían acudir a alguien más tosco, como un investigador privado o un periodista. Deborah hizo algunas indagaciones. ¿Qué periodista podía ser lo bastante tenaz y curioso para sumergirse en el misterio?

Barajaron algunos nombres.

—¿Y por qué no Jon Ronson? —dijo entonces James, el amigo de Deborah.

El día que recibí el correo electrónico en el que Deborah me invitaba al Costa Coffee, me encontraba en pleno ataque de ansiedad. Había estado entrevistando a Dave McKay, el carismático líder de un pequeño grupo religioso australiano, los Jesucristianos, que había animado recientemente a sus miembros a donar cada uno el riñón que le sobraba a un desconocido. Al principio, Dave y yo nos llevábamos bastante bien —él era encantadoramente excéntrico, y yo estaba obteniendo de él un buen material para mi artículo, citas disparatadas y demás—, pero cuando aventuré que tal vez la presión del grupo era la razón por la que algunos de los miembros más vulnerables había decidido donar un riñón, él montó en cólera. Me envió un mensaje diciéndome que para darme una lección iba a cancelar una donación de riñón inminente. Dejaría que la receptora muriese y que su muerte pesara sobre mi conciencia.

Me sentí horrorizado por el destino de la receptora y a la vez complacido porque Dave me había enviado un mensaje desquiciado que le vendría de perlas a mi artículo. Le dije a un periodista que el comportamiento de Dave parecía bastante psicopático (no sabía nada de psicópatas, pero suponía que hacían ese tipo de cosas). El periodista publicó mi comentario. Unos días después, Dave me escribió por correo electrónico: «Considero una difamación que afirme usted que soy un psicópata. He buscado asesoramiento legal. Me han dicho que tengo base de sobra para querellarme. El rencor que me guarda no le da derecho a difamarme.»

Por eso el pánico se había apoderado de mí el día que el mensaje de correo electrónico de Deborah apareció en mi buzón de entrada.

—¿¡En qué estaría yo pensando!? —le dije a Elaine, mi esposa—. Simplemente estaba disfrutando con la entrevista, estaba pasándolo bien con la conversación. Y ahora todo se ha ido al carajo. Dave McKay va a demandarme.

—¿Qué pasa? —exclamó mi hijo Joel, que había entrado en la habitación—. ¿Por qué está todo el mundo gritando?

—He cometido un error muy tonto. He llamado psicópata a un hombre, y él se ha enfadado —expliqué.

—¿Qué va a hacernos? —dijo Joel.

Hubo un breve silencio.

—Nada —respondí.

—Si no va a hacernos nada, ¿por qué estás preocupado? —inquirió Joel.

—Solo estoy preocupado por haberlo hecho enfadar —dije—. No me gusta hacer que la gente se enfade o se sienta mal. Por eso estoy triste.

—Estás mintiendo —señaló Joel, entornando los ojos—. Yo sé que te da igual hacer que la gente se enfade o se sienta mal. ¿Qué me ocultas?

—Te lo he contado todo —aseguré.

—¿Va a atacarnos? —preguntó Joel.

—¡No! —dije—. ¡No, no! ¡Ten por seguro que eso no va a ocurrir!

—¿Estamos en peligro? —gritó Joel.

—No va a atacarnos —grité yo—. Solo va a demandarnos. Solo quiere quedarse con mi dinero.

—Ay, Dios —dijo Joel.

Le envié a Dave un correo electrónico en el que me disculpaba por haberlo tildado de psicopático.

«Gracias, Jon —contestó de inmediato—. Mi respeto hacia ti ha aumentado considerablemente. Espero que si algún día volvemos a vernos, podamos ser algo más parecido a lo que cabría llamar amigos.»

«Bueno —pensé—. Una vez más, me había angustiado por nada.»

Eché una ojeada a los mensajes de correo electrónico que no había leído y vi el que me había enviado Deborah Talmi. En él me comunicaba que ella, al igual que muchos otros profesores universitarios de todo el mundo, había recibido un paquete misterioso por correo ordinario. Una de sus amistades que había leído mis libros le había dicho que yo era de esa clase de periodistas a los que les gusta investigar misterios extravagantes. El mensaje terminaba así: «Espero haber sabido transmitirle la sensación de extrañeza que me produce todo este asunto, y lo fascinante que resulta esta historia. Es como un relato de aventuras, o un juego sobre una realidad alternativa, en el que todos somos peones. Al enviarlo a varios investigadores, ellos han despertado a la investigadora que hay en mí, pero no he conseguido encontrar la respuesta. Espero de verdad que tome usted el relevo.»

Ahora, en el Costa Coffee, dirigió la vista al libro que yo estaba haciendo girar entre mis manos.

—En esencia —dijo—, alguien, de un modo muy misterioso, intenta llamar la atención de ciertos miembros del mundo académico sobre algo, y tengo curiosidad por conocer el motivo. Me parece una campaña demasiado elaborada para ser obra de un solo particular. El libro intenta decirnos algo, pero no sé qué. Me encantaría saber quién me lo ha enviado y por qué, pero no tengo dotes de detective.

—Bueno... —titubeé. Me quedé callado, examinando el libro. Tomé un sorbo de café—. Veré qué puedo hacer —dije.

Les dije a Deborah y James que para empezar mi investigación me gustaría echar una ojeada a sus lugares de trabajo. Añadí que estaba interesado en ver el casillero en que Deborah había encontrado el paquete. Se miraron entre sí, como diciendo «es un sitio extraño donde comenzar, pero ¿quiénes somos nosotros para poner en duda los métodos de un gran detective?»

En realidad, tal vez no era eso lo que expresaba su mirada. Quizá lo que expresaba era: «Visitar nuestros despachos no beneficiará de forma seria la investigación de Jon, por lo que es un poco extraño que se empeñe en hacerlo. Esperemos no habernos equivocado en la elección de nuestro periodista. Esperemos que no sea una especie de bicho raro y que no tenga una razón oculta para querer ver nuestras oficinas por dentro.»

Si su mirada expresaba esto último, estaban en lo cierto: sí que tenía una razón oculta para querer ver sus edificios por dentro.

El departamento de James estaba en un bloque de hormigón agobiantemente feo situado muy cerca de Russell Square, la facultad de psicología del University College de Londres. En las paredes de los pasillos había unas fotografías descoloridas de las décadas de 1960 y 1970 que mostraban a niños enchufados a máquinas de aspecto aterrador, con cables colgándoles de la cabeza. Sonreían a la cámara emocionados, aparentemente ajenos a su situación, como si estuvieran en la playa.

En un evidente intento de embellecer un poco aquellos espacios públicos, habían pintado un pasillo de un color amarillo chillón. Resultó que esto se debía a que en aquel lugar realizaban pruebas en el cerebro a bebés, y a alguien se le ocurrió que el amarillo tal vez los tranquilizaría. Pero a mí me pareció un esfuerzo vano. La fealdad de aquel edificio resultaba tan opresiva que era como ponerle una nariz roja a un cadáver y llamarlo Ronald McDonald.

Cada vez que pasábamos frente a un despacho, yo echaba un vistazo al interior. En cada uno de ellos había un neurólogo o psicólogo inclinado sobre su mesa, muy concentrado en algún asunto relacionado con el cerebro. En una habitación, según me explicaron, el objeto de estudio era un hombre de Gales que era capaz de reconocer a todas sus ovejas como individuos, pero no de identificar rostros humanos, ni siquiera el de su esposa o el suyo propio cuando lo veía en un espejo. Este trastorno se conoce como prosopagnosia, incapacidad de reconocer caras. Al parecer, quienes la padecen insultan de una forma constante pero involuntaria a sus compañeros de trabajo, vecinos, maridos y esposas al no devolverles la sonrisa cuando se cruzan con ellos en la calle, por ejemplo. La gente no puede evitar ofenderse aun cuando sabe que la descortesía se debe al trastorno y no a la altanería. Los sentimientos negativos pueden propagarse.

En otro despacho, un neurólogo estudiaba el caso de un médico, ex piloto de la RAF, que, en julio de 1996, sobrevoló un campo en pleno día, dio media vuelta, lo sobrevoló de nuevo quince minutos después y de pronto vio en él un enorme dibujo en el sembrado. Era como si se hubiera materializado sin más.

El conjunto de Julia.

Cubría cuatro hectáreas y constaba de 151 círculos. El dibujo, bautizado como «el conjunto de Julia», se convirtió en el agroglifo más célebre de la historia. Se imprimieron camisetas y pósters con ese diseño. Se organizaron convenciones sobre el tema. El movimiento estaba pasando de moda —cada vez resultaba más evidente que los círculos en los sembrados no eran obra de extraterrestres sino de artistas conceptuales que los realizaban a altas horas de la noche valiéndose de tablas de madera y cordeles—, pero aquel había aparecido de la nada, en el lapso de quince minutos que había tardado el piloto en sobrevolar el campo por segunda vez.

El neurólogo de aquella habitación intentaba averiguar por qué el cerebro del piloto había sido incapaz de percibir el agroglifo la primera vez. Había estado allí desde el principio; lo había creado un grupo de artistas conceptuales que se hacía llamar Team Satan, valiéndose de tablas de madera y cordeles.

En un tercer despacho vi a una mujer que tenía en su estantería un ejemplar de *Little Miss Brainy*, un libro infantil. Era guapa y parecía animada y simpática.

—¿Quién es? —le pregunté a James.

—Essi Viding —respondió.

—¿Cuál es su especialidad? —quise saber.

—Los psicópatas —dijo James.

Clavé los ojos en Essi. Al vernos, ella sonrió y agitó la mano.

—Eso debe de ser peligroso —comenté.

—Una vez me contaron una anécdota sobre ella —dijo James—. Estaba entrevistando a un psicópata. Le enseñó la imagen de un rostro asustado y le pidió que identificara la emoción. El tipo contestó que no sabía de qué emoción se trataba, pero que esa era la cara que ponía la gente justo antes de que él los matara.

Seguí avanzando por el pasillo. De pronto me paré en seco y volví la vista hacia Essi Viding. Nunca había pensado mucho en los psicópatas hasta ese momento, y me pregunté si debía intentar conocer a algunos. Me parecía extraordinario que hubiera por allí personas cuyo trastorno neurológico, según la historia de James, las hacían tan aterradoras como un ser malévolo del espacio exterior salido de una película de ciencia ficción. Recordaba vagamente haber oído de boca de algún psicólogo que los psicópatas predominaban en las altas esferas —tanto en círculos empresariales como políticos—, ya que la falta clínica de empatía constituía una ventaja en aquellos ambientes. ¿Podía ser eso cierto? Essi me saludó con la mano de nuevo. Decidí que no, que sería un error adentrarme en el mundo de los psicópatas, un error especialmente grave en mi caso, pues soy propenso a la ansiedad. Le devolví el saludo y me alejé por el pasillo.

El edificio de Deborah, el Centro Wellcome Trust de Neuroimagen del University College de Londres, estaba a la vuelta de la esquina de Queen Square. Era más moderno y estaba equipado con jaulas de Faraday y escáneres de resonancia magnética funcional manejados por técnicos con pinta de cerebritos que llevaban camisetas de superhéroes. Gracias a su aspecto de empollones, las máquinas no me intimidaban tanto.

«Nuestro objetivo —decía la web del centro— es entender cómo el pensamiento y la percepción derivan de la actividad cerebral, y cómo dichos procesos dan lugar a enfermedades neurológicas y psiquiátricas.»

Llegamos frente al casillero de Deborah, y lo inspeccioné.

—De acuerdo —dije—. Vale.

Me quedé asintiendo por unos instantes. Deborah asintió también. Nos miramos.

Sin duda había llegado el momento de revelarle la razón oculta por la que quería entrar en su edificio: mis niveles de ansiedad se habían disparado en los últimos meses. Aquello no era normal. La gente normal no estaba tan poseída por el pánico. La gente normal no se sentía como si la electrocutara desde dentro un feto armado con una pistola paralizante en miniatura, como si la pincharan con uno de aquellos alambres electrificados que se usan para evitar que las vacas pasen al campo vecino. Por eso, desde nuestro encuentro en el Costa Coffee y durante todo aquel día, mis planes habían consistido en desviar la conversación hacia el tema de mi cerebro excesivamente angustiado con la esperanza de que Deborah se ofreciera a hacerme una resonancia magnética o algo por el estilo. Pero ella parecía tan encantada de que yo hubiera accedido a resolver el misterio de *El ser o la nada* que hasta ese momento me había faltado valor para mencionarle mi problema, pues no quería disipar el halo de misterio que me rodeaba.

Era mi última oportunidad. Deborah se percató de que la miraba, preparado para decir algo importante.

—¿Sí? —dijo.

Hubo un silencio breve. Fijé la vista en ella.

—Te mantendré informada de mis progresos.

El vuelo económico de Ryanair de las seis de la mañana a Gotemburgo iba abarrotado, lo que me producía una sensación claustrofóbica. Intenté llevarme la mano al bolsillo del pantalón para sacar mi libreta de notas, con el fin de elaborar una lista de tareas, pero tenía la pierna totalmente inmovilizada bajo la bandeja, sobre la que había apilado los restos de mi desayuno a base de chucherías. Tenía que planear lo que iba a hacer en Gotemburgo. Utilizar mi libreta me habría venido muy bien. Mi memoria ya no es lo que era. Últimamente me pasaba con frecuencia que salía de casa con expresión entusiasta y decidida, pero al cabo de un rato aminoraba el paso hasta quedarme parado con cara de perplejidad. En momentos así, todo se vuelve irreal y confuso. Probablemente perderé la memoria por completo un día, como mi padre, y ya no me quedarán libros que escribir. Más vale que vaya ahorrando para entonces.

Intenté agacharme para rascarme el pie. No pude. Estaba atascado. Tenía el puto pie atascado. Tenía el puto pie...

—¡HIIII! —chillé involuntariamente. Mi pierna salió disparada hacia arriba y chocó con la bandeja. Mi vecino de asiento me miró asustado. Se me acababa de escapar un chillido. Dirigí la vista al frente, horrorizado pero ligeramente maravillado también. Hasta ese momento no era consciente de que en mi interior existieran sonidos tan misteriosos y delirantes.

Había conseguido el nombre y el domicilio comercial en Gotemburgo de un hombre que tal vez conocía la identidad o identidades de «Joe K.». Se llamaba Petter Nordlund. Aunque ninguno de los paquetes enviados a los profesores universitarios contenía pistas —nombres de los posibles autores o distribuidores—, yo había encontrado, en lo más recóndito del archivo de una biblioteca sueca, una referencia a «Petter Nordlund» como traductor al inglés de *El ser o la nada*. La búsqueda en Google no me había proporcionado más información sobre él, salvo la dirección de BIR, una empresa de Gotemburgo con la que él tenía algún tipo de relación.

Si, tal como sospechaban los destinatarios del libro, había un equipo de astutos creadores de acertijos detrás de aquella campaña cara y enigmática cuyo objetivo aún no estaba claro (¿propaganda religiosa? ¿marketing viral? ¿caza de talentos?), Petter Nordlund sería mi único medio de acceder a él. Pero yo no le había comunicado que iría a verlo. Temía que desapareciera del mapa, o que alertara a la misteriosa organización que estaba detrás de *El ser o la nada*. Quizás intentarían detenerme de alguna manera que yo no alcanzaba a imaginar. Fuera como fuese, decidí que presentarme en la oficina de Petter Nordlund sin avisar era lo más audaz que podía hacer. Sería una apuesta a todo o nada. El viaje entero era una apuesta. Los traductores suelen trabajar muy lejos de sus clientes, por lo que era posible que Petter Nordlund no supiese nada del asunto.

Algunos de los destinatarios habían conjeturado que *El ser o la nada* era un rompecabezas irresoluble porque estaba incompleto, y, tras estudiar el libro durante una semana, llegué a la conclusión de que tenían razón. Cada página era un acertijo cuya solución parecía estar fuera de mi alcance, aunque la rozaba con la punta de los dedos.

Una nota del principio aseguraba que el manuscrito había sido «encontrado» en un rincón de una estación de tren abandonada. «Estaba tirado en un sitio expuesto y bien visible, pero yo fui el único lo bastante curioso para recogerlo.»

A continuación aparecía una serie de citas escuetas.

Mi pensamiento es muscular.
ALBERT EINSTEIN

Yo soy un extraño bucle.
DOUGLAS HOFSTADTER

La vida debe ser una aventura gozosa.
JOE K.

Solo veintiuna páginas del libro contenían texto, y en algunas de ellas no había más que una frase. La página 18, por ejemplo, decía, simplemente: «El sexto día después de haber dejado de escribir el libro, me senté en la casa de B y escribí el libro.»

El volumen estaba impreso a todo lujo, con papel y tinta de máxima calidad —en una página había una reproducción delicada y a todo color de una mariposa—, así que era evidente que aquello le había costado un montón de dinero a una o varias personas.

Había quedado claro que la clave que faltaba no estaba escrita en tinta invisible, pero cabía otra posibilidad. En la página 13 de todos los ejemplares había un agujero meticulosamente recortado. Faltaban algunas palabras. ¿La solución al misterio estaría relacionada de algún modo con aquellas palabras perdidas?

Alquilé un coche en el aeropuerto de Gotemburgo. Su olor a vehículo de alquiler recién lavado me trajo a la memoria recuerdos felices de aventuras detectivescas pasadas: las semanas que había dedicado a seguir la pista a David Icke, autor de la teoría de la conspiración según la cual los gobernantes secretos del mundo eran lagartos gigantes y pedófilos que bebían sangre, sacrificaban niños y habían adoptado una forma humana. Había sido una buena investigación. Y había comenzado, como esta, con el olor de un coche de alquiler recién lavado.

Siguiendo las indicaciones del GPS, pasé junto al parque de atracciones de Liseberg, junto al estadio en que Madonna ofrecería un concierto la noche siguiente, y me interné en el distrito empresarial. Suponía que la oficina de Petter Nordlund estaría allí, pero el GPS me hizo girar a la izquierda de forma brusca e inesperada, y avancé dando tumbos por una calle residencial bordeada de árboles hacia una casa de madera enorme, blanca y cuadrada.

Había llegado a mi destino, me informó el aparato.

Caminé hasta la entrada principal y toqué el timbre. Una mujer en chándal me abrió la puerta.

—¿Es aquí la oficina de Petter Nordlund? —le pregunté.

—Aquí es donde vive —me respondió.

—Ah, lo siento —dije—. ¿Está en casa?

—Hoy le toca atender pacientes —dijo ella con acento americano.

—¿Es médico? —inquirí.

—Psiquiatra —contestó.

Nos quedamos charlando un rato frente a su puerta. Me explicó que se llamaba Lily y era la esposa de Petter. Habían sido novios desde la infancia (él había ido al colegio en Estados Unidos) y habían pensado establecerse en el estado de California, donde ella se había criado, pero entonces el tío de Petter había muerto, él había heredado aquella casa gigantesca y no habían podido resistir la tentación.

Lily añadió que Petter no solo era traductor, sino también un psiquiatra muy respetado (más tarde leí en su página de LinkedIn que trabajaba con esquizofrénicos, psicóticos y personas con trastorno obsesivo-compulsivo, que había sido investigador en el campo de la «química de proteínas» y ejercido como asesor tanto de una «compañía internacional de inversiones» como de una «empresa de biotecnología de Cambridge», en calidad de especialista en algo llamado «descubrimiento y desarrollo de péptidos terapéuticos»). Trabajaba en una clínica que estaba a dos horas de Gotemburgo, añadió Lily, y no, no tenía sentido que yo condujera hasta allí, pues no me dejarían entrar sin la debida acreditación.

—Ni siquiera yo puedo hablar con él cuando está con pacientes —aseguró—. Es una tarea muy absorbente.

—¿En qué sentido? —pregunté.

—¡Ni yo misma lo sé! —dijo—. Volverá dentro de unos días. Si para entonces sigue usted en Gotemburgo, puede volver a intentarlo. —Lily hizo una pausa—. Bueno, ¿qué le trae por aquí? ¿Por qué quiere ver a mi marido?

—Tradujo un libro muy intrigante —expliqué—, titulado *El ser o la nada*. El libro me tiene tan fascinado que quería conocerlo y averiguar quién le encargó que lo tradujera y con qué fin lo escribió.

—Ah —dijo. Parecía sorprendida.

—¿Sabe usted algo de *El ser o la nada*? —pregunté.

—Sí —respondió y, al cabo de unos instantes, agregó—: Lo... Sí. Sé a qué libro se refiere. Yo... Traduce cosas distintas, para empresas. Y eso fue... —Su voz se apagó. Luego dijo—: Ninguno de los dos se inmiscuye en el trabajo del otro. Ni siquiera me fijo en lo que él hace, de verdad. Sé que está muy metido en no sé qué tema molecular, pero no entiendo de eso. A veces dice: «Acabo de traducir tal cosa para una empresa», y si está en sueco o lo que sea, no lo entiendo, así que en realidad no me intereso demasiado por su trabajo.

—De todos modos, ha sido un placer hablar con usted —dije—. ¿Puedo volver a pasarme dentro de unos días?

—Claro —dijo Lily—. Claro.

Los días siguientes transcurrieron con lentitud. Me pasaba el rato metido en mi habitación del hotel, mirando los extraños programas de televisión europeos que sin duda me habrían parecido perfectamente lógicos si hubiera entendido el idioma, pero que, como no lo entendía, se me antojaban surrealistas y desconcertantes. En un plató, un grupo de intelectuales escandinavos observaba a uno de ellos verter plástico líquido en un cubo de agua fría. Una vez que se solidificó, lo sacaron y se lo pasaron unos a otros mientras hacían reflexiones sesudas sobre su forma aleatoria e irregular, o eso me pareció. Llamé a casa pero mi esposa no cogió el teléfono. Se me ocurrió que tal vez estaba muerta. Entré en pánico. Resultó que no estaba muerta, sino que se había ido de compras. He sufrido episodios de pánico inútiles en todos los rincones del mundo. Salí a dar un paseo. Cuando regresé, vi que había recibido un mensaje. Era de Deborah Talmi, la neuróloga que se había puesto en contacto conmigo en un principio. Me decía que había aparecido un sospechoso y me pedía que la telefoneara.

Para mi gran irritación, descubrí que el sospechoso no estaba en Suecia, sino en Bloomington, Indiana. Se llamaba Levi Shand y acababa de publicar en Internet una historia de lo más inverosímil sobre su relación con *El ser o la nada*.

Deborah me contó que su relato era más o menos el siguiente: Levi estudiaba en la Universidad de Indiana. Iba conduciendo sin rumbo por la ciudad cuando avistó por casualidad una caja grande y marrón que estaba en el suelo, bajo un puente ferroviario. Había parado el coche para acercarse a echar un vistazo.

La caja no tenía marcas y estaba notoriamente limpia, como si la hubieran dejado allí hacía muy poco tiempo. Aunque la idea de abrirla lo ponía nervioso —allí dentro podía haber cualquier cosa, desde un millón de dólares hasta una cabeza cortada—, Levi se armó de valor y descubrió ocho ejemplares inmaculados de *El ser o la nada*.

Al leer los adhesivos que llevaban todos —«¡Atención!

Estudie por favor la carta para el profesor Hofstadter antes de leer el libro. ¡Buena suerte!»—, se quedó intrigado. Y es que sabía quién era el profesor Hofstadter y dónde vivía.

—No estoy familiarizado con la obra del profesor Hofstadter —le dije a Deborah—. Sé que *El ser o la nada* está sembrado de referencias a él, pero no tenía claro si era una persona real o un personaje de ficción. ¿Es muy conocido?

—Escribió *Gödel, Escher, Bach* —contestó ella, sorprendida por mi ignorancia al respecto—. Causó una gran sensación.

No respondí.

—Entre los cerebritos que empiezan a descubrir Internet —suspiró Deborah—, sobre todo si son chicos, *Gödel, Escher, Bach* es la Biblia. Explica cómo pueden utilizarse las teorías matemáticas de Gödel y los cánones de Bach para entender la experiencia de la conciencia. Gusta mucho a los jóvenes. Yo no lo he leído entero, pero lo tengo en mi estantería.

Hofstadter, prosiguió ella, lo había publicado a finales de los setenta. Obtuvo críticas muy elogiosas. Ganó un Pulitzer. Estaba repleto de acertijos, juegos de palabras brillantes y reflexiones sobre el significado de la conciencia y la inteligencia artificial. Era uno de aquellos libros —como *Zen y el arte del mantenimiento de la motocicleta* o *Breve historia del tiempo*— que todo el mundo quería poseer pero pocos eran lo bastante listos para entender.

Aunque en 1979 Hofstadter tenía el mundo a sus pies, se había retirado de él y se había pasado las tres décadas siguientes trabajando discretamente como profesor de ciencia cognitiva en la Universidad de Indiana. Sin embargo, los estudiantes lo conocían bien. Tenía una mata de pelo plateado como la de Andy Warhol, y una casa enorme a la orilla del campus, que es adonde Levi Shand —según su relato— se había dirigido en su coche con la intención de entregar a Hofstadter los ocho ejemplares de *El ser o la nada* que había encontrado debajo del puente ferroviario.

—Un puente ferroviario —le dije a Deborah—. ¿Te has fijado en el paralelismo? En esa carta adjunta a Douglas Hofstadter, el autor aseguraba haber encontrado un viejo manuscrito mecanografiado en el rincón de una estación de tren abandonada. Y ahora Levi Shand ha encontrado unos ejemplares de *El ser o la nada* tirados bajo un puente ferroviario.

—¡Tienes razón! —exclamó Deborah.

—Entonces ¿qué ocurrió, según Levi Shand, cuando fue a casa de Hofstadter a entregarle los libros? —pregunté.

—Dice que llamó a la puerta, que se abrió de golpe, revelando, para su asombro, un harén de hermosas mujeres francesas. Y, de pie en medio del harén, estaba el mismísimo Hofstadter. Invitó al joven estudiante boquiabierto a entrar, tomó los libros, le dio las gracias y lo acompañó de nuevo a la puerta.

Y así, dijo Deborah, concluía el relato de Levi Shand.

Un silencio preñado de desconcierto se apoderó de nosotros.

—¿Un harén de hermosas mujeres francesas? —repetí.

—No me creo esa historia —dijo ella.

—No resulta muy creíble —convine—. Me pregunto si puedo localizar a Levi Shand por teléfono.

—He investigado un poco sobre él —dijo Deborah—. Tiene un perfil en Facebook.

—Ah, de acuerdo —respondí—. Entonces me pondré en contacto con él a través de eso.

Hubo un silencio.

—¿Deborah? —dije.

—No creo que exista —declaró Deborah de pronto.

—Pero si tiene un perfil en Facebook... —objeté.

—Con trescientos amigos estadounidenses, para dar el pego —dijo Deborah.

—¿Crees que...? —titubeé.

—Creo que alguien ha creado en Facebook un perfil convincente de Levi Shand —sentenció Deborah.

Intenté digerir esta posibilidad.

—¿Has pensado en su nombre? —preguntó Deborah.

—¿Levi Shand?

—¿No lo has pillado? —dijo—. Es un anagrama.

Me quedé callado.

—¡«Elidan VHS»! —exclamé de pronto.

—No —dijo Deborah.

Saqué una hoja de papel.

—¿«Sven, hilad»? —pregunté al cabo de un rato.

—«Live Hands» —dijo Deborah—. «Manos vivas.» Es un anagrama de «Live Hands».

—Ah, vale —dije.

—Como la ilustración en la cubierta de *El ser o la nada* —apuntó Deborah—. Dos manos dibujándose una a otra, ¿recuerdas?

—Entonces, si Levi Shand no existe —dije—, ¿quién lo inventó?

—Creo que todos son Hofstadter —aseveró Deborah—. Levi Shand, Petter Nordlund. Creo que todos ellos son Douglas Hofstadter.

Salí a dar un paseo por Gotemburgo, sintiéndome bastante molesto y desilusionado por haberme pasado allí tantos días cuando el culpable seguramente era un profesor ilustre que estaba a más de seis mil kilómetros, en la Universidad de Indiana. Deborah me había ofrecido otras pruebas circunstanciales que respaldaban su teoría de que todo el rompecabezas era un producto de la mente juguetona de Douglas Hofstadter. Se trataba del tipo de travesura que podía ocurrírsele a él. Además, como autor de un éxito de ventas internacional, sin duda disponía de los medios económicos para llevarla a cabo. Por otro lado, Suecia no era un país extraño para él; había vivido allí a mediados de la década de 1960. Por si todo esto fuera poco, *El ser o la nada* tenía la apariencia de un libro de Hofstadter. La portada blanca e inmaculada recordaba la de *Yo soy un extraño bucle*, la continuación de *Gödel, Escher, Bach*, publicada en 2007.

Cierto, la invención de un supuesto estudiante de la Universidad de Indiana con un perfil falso de Facebook y una historia inverosímil sobre un harén de hermosas mujeres francesas parecía una decisión extraña, pero era inútil hacer cábalas sobre los motivos de un hombre brillante como Hofstadter.

Además, Deborah creía que había resuelto el rompecabezas del libro. Sí, faltaba una pieza, pero esta no se materializaba en una frase escrita en tinta invisible o en unas palabras significativas eliminadas de la página 13 a punta de tijera. Estaba, según ella, en el modo en que el libro había puesto de manifiesto el narcisismo inherente a sus destinatarios.

—De eso trata *Yo soy un extraño bucle* —dijo Deborah—, de cómo nos pasamos la vida haciendo autorreferencias, una y otra vez, en forma de un extraño bucle. Ahora hay muchas personas preguntándose: «¿Por qué fui elegido como destinatario de este libro?» No hablan del libro en sí ni de su mensaje. Hablan de sí mismos. De este modo, *El ser o la nada* ha creado un extraño bucle de personas y se ha convertido en un medio autorreferencial. —Hizo una pausa—. Creo que en eso consiste el mensaje de Hofstadter.

Era una teoría convincente, y durante un rato creí que quizás aquella era la solución al enigma hasta que, una hora después, mantuve una videoconferencia a través de Skype con Levi Shand, y pronto quedó claro que no era un invento de Douglas Hofstadter sino un estudiante real de la Universidad de Indiana.

Era un joven apuesto de cabello negro, mirada melancólica y una habitación de estudiante desordenada. No me había costado mucho ponerme en contacto con él. Había enviado un mensaje de correo electrónico a la dirección que había en-

El ser o la nada y el sobre en que fue enviado.

Portada de la edición americana de *I Am a Strange Loop*.

contrado en su página de Facebook. Me respondió enseguida (estaba conectado en ese momento) y, unos segundos después, charlábamos cara a cara.

Lo confirmó todo. Era cierto que había encontrado los libros en una caja bajo un viaducto ferroviario, y también que Douglas Hofstadter tenía un harén de francesas en su casa.

—Cuéntame qué sucedió exactamente cuando fuiste a verlo —le pedí.

—Estaba muy nervioso —dijo Levi—, dado su renombre en el campo de la ciencia cognitiva. Una chica francesa preciosa me abrió la puerta y me pidió que esperara. Eché un vistazo al interior de la casa, y allí había más chicas francesas preciosas.

—¿Cuántas en total? —pregunté.

—Por lo menos seis —respondió Levi—. Tenían el cabello castaño o rubio, y estaban todas de pie entre la cocina y el comedor. Todas eran increíblemente atractivas.

—¿Me estás hablando en serio? —dije.

—Bueno, tal vez fueran belgas —concedió Levi.

—¿Qué pasó entonces? —pregunté.

—El profesor Hofstadter salió de la cocina —dijo—. Estaba delgado, pero su aspecto era saludable. Tenía una presencia carismática. Cogió los libros, me dio las gracias y me marché. Eso fue todo.

—¿Todo lo que me has contado es cierto? —quise saber.

—Cada palabra —afirmó Levi.

Pero algo no me cuadraba. El relato de Levi e incluso la teoría de Deborah solo habrían tenido sentido si Douglas Hofstadter hubiera sido un tipo juguetón y aficionado a las bromas, y nada de lo que yo había averiguado parecía indicar que lo fuera. En 2007, por ejemplo, Deborah Solomon, del *New York Times*, le formuló algunas preguntas socarronas, y sus respuestas lo retrataban como a un hombre serio y más bien impaciente:

P. Usted saltó a la fama en 1979 con la publicación de *Gödel, Escher, Bach*, un clásico entre los universitarios que traza paralelismos entre las mentes de Bach, M. C. Escher y el matemático Kurt Gödel. En su nuevo libro, *Yo soy un extraño bucle*, parece especialmente interesado en su propia mente.

R. Este libro es mucho más directo. Es menos confuso. Menos audaz, tal vez.

P. Usted sí que sabe cómo promocionar un libro.

R. Ya. Bueno, no sé. Cuestiones sobre la conciencia y el alma, eso es lo que me ha movido a escribir el nuevo libro.

P. Según su entrada en la Wikipedia, su obra ha impulsado a muchos estudiantes a emprender una carrera en el campo de la informática y la inteligencia artificial.

R. Los ordenadores no me interesan. Esa entrada está llena de inexactitudes. Me resulta un poco deprimente.

Y la entrevista seguía por estos derroteros. Me enteré de que el origen de la obra de Hofstadter estaba en dos tragedias neurológicas. Cuando contaba doce años, quedó claro que Molly, su hermana menor, era incapaz de hablar o de entender el lenguaje. «Ya estaba muy interesado en saber cómo funcionaba mi mente —declaró a la revista *Time* en 2007—. Cuando el desafortunado problema de Molly se hizo patente, empecé a comprender que todo estaba relacionado con el mundo físico. Fue algo que me hizo pensar de verdad en el cerebro y el yo, y en cómo el cerebro determina quién es cada uno.»

Más tarde, en 1993, su esposa Carol falleció de manera inesperada a causa de un tumor cerebral. Sus hijos tenían dos y cinco años respectivamente. Él quedó desconsolado. En *Yo soy un extraño bucle* hablaba del consuelo que le proporcionaba pensar que ella seguía viviendo en su cerebro. «Creo que una huella de su "yo", su interioridad, su luz interior, o como quieran expresarlo, pervive dentro de mí —dijo a

Scientific American en 2007—, y que esa huella es un rastro válido de su personalidad, de su alma, si lo prefieren. Debo recalcar que, lamentablemente, lo que subsiste en mí es una copia muy limitada de ella. Es una versión reducida, como de baja definición, de grano grueso... Desde luego, no destierra el dolor que siento por su muerte. No hace que piense: "Da igual que ella haya muerto, pues sigue viviendo la mar de bien en mi cerebro." Ojalá fuera así. De todos modos, me consuela un poco.»

Nada de esto daba la impresión de que fuera un hombre que deseara tener un harén de francesas o urdir una conspiración complicada y rocambolesca que requiriese enviar de forma anónima docenas de ejemplares de libros extraños a estudiosos de todo el mundo.

Le escribí un mensaje de correo electrónico para preguntarle si la historia de Levi Shand sobre la caja bajo el puente y el harén de francesas era cierta, y salí a dar un paseo. Cuando regresé, el siguiente mensaje me esperaba en mi bandeja de entrada:

Estimado señor Ronson:

Mi única relación con *El ser o la nada* es que aparezco nombrado en él. No soy más que una «víctima inocente» del proyecto.

Sí, el señor Shand vino a mi casa y me entregó unos ejemplares de este libro tan curioso, pero el resto de su relato es pura invención. Mi hija estaba en la sala de estar, dando clase de francés con su profesora particular, así que es posible que el señor Shand las viera y las oyera hablar en francés. Por otro lado, en casa hablo en italiano con mis hijos y, por lo que sabemos, el señor Shand pudo confundir el sonido del italiano con el del francés. El caso es que no había una «casa llena de hermosas mujeres francesas»; eso es totalmente absurdo. Sin duda el chico quería dar a su misión un toque misterioso y emocionante.

Es vergonzoso que la gente haga cosas así y lo publique en Internet.

Atentamente, Douglas Hofstadter.

Le respondí con otro mensaje. En él decía que muchos detalles del relato de Levi Shand me parecían dudosos; no solo el asunto del harén sino también la historia de cómo encontró la caja bajo el viaducto del tren. ¿Cabía la posibilidad de que Levi Shand fuera en realidad el autor de *El ser o la nada*?

Hofstadter me contestó:

Es evidente que Levi Shand no escribió el librito blanco. Su autor me ha enviado unos 80 ejemplares (70 en inglés, 10 en sueco). Todos siguen intactos en mi despacho. Antes de que el libro existiera, recibí una serie de postales sumamente crípticas, todas en sueco (las leí, aunque no con detenimiento, y ninguna tenía pies ni cabeza). Las personas normales (léase cuerdas, sensatas) no intentan establecer líneas de comunicación con perfectos desconocidos escribiéndoles una serie de mensajes inconexos, raros y crípticos.

Desde entonces, las cosas no hicieron más que volverse cada vez más extrañas. Primero recibí varios ejemplares del libro en un paquete; unos meses después, unos 80 ejemplares llegaron a mi despacho; más tarde alguien salió con la estrambótica afirmación de que había «encontrado bajo un puente» en mi campus un puñado de ejemplares; y luego empezaron a recibir el libro profesores de varias universidades de todo el mundo, especializados en disciplinas que tenían vagamente que ver con la inteligencia artificial, la biología y cosas por el estilo. Luego estaba lo de las palabras recortadas (¡algo rarísimo!) y la carta dirigida a mí que venía dentro, pegada con cinta. Todo el asunto era de locos. Podría decir muchas más cosas sobre ello, pero no dispongo de tiempo.

Tengo una dilatada experiencia en el trato con personas inteligentes pero desequilibradas, personas que creen que han encontrado la clave del universo y cosas así. Es triste, pero hay muchos en el mundo, y con frecuencia son extremadamente obsesivos. Este caso en particular resulta de lo más obvio, por la obsesión excesiva que denota.

Sí, faltaba una pieza del rompecabezas, me estaba diciendo Douglas Hofstadter, pero los destinatarios se habían equivocado. Habían supuesto que el enigma era brillante y racional porque ellos eran brillantes y racionales, y tendemos a dar por sentado automáticamente que en esencia todo el mundo es como nosotros. Pero en realidad la pieza que faltaba era el dato de que el autor estaba chiflado.

El libro no podía descifrarse porque lo había escrito un demente.

Hofstadter escribió:

> *El ser o la nada* fue escrito (y editado) por un psicólogo (o posiblemente un psiquiatra) de Gotemburgo, Suecia, que prefiere permanecer en el anonimato y por eso emplea el seudónimo «Joe K.»

«¿Petter Nordlund?», pensé.

¿Era Petter Nordlund el único responsable? Parecía improbable que un triunfador como él, un eminente psiquiatra y experto en química de proteínas (signifique eso lo que signifique), asesor de una empresa de biotecnología especializada en el descubrimiento y desarrollo de péptidos terapéuticos (signifique eso lo que signifique) fuese en realidad, en palabras de Hofstadter, extremadamente obsesivo y desequilibrado.

Sin embargo, ese mismo día, a las siete de la tarde, hablé en persona con Nordlund y pronto se disiparon todas mis dudas de que él, en efecto, estaba detrás de todo. Era un hombre alto, cincuentón, de rostro apuesto y aire de intelectual. Llevaba una americana de *tweed*. Se encontraba de pie en su umbral, junto a su esposa Lily. Me cayó bien de inmediato. Tenía una sonrisa amplia, amable y misteriosa, y se retorcía las manos como un poseso. Yo solía retorcerme las manos de manera muy parecida. No podía evitar pensar que, en cuanto a nuestra tendencia a obsesionarnos con tonterías sin importancia, Petter y yo éramos almas gemelas.

—Me sorprende que hayas venido —comentó Petter.

—Espero que no sea una sorpresa demasiado desagradable —dije.

Se impuso un breve silencio.

—Si estudias *El ser o la nada* —dijo Petter—, te darás cuenta de que nunca averiguarás quién es el autor.

—Creo que ya sé quién es el autor —repuse—. Creo que eres tú.

—Eso es fácil de... —Petter dejó la frase en el aire—. Es una suposición fácil —afirmó.

—¿Es correcta? —pregunté.

—Claro que no —respondió Petter.

Petter (cuyo nombre verdadero no es Petter Nordlund, ni el de ella es Lily) se balanceó sobre los pies. Estaba comportándose como quien recibe una visita inesperada del vecino justo cuando tiene una olla en el fuego. Pero noté que su actitud cordialmente distraída era una fachada y que en el fondo mi llegada lo había alterado bastante.

—Petter —dije—, al menos deja que te haga una pregunta. ¿Por qué fueron elegidas esas personas en concreto como destinatarias del libro?

Al oír esto, Petter soltó un grito ahogado y se le iluminó el rostro. Era como si le hubiera formulado la pregunta más maravillosa imaginable.

—¡Vaya...! —dijo.

—¿Cómo puedes saber quién ha recibido el libro? —se apresuró a interrumpir Lily en tono cortante—. Tú solo lo tradujiste.

En cuanto ella dijo esto, el momento pasó. Petter adoptó de nuevo la máscara de distracción cordial.

—Sí —dijo—. Sí. Lo siento mucho, pero voy a tener que dar por terminada la conversación... Mi intención era solo saludar y regresar dentro. Ya he dicho más de lo que debía... Te dejo con mi esposa.

Con una sonrisa, Petter desapareció entre las sombras de su casa, y Lily y yo nos miramos.

—Tengo que irme a Noruega —anunció—. Adiós.

—Adiós —respondí.

Tomé un vuelo de vuelta a Londres.

Cuando llegué vi que había recibido un correo electrónico de Petter: «Pareces una persona agradable. La primera fase del proyecto terminará pronto, y dependerá de otros llevarlo al siguiente nivel. No estoy seguro de si tú desempeñarás o no un papel en ello..., pero ya lo sabrás.»

«Yo estaría encantado de desempeñar un papel si me dieras alguna pista sobre cómo hacerlo», le respondí.

«Bueno, verás, es que ahí radica la dificultad, en saber lo que hay que hacer —contestó—. ¡En eso consiste la vida! Confía en mí: cuando llegue tu momento, lo sabrás.»

Transcurrieron varias semanas. Mi momento no llegó, o llegó pero no me percaté de ello. Al final, telefoneé a Deborah y le dije que había resuelto el misterio.

Estaba sentado en la terraza del Starbucks del Brunswick Centre, en Russell Square, en el centro de Londres, cuando vi a Deborah doblar la esquina y caminar a paso acelerado hacia mí. Se sentó y sonrió.

—¿Y bien? —preguntó.

—Bueno... —dije.

Le referí mis conversaciones con Levi Shand y Douglas

Hofstadter, mis entrevistas con Petter y Lily y el posterior intercambio de mensajes de correo electrónico. Cuando terminó, me miró y dijo:

—¿Eso es todo?

—¡Sí! —respondí—. La causa de todo esto es que el autor, según Hofstadter, está chiflado. Todos buscábamos la pieza del rompecabezas que faltaba, y resultó que la pieza era eso.

—Ah —dijo.

Parecía decepcionada.

—Pero es que esto no es decepcionante —le aseguré—. ¿No lo ves? Es increíblemente interesante. ¿No te sorprende toda la cadena de acontecimientos que se puso en marcha simplemente porque a un hombre se le cruzaron los cables? Es como si el mundo racional, tu mundo, fuera un estanque tranquilo y el cerebro de Petter fuera una piedra de forma irregular que cae dentro, propagando ondas extrañas en todas direcciones.

De pronto me entusiasmé ante esta idea: la chaladura de Petter Nordlund había tenido una influencia enorme sobre el mundo. Había estimulado el análisis intelectual, la actividad económica, y había dado lugar a la creación de una especie de comunidad. Había provocado reacciones de curiosidad, paranoia y narcisismo en profesores universitarios dispersos por varios continentes. Se habían comunicado entre sí a través de blogs y foros de mensajes, y habían debatido durante horas, formulando teorías de la conspiración sobre organizaciones cristianas secretas y demás. Una de esas personas se había sentido impulsada a reunirse conmigo en un Costa Coffee. Yo había volado a Suecia en un intento de resolver el misterio. Y así sucesivamente.

Pensé en mi cerebro hiperansioso, en mi propia clase de locura. ¿Era un motor más potente en mi vida que mi racionalidad? Me acordé de aquellos psicólogos que afirmaban que los psicópatas mueven el mundo. Lo decían en serio: la sociedad, según ellos, era una expresión de esa forma particular de locura.

De pronto, veía la locura por todas partes y estaba decidido a investigar el impacto que había tenido en la evolución de la sociedad. Siempre había creído que la sociedad era una institución esencialmente racional, pero ¿y si no lo era? ¿Y si estaba erigida sobre la demencia?

Le expuse todo esto a Deborah. Frunció el ceño.

—Todo esto de *El ser o la nada...* —dijo—. ¿Estás seguro de que es obra de un sueco loco?

2

El hombre que fingió demencia

El *DSM-IV-TR* es un libro de texto de 943 páginas publicado por la Asociación Americana de Psiquiatría que cuesta 99 dólares. Hay un ejemplar en las estanterías de las consultas psiquiátricas de todo el mundo y contiene una descripción de cada uno de los trastornos mentales conocidos. En la actualidad se conocen 374. Compré el libro poco después de tomar aquel café con Deborah, y me puse a hojearlo, buscando trastornos que impulsaran al enfermo a tratar de alcanzar una posición de poder e influencia sobre los demás. Curiosamente, pese a tratarse de un volumen tan extenso repleto de información sobre numerosos trastornos, incluidos algunos tan esotéricos y ridículos como el frotteurismo («la mayor parte de los actos de frotteurismo, que consisten en el contacto y el roce con una persona en contra de su voluntad en un vehículo de transporte público, normalmente acompañado con fantasías de que está viviendo una relación exclusiva y cariñosa con la víctima, tienen lugar cuando el individuo se encuentra entre los quince y los veinticinco años de edad. Después, la frecuencia declina gradualmente»), no decía una sola palabra sobre los psicópatas. ¿Se había producido tal vez una escisión entre los responsables de definir la psicopatía? Lo más parecido que encontré fue el trastorno narcisista de la personalidad. Quienes lo padecen tienen un «concepto elevado de su propia valía», están «absortos en fantasías de éxito ilimitado», son «explotadores», presentan «falta de empatía» y una «necesidad desmedida de admiración». También estaba el trastorno antisocial de la personalidad, que induce a quienes lo sufren a «engañar y manipular con frecuencia a fin de conseguir un beneficio o un placer personal (por ejemplo, para obtener dinero, sexo o poder)».

«A lo mejor he dado con algo importante —pensé—. Tal vez sea cierto que muchos de nuestros líderes políticos y empresariales padecen trastorno antisocial o narcisista de la personalidad y cometen abusos e injusticias por un ansia enloquecida de éxito y de admiración excesiva. Quizá sus trastornos mentales sean lo que rige nuestras vidas. Esto podría ser un bombazo si se me ocurriera una manera de demostrarlo.»

Cerré el manual.

«Me pregunto si yo padezco uno de los 374 trastornos mentales», pensé.

Abrí el manual de nuevo.

Al instante me diagnostiqué doce trastornos distintos.

El trastorno de ansiedad generalizada lo daba por sentado, pero no había tomado conciencia de hasta qué punto mi vida había sido un mosaico de trastornos mentales, desde mi incapacidad para hacer cuentas (trastorno del cálculo) y las consiguientes situaciones tensas con mi madre cuando me ayudaba con los deberes (problema paterno-filial) hasta la actualidad, hasta ese mismo día, de hecho, buena parte del cual había dedicado a ponerme nervioso con el café (trastorno inducido por la cafeína) y a fingir síntomas de alguna enfermedad para evitar el trabajo (simulación). Supongo que no es muy común sufrir trastorno de ansiedad generalizada y a la vez simulación, una improductividad que me provocaba inquietud, pero no cabía duda de ello: yo padecía ambas cosas. Los trastornos mentales no me daban tregua ni siquiera mientras dormía. Estaba el trastorno por pesadillas, que se diagnostica a quien sueña que «lo persiguen o lo declaran un fracasado». En todas mis pesadillas, alguien me persigue por la calle gritándome: «¡Eres un fracasado!»

Estaba mucho más loco de lo que imaginaba. O tal vez no fuera muy aconsejable leerse el *DSM-IV* sin ser un profesional cualificado. O quizá la Asociación Americana de Psiquiatría tenía la manía de etiquetar todos los aspectos de la vida como trastornos mentales.

Yo sabía, por mi experiencia con seres queridos afectados, que muchos de los trastornos descritos —la depresión, la esquizofrenia, el trastorno obsesivo-compulsivo y demás— son reales, angustiosos y devastadores. Sin embargo, como escribió L. J. Davis en una reseña del *DSM* para la revista *Harper's*: «Es muy posible que el frotteurista sea una víctima impotente de su obsesión, pero es igual de probable que se trate sencillamente de un tío guarro que se aburre y busca una forma fácil de excitarse.»

Yo no tenía la menor idea de qué pensar al respecto. Concluí que si iba a emprender un viaje para intentar detectar trastornos mentales en las altas esferas, necesitaría una segunda opinión sobre la autenticidad de las etiquetas.

Así que comencé a hacer pesquisas. ¿Existía alguna organización que se encargara de documentar las ocasiones en que los psiquiatras se equivocaban de medio a medio al catalogar algún trastorno por exceso de celo profesional? Fue así como acabé almorzando con Brian Daniels tres días después.

Brian es cienciólogo. Trabaja para la división británica de una red internacional de cienciólogos llamada CCDH (Comisión Ciudadana de Derechos Humanos), un equipo de expertos decidido a demostrar al mundo que los psiquiatras son seres malignos y hay que pararles los pies. Hay cienciólogos como Brian en divisiones de la CCDH en todo el mundo que consagran todos los días de su vida a destapar historias destinadas a desacreditar la profesión psiquiátrica y a humillar a psiquiatras determinados o conseguir que les prohíban ejercer. La visión de Brian era increíblemente tendenciosa, por supuesto —Tom Cruise declaró en un discurso grabado que pronunció ante otros cienciólogos: «¡Las autoridades en la mente somos nosotros!»—, pero yo quería conocer los casos en que los psiquiatras habían metido la pata hasta el fondo, y nadie estaba mejor informado sobre estos casos que él.

La idea de entrevistarme con un cienciólogo destacado me intimidaba bastante. Sabía que tenían fama de perseguir incansablemente a quienes consideraban enemigos de su Iglesia. Si se me escapaba alguna inconveniencia durante el almuerzo, ¿me vería sometido a una persecución incansable? Sin embargo, Brian y yo hicimos buenas migas. Compartíamos la desconfianza hacia la psiquiatría. Es cierto que la de Brian era profunda y databa de hacía tiempo, mientras que yo había concebido la mía hacía unos días —sobre todo como consecuencia de mi decepcionante autodiagnóstico basado en el *DSM-IV*—, pero nos proporcionó un tema de conversación mientras almorzábamos.

Brian me refirió sus últimos éxitos. El más sonado se había producido unas semanas antes, cuando su división había conseguido defenestrar a un psiquiatra que gozaba de una popularidad enorme por sus apariciones en la televisión británica, el doctor Raj Persaud.

El doctor Raj había sido muy querido por el público desde hacía mucho tiempo, aunque en algunas ocasiones había recibido críticas por escribir obviedades en sus columnas del periódico. El escritor Francis Wheen contaba en 1996, en un artículo para *The Guardian*:

Cuando Hugh Grant fue detenido [por solicitar los servicios de la prostituta Divine Brown en Los Ángeles en

1995], el *Daily Mail* pidió a Raj Persaud que analizara los comentarios de Liz Hurley sobre el asunto. «El hecho de que ella siga "perpleja" indica que aún no ha reconstruido la imagen destrozada que tiene de Hugh... Su afirmación de que no está "en condiciones de tomar decisiones sobre el futuro" no es muy prometedora. Da a entender que... el futuro sigue siendo un libro abierto.»

Hace un año, cuando Abbie Humphries, una recién nacida, fue robada de un hospital, el *Daily Mail* se preguntaba qué clase de mujer haría una cosa así. Por fortuna, el doctor Persaud estaba allí para explicar que la secuestradora debía de tener algún tipo de «necesidad de un bebé».

Y cosas por el estilo. A finales de 2007, a instancias de Brian, el Consejo Médico General del Reino Unido investigó al doctor Persaud por plagio. Había escrito un artículo en que atacaba la guerra de los cienciólogos contra la psiquiatría, que contenía trescientas palabras que por lo visto eran una copia literal de un pasaje de una diatriba anterior contra la Iglesia escrita por Stephen Kent, profesor de sociología en la Universidad de Alberta, Canadá. Parecía un acto imprudente, considerando que los cienciólogos tenían fama de no dejar pasar una. Otros casos de plagio salieron a la luz posteriormente, el doctor Raj fue declarado culpable y suspendido del ejercicio de la psiquiatría durante tres meses.

El examinador de los trastornos de personalidad de los famosos sufrió la humillación de convertirse él en el examinado.

«¿Es Persaud un narcisista —se preguntaba *The Guardian*—, o un hombre tan atormentado por su inseguridad que no sigue las normas del mundo académico porque considera que no forma parte de él?»

Dejó de aparecer en televisión y de colaborar en prensa. Brian parecía discretamente satisfecho de su logro.

—Me interesa la idea —le dije— de que muchos de nuestros líderes padecen trastornos mentales...

Brian alzó ligeramente la vista al oír las palabras «trastornos mentales».

—Pero primero —continué— quiero asegurarme de que puedo contar con los responsables de realizar los diagnósticos. Bien, ¿tienes algo gordo entre manos que crees que me convencerá de que los psiquiatras no son de fiar?

Hubo un silencio.

—Sí —respondió Brian—. Está Tony.

—¿Quién es Tony? —pregunté.

—Tony está en Broadmoor —dijo Brian.

«Broadmoor» es el hospital psiquiátrico de Broadmoor, conocido en otros tiempos como el Sanatorio para Dementes Criminales de Broadmoor. Fue allí donde internaron a Brady, el Asesino de los Páramos, que mató a tres niños y dos adolescentes en la década de 1960; a Peter Sutcliffe, el Destripador de Yorkshire, que acabó con la vida de trece mujeres en la década de 1970, acercándose sigilosamente por detrás y descargándoles un martillazo en la cabeza; a Kenneth Erskine, el Estrangulador de Stockwell, que asesinó a siete ancianos en 1986; y a Robert Napper, que mató a Rachel Nickell en Wimbledon Common en julio de 1992, asestándole cuarenta y nueve puñaladas delante de su hijo pequeño. Broadmoor es el sitio al que envían a los pedófilos, los asesinos en serie y los infanticidas, los que no han sido capaces de controlar sus impulsos.

—¿Qué hizo Tony? —le pregunté a Brian.

—¡Está totalmente cuerdo! —exclamó—. ¡Fingió para conseguir que lo encerraran allí! Ahora está atrapado. Nadie quiere creer que está en su sano juicio.

—¿De qué me hablas? —inquirí.

—Lo detuvieron hace años por algún motivo —dijo

Brian—. Creo que le pegaron una paliza o algo así, y decidió fingir locura para librarse de una sentencia de cárcel. Creyó que acabaría en un acogedor hospital local, ¡pero en vez de eso lo mandaron a Broadmoor! ¡Y ahora no puede salir de allí! Cuanto más se esfuerza por convencer a los psiquiatras de que no está loco, más lo consideran una prueba de que lo está. Aunque no es cienciólogo ni nada por el estilo, le proporcionamos asesoramiento legal. Si quieres una prueba de que los psiquiatras son unos chalados que no saben de qué hablan sino que se lo inventan sobre la marcha, tienes que conocer a Tony. ¿Quieres que intente conseguirte una autorización para entrar en Broadmoor?

¿Todo esto era cierto? ¿De verdad había un hombre cuerdo encerrado en Broadmoor? Me puse a pensar automáticamente en lo que haría si tuviera que demostrar mi buena salud mental. Me gustaría creer que bastaría con actuar con naturalidad, como la persona esencialmente cuerda que soy, pero seguramente me comportaría de un modo tan cortés, servicial y eficiente que sin duda parecería un mayordomo demente con una expresión de pánico en los ojos. Además, da la casualidad de que cuando me encuentro en una situación perturbadora, tiendo a enloquecer aún más al instante, como demuestra el alarido que se me escapó a bordo del avión de Ryanair que volaba a Gotemburgo.

¿De verdad deseaba ir a conocer a Tony?

—De acuerdo —dije.

El centro de visitas de Broadmoor estaba pintado con colores relajantes, como un polideportivo municipal: melocotón, rosa y pino. Los cuadros en las paredes eran reproducciones impresas en serie de dibujos al pastel que representaban puertas cristaleras con vistas a amaneceres en la playa. Habían puesto al edificio el nombre de Centro de Bienestar.

Me desplacé hasta allí desde Londres en tren. Cerca de

Kempton Park empecé a bostezar de forma incontrolable. Esto tiende a ocurrirme en momentos de estrés. Al parecer también les pasa a los perros. Bostezan cuando están nerviosos.

Brian me recogió en la estación, y recorrimos en coche el breve trayecto hasta el hospital. Pasamos por dos controles —«¿Lleva usted un teléfono móvil?», me preguntó el guardia en el primero. «¿Un equipo de grabación? ¿Una tarta con una sierra escondida dentro? ¿Una escalera de mano?»— y luego atravesamos las puertas de una valla de alta seguridad tras otra.

—Creo que Tony es la única persona en todo el pabellón de TPGP a quien le han concedido el privilegio de recibir visitas en el Centro de Bienestar —comentó Brian mientras esperábamos.

—¿Qué significan las siglas TPGP? —pregunté.

—Trastornos de la personalidad graves y peligrosos —respondió Brian.

Hubo un silencio.

—¿Tony está en la parte de Broadmoor que alberga a los internos más peligrosos? —inquirí.

—Es de locos, ¿verdad? —se rio Brian.

Poco a poco empezaron a entrar los pacientes para sentarse con sus seres queridos ante unas mesas que estaban clavadas al suelo, al igual que las sillas. Todos tenían un aspecto similar, una actitud dócil y los ojos tristes.

—Están medicados —susurró Brian.

En su mayoría estaban más bien gordos y llevaban camisetas holgadas y cómodas y pantalón de chándal con cintura elástica. Seguramente en Broadmoor no había mucho que hacer aparte de comer.

Me pregunté si habría algún famoso entre ellos.

Bebían té y comían chocolatinas de la máquina expendedora con sus visitas. Casi todos eran jóvenes en la veintena, y sus visitas eran sus padres. Otros tenían unos años más, y eran sus parejas e hijos quienes habían ido a verlos.

—¡Ah! ¡Aquí llega Tony! —dijo Brian.

Dirigí la vista al otro lado de la sala. Un hombre de poco menos de treinta años caminaba hacia nosotros. No arrastraba los pies como los demás, sino que andaba con aire despreocupado. Y el brazo extendido. No llevaba chándal, sino una americana de raya diplomática y unos pantalones de vestir. Parecía un joven empresario intentando abrirse paso en el mundo de los negocios, alguien ansioso por demostrar que estaba muy, muy cuerdo.

Y, por supuesto, mientras lo observaba acercarse a nuestra mesa, me pregunté si la raya diplomática era un indicio de su cordura o de su locura.

Nos estrechamos la mano.

—Soy Tony —dijo. Se sentó.

—Brian dice que estás aquí por haber fingido —señalé.

—Eso es exacto —dijo Tony.

Hablaba como un joven normal, amable, deseoso de ayudar.

—Había cometido un delito de LCG [lesiones corporales graves] —dijo—. Cuando me detuvieron, me quedé sentado en mi celda y pensé: «Me van a caer entre cinco y siete años.» Así que les pregunté a los otros presos qué debía hacer. Dijeron: «¡Es fácil! ¡Diles que estás loco! Te ingresarán en un hospital del condado. Tendrás tele por satélite y PlayStation. Las enfermeras te llevarán pizza.» Pero no me enviaron a un cómodo hospital. Me enviaron al puto BROADMOOR.

—¿Cuánto hace de eso? —quise saber.

—Hace doce años —dijo Tony.

Sonreí sin querer.

Tony me devolvió la sonrisa.

Tony explicó que fingir demencia resulta de lo más sencillo, sobre todo si uno tiene diecisiete años, consume drogas y ve muchas películas de terror. No hace falta saber cómo se comportan los dementes auténticos; basta con imitar al personaje interpretado por Dennis Hopper en el filme *Terciopelo azul*. Esto fue lo que hizo Tony. Le dijo al psiquiatra que había acudido a examinarlo que le gustaba enviar a la gente cartas de amor que le salían directamente del corazón, que una carta de amor era una bala de una pistola y que si recibieras una carta de amor de él, te irías derechito al infierno.

Plagiar una película conocida era arriesgado, admitió, pero había dado resultado. Muchos otros psiquiatras empezaron a visitarlo en su celda. Amplió su repertorio para incluir fragmentos de *Hellraiser*, *La naranja mecánica* y la cinta *Crash*, dirigida por David Cronenberg, cuyos protagonistas obtienen placer escenificando accidentes de tráfico. Tony les contó a los psiquiatras que empotrar coches contra muros le proporcionaba satisfacción sexual y también que deseaba matar mujeres porque creía que, si las miraba a los ojos mientras morían, se sentiría como una persona normal.

—¿Y eso de dónde lo sacaste? —le pregunté a Tony.

—De una biografía de Ted Bundy —respondió Tony—. La encontré en la biblioteca de la cárcel.

Asentí y pensé que probablemente no era una idea muy afortunada tener libros sobre Ted Bundy en una biblioteca carcelaria.

Brian se sentó junto a nosotros, riéndose entre dientes de la credulidad y la escasa fiabilidad de la profesión psiquiátrica.

—Se lo creyeron todo a pies juntillas —dijo Tony.

Añadió que, el día que llegó a Broadmoor, en cuanto echó un vistazo al sitio, comprendió que había cometido una equivocación garrafal. Pidió con urgencia que le dejaran hablar con psiquiatras.

—No soy un enfermo mental —les aseguró.

Es mucho más difícil, prosiguió Tony, convencer a la gente de que estás cuerdo que hacerles creer que estás loco.

—Pensaba que la mejor manera de parecer normal —dijo— sería hablar con normalidad a la gente de cosas normales como el fútbol y los programas de televisión. Eso sería lo más obvio, ¿no? Estoy suscrito a la revista *New Scientist*. Me gusta leer sobre los avances científicos. En un número salía un artículo sobre cómo el ejército de Estados Unidos estaba adiestrando abejorros para que detectaran explosivos con el olfato. Así que le dije a una enfermera: «¿Sabe que el ejército americano está adiestrando abejorros para que detecten explosivos con el olfato?» Luego, cuando leí mis informes médicos, vi que habían escrito: «Cree que las abejas pueden identificar explosivos por medio del olfato.»

—Cuando decidiste ponerte una americana de raya diplomática para nuestra entrevista —dije—, ¿eras consciente de que podía producir un efecto contrario al deseado?

—Sí —dijo Tony—, pero he optado por correr ese riesgo. Además, en este lugar casi todos los pacientes son unos vagos asquerosos que no se lavan y llevan la misma ropa durante semanas enteras, y a mí me gusta vestir bien.

Recorrí con la vista el Centro de Bienestar, donde los otros pacientes engullían chocolatinas con sus padres, que, a diferencia de sus hijos, hacían un gran esfuerzo por ir arreglados. Era la hora de almorzar de un domingo, e iban engalanados como para asistir a un almuerzo dominical a la antigua. Los padres llevaban traje, y las madres, vestidos impecables. Una pobre desdichada, sentada a pocas mesas de donde yo estaba, tenía a sus dos hijos internos en Broadmoor. La vi inclinarse hacia ellos para acariciarle la cara a uno y luego al otro.

—Sé que la gente me observa buscando «signos no verbales» de mi estado mental —continuó Tony—. A los psiquiatras les encantan los «signos no verbales». Les encanta analizar los movimientos del cuerpo. Pero eso le pone las cosas muy difíciles a quien intenta comportarse como una persona cuerda. ¿Cómo se sientan los cuerdos? ¿Cómo cruzan las piernas los cuerdos? Sabes que ellos están muy pendientes de todos tus gestos, así que te cohíbes un montón. Pero es sencillamente... —Tony titubeó—. Es sencillamente... imposible.

De pronto yo mismo me sentí cohibido respecto a mi postura. ¿Estaba sentado como un periodista? ¿Tenía las piernas cruzadas como un periodista?

—Así que, durante un tiempo, creíste que mantener una actitud normal y educada sería tu billete de salida de aquí —dije.

—Exacto —respondió—. Me ofrecí voluntario para desherbar el jardín del hospital. Pero entonces vieron lo bien que me portaba y llegaron a la conclusión de que eso significaba que solo era capaz de portarme bien en el marco de un hospital psiquiátrico, lo que demostraba que estaba loco.

Lancé una mirada suspicaz a Tony. Mi instinto me decía que no me creyera esto último. Parecía demasiado surrealista, demasiado absurdo y siniestro, demasiado de libro. Sin embargo, más tarde Tony me mandó su expediente y, en efecto, ahí estaba, claro como el agua:

«Tony es alegre y amable —declaraba un informe—. Su internamiento en el hospital está impidiendo el deterioro de su estado.»

(Puede parecer extraño que no solo permitieran a Tony leer su historia médica, sino también enviármela a mí, pero así fue. Aun así, esto no resultaba más extraño que el hecho de que los cienciólogos hubieran conseguido de alguna manera que me dejaran entrar en Broadmoor, un sitio casi siempre vedado a los periodistas. ¿Cómo lo habían logrado, casi sin esfuerzo? Lo ignoraba por completo. Quizá tenían algún enchufe especial y misterioso, o a lo mejor simplemente se les daba muy bien sortear la burocracia.)

Según Tony, después de leer aquel informe, dejó de portarse bien. En cambio, inició una especie de guerra de no cooperación. Esto se traducía en que pasaba mucho tiempo en su habitación. De todos modos, no le entusiasmaba relacionarse con violadores y pedófilos. Resultaba desagradable y también lo atemorizaba bastante. En una ocasión anterior, por ejemplo, había entrado en la habitación del Estrangulador de Stockwell y le había pedido un vaso de limonada.

—¡Claro! ¡Coge la botella! —lo invitó el Estrangulador de Stockwell.

—En serio, Kenny, me basta con un vaso —dijo Tony.

—Coge la botella —insistió.

—De verdad que solo quiero un vaso —dijo Tony.

—¡QUE COJAS LA BOTELLA! —siseó el Estrangulador de Stockwell.

En el exterior, añadió Tony, el no querer pasar el rato con los vecinos dementes peligrosos se consideraría una posición perfectamente comprensible, pero dentro demostraba que uno era reservado, huraño y con un concepto elevado de su propia valía. En Broadmoor, no querer juntarse con asesinos desquiciados constituía un síntoma de locura.

«La conducta del paciente está empeorando en Broadmoor —afirmaba un informe escrito durante la etapa no cooperativa de Tony—. No conversa [con otros pacientes].»

Entonces Tony urdió un plan radicalmente nuevo. También dejó de dirigirles la palabra a los empleados del centro. Comprendió que responder a la terapia se interpretaba como un signo de mejoría, y que si mejoraba, tendrían derecho legal a detenerlo, mientras que, si no se sometía a ninguna terapia, no podía mejorar, su caso se declararía intratable y tendrían que dejarlo libre. (Las leyes británicas establecen que no puede retenerse de forma indefinida a un paciente «no tratable» si su delito es relativamente menor, como el de LCG.)

El problema era que en Broadmoor, si una enfermera se sentaba junto a un paciente durante el almuerzo, entablaba con él una charla superficial y el paciente respondía, se consideraba que eso era someterse a terapia. Por tanto, Tony tenía que pedirles a todas que se sentaran a otra mesa.

Los psiquiatras se percataron de que se trataba de una estratagema. Escribieron en sus informes que esto demostraba que era «astuto» y «manipulador», así como que padecía «una distorsión cognitiva» porque no creía estar loco.

Tony estuvo ocurrente y encantador durante buena parte de las dos horas que pasé con él, pero hacia el final pareció entristecerse.

—Llegué aquí con diecisiete años —dijo—. Ahora tengo veintinueve. Me he hecho adulto en Broadmoor, vagando por las salas de Broadmoor. Tengo al Estrangulador de Stockwell a un lado, y al violador de *Tiptoe Through the Tulips** al otro. Se supone que estos deberían ser los mejores años de mi vida. He presenciado suicidios. He visto a un hombre sacarle el ojo a otro.

—¿Cómo? —pregunté.

—Con una madera de la que sobresalía un clavo —respondió Tony—. Cuando el tipo intentó recolocarse el ojo en la cuenca, tuve que marcharme de la habitación.

Comentó que el mero hecho de estar allí bastaba para hacer que alguien perdiera la razón. Entonces uno de los guardias gritó «tiempo», y Tony salió disparado desde nuestra mesa hacia la puerta del fondo de la habitación para regresar a su módulo. Los otros pacientes hicieron lo mismo. Era una exhibición extrema e impresionante de buen comportamiento. Brian me llevó en coche hasta la estación.

No sabía qué pensar. A diferencia de los pacientes medicados y de ojos tristes que nos rodeaban, Tony me había parecido absolutamente normal y cuerdo. Pero ¿qué sabía yo? Brian

---

* «De puntillas entre los tulipanes», título de una canción de la década de 1920 que volvió a popularizarse en los sesenta. *(N. del T.)*

aseguraba que era un caso clarísimo. Cada día que Tony pasaba en Broadmoor era un día negro para la psiquiatría. Cuanto antes lo sacaran de allí, y Brian estaba decidido a hacer cuanto estuviera en su mano, mejor.

Al día siguiente, le escribí al profesor Anthony Maden, jefe clínico del módulo de Tony en Broadmoor —«Me pongo en contacto con usted con la esperanza de que arroje un poco de luz sobre la veracidad del testimonio de Tony»—, y mientras aguardaba la respuesta, me pregunté qué había impulsado a L. Ron Hubbard, fundador de la Iglesia de la Cienciología, a fundar la organización de Brian, la CCDH. ¿Cómo había empezado la guerra de la cienciología contra la psiquiatría? Telefoneé a Brian.

—Deberías darte una vuelta por Saint Hill —me aconsejó—. Seguramente allí tienen documentos antiguos relacionados con el tema.

—¿Saint Hill? —dije.

—La vieja mansión de L. Ron Hubbard —dijo Brian.

Saint Hill Manor —residencia de L. Ron Hubbard entre 1959 y 1966— se yergue, palaciega e impecablemente conservada, en la campiña de East Grinstead, cincuenta y cinco kilómetros al sur de Londres. Tiene columnas en perfecto estado, azulejos islámicos del siglo XII de valor incalculable, salones de verano y de invierno, y una habitación recubierta del techo al suelo con un mural de mediados del siglo XX de personalidades británicas retratadas como monos —una pintura satírica extraña y formalmente graciosa encargada hacía mucho tiempo por un propietario anterior— y una enorme ampliación moderna, construida por cienciólogos voluntarios, que imitaba un castillo medieval. Sobre mesas auxiliares hay pequeños objetos que pertenecieron a Hubbard, como su grabadora, su papel de carta personalizado y un salacot.

Aparqué, dando por sentado que Brian estaría allí para llevarme a una sala en la que pudiera estudiar tranquilamente documentos que detallaran la guerra de la Iglesia contra la psiquiatría. Sin embargo, cuando doblé la esquina, descubrí para mi sorpresa que allí había un comité de bienvenida integrado por algunos de los cienciólogos más eminentes del mundo, que habían volado desde lugares lejanos con la intención expresa de recibirme y mostrarme el lugar. Me esperaban en el camino de grava de la entrada, vestidos con trajes inmaculados y sonriendo con expectación.

En las últimas semanas habían aparecido en los medios noticias negativas sobre la Iglesia, y saltaba a la vista que alguno de los jefazos había decidido que yo podía ser el periodista que limpiara su imagen. Lo que había ocurrido es que, unas semanas antes, tres ex altos cargos —Marty Rathbun, Mike Rinder y Amy Scobee— habían lanzado acusaciones alarmantes contra su líder David Miscavige, el sucesor de L. Ron Hubbard. Aseguraron que solía castigar a sus altos ejecutivos por sus deficiencias como Personas de Ideas propinándoles bofetadas, puñetazos, «una somanta de hostias», dándoles patadas cuando estaban en el suelo, pegándoles en la cara, estrangulándolos hasta que la cara se les ponía morada, y obligándolos sin previo aviso a jugar a una versión extrema del juego de las sillas musicales que duraba toda la noche.

—El hecho —dijo Tommy Davis, el portavoz jefe de la Iglesia, que había tomado un vuelo desde Los Ángeles para verme— es que sí, hubo personas que recibieron golpes y luego patadas cuando estaban en el suelo y que fueron asfixiadas hasta que la cara se les puso morada, pero el culpable no fue el señor Miscavige, ¡sino el propio Marty Rathbun!

(Más tarde me enteré de que Marty Rathbun reconoció que en efecto había cometido esos actos de violencia, pero afirmó que lo había hecho por órdenes de David Miscavige. La Iglesia niega dicha acusación.)

Tommy dijo que yo, a diferencia de la mayoría de los periodistas, era un librepensador, que no estaba a sueldo de enemigos de la cienciología y que tenía la mente abierta a realidades insospechadas. Me entregó un ejemplar de la revista interna de la Iglesia de la cienciología, *Freedom*, que se refería a las tres personas que habían lanzado la acusación como el Cabecilla, el Timador y la Adúltera. La Adúltera era, de hecho, «una adúltera reincidente» que se negaba a «reprimir su conducta sexual libertina», que había perpetrado «cinco indiscreciones extramaritales» y que «había sido expulsada de la Iglesia por delitos eclesiásticos».

Alcé la vista de la revista.

—¿Qué hay de la versión extrema de las sillas musicales que duraba toda la noche? —pregunté.

Hubo un breve silencio.

—Sí, bueno, es cierto que el señor Miscavige nos obligaba a hacer eso —admitió Tommy—, pero no era ni por asomo tan terrible como se decía. En fin. Ha llegado el momento de que se dé una vuelta por la mansión para que aprenda la verdad sobre la cienciología.

Tommy me dejó en manos de Bob Keenan, mi guía para la visita.

—Soy el representante personal de relaciones públicas de L. Ron Hubbard en el Reino Unido —dijo. Era un ex bombero inglés que, según declaró, había descubierto la cienciología «después de romperme la espalda cuando estaba apagando un incendio en el piso de unos gitanos en el este de Londres. Había un asno en una de las habitaciones. Lo vi, doblé la esquina y el suelo cedió bajo mis pies. Cuando estaba convaleciente, me leí *Dianética* [el libro de autoayuda escrito por Hubbard], que me ayudó a sobrellevar el dolor.»

La casa solariega estaba inmaculada como muy pocas mansiones de nuestros días. Estaba tan limpia y reluciente como las casas solariegas que aparecen en las películas ambientadas en aquella época lejana en que la aristocracia británica poseía un poder auténtico y una fortuna ilimitada. No vi manchas en ningún sitio salvo en el Salón de Invierno, donde unas pocas losas brillantes de mármol del suelo estaban cubiertas de una tenue pátina oscura.

—Aquí es donde Ron tenía su máquina de Coca-Cola —me explicó Bob con una sonrisa—. A Ron le encantaba la Coca-Cola. La bebía a todas horas. Era su debilidad. El caso es que un día se derramó jarabe de la máquina. La mancha es de eso. Se ha discutido mucho si deberíamos limpiarla. Yo voto por dejarla. Me gusta que esté allí.

—Como una reliquia —dije.

—Exacto —dijo Bob.

—Una especie de santo sudario de Coca-Cola —añadí.

—Lo que tú digas —respondió Bob.

Los detractores de la cienciología creen que dicha religión y todo lo que se ha hecho en su nombre, incluida la fundación de su rama antipsiquiátrica, no son más que una manifestación de la locura de L. Ron Hubbard. Sostienen que era un hombre paranoico y deprimido (al parecer había ocasiones en que rompía a llorar desconsoladamente y lanzaba cosas contra las paredes, gritando). Según Tommy y Bob, Hubbard era un genio con un gran espíritu humanitario. Destacaron sus múltiples facetas: *boy scout* de talla internacional («fue el explorador más joven de Estados Unidos en alcanzar el rango de Águila —dijo Bob—. Le concedieron veintiuna medallas al mérito»), piloto, aventurero (se cuenta que salvó a un oso de ahogarse sin la ayuda de nadie), autor de ciencia ficción increíblemente prolífico (era capaz de escribir una novela entera de éxito en una noche, durante un viaje en tren), filósofo, marinero, gurú y azote de psiquiatras malignos. Dicen que Hubbard fue la primera persona que denunció que los psiquiatras administraban a sus pacientes dosis enormes de LSD y terapias de electrochoques, como parte de un plan secreto financiado por la CIA para crear asesinos con el cerebro lavado. Publicó su informe sobre los experimentos en 1969, y no fue hasta junio de 1975 cuando el *Washington Post* anunció a un mundo que no se lo esperaba que estos programas (cuyo nombre en clave era MK-ULTRA) existían.

A una persona drogada y a quien se han aplicado electrochoques se le puede ordenar que mate, indicarle a quién matar, cómo matarlo y qué decir después. Los cienciólogos, por ser técnicamente superiores a los psiquiatras y estar a unos cien años luz por encima de ellos desde el punto de vista moral, condenamos rotundamente la indiferencia oficial respecto a los tratamientos con drogas y electrochoques...

Algún día la policía tendrá que ocuparse del psiquiatra. El psiquiatra está siendo investigado.

L. RON HUBBARD, «Pain-Drug-Hypnosis»
[Dolor-droga-hipnosis], 1969

Se cuenta que Hubbard llegó a creer que una trama de intereses ocultos, concretamente los de la profesión psiquiátrica y la industria farmacéutica, estaba detrás de los ataques políticos contra él porque los principios de autoayuda de la Dianética que había formulado (que todos arrastramos «engramas», recuerdos dolorosos de vidas anteriores, y cuando nos desembarazamos de ellos nos volvemos invencibles, podemos hacer que nos vuelvan a salir los dientes, y curar la ceguera y la locura) permitían que nadie tuviera que volver a visitar a un psiquiatra o a tomar antidepresivos.

Un documental de la Iglesia sobre la vida de Hubbard afirma que «L. Ron Hubbard fue probablemente el hombre más inteligente que haya existido sobre la faz de la tierra. Ha habido grandes hombres como Jesús, Moisés y Mahoma. L. Ron Hubbard merece figurar entre ellos.»

La parada final en mi visita guiada fue la alcoba de L. Ron Hubbard.

—La última noche que pasó en esta cama —dijo Bob— fue la noche del 30 de diciembre de 1966. Al día siguiente, en nochevieja, se marchó de Inglaterra y ya nunca volvió.

—¿Por qué? —pregunté.

—La investigación que estaba realizando en aquella época era demasiado... —Bob se quedó callado. Me dirigió una mirada solemne.

—¿Me estás diciendo que su investigación se estaba adentrando en un terreno pantanoso y que tuvo que irse de Inglaterra porque temía por su vida? —inquirí.

—Las conclusiones a las que estaba llegando... —dijo Bob. Su voz se había teñido de un tono lúgubre.

—L. Ron Hubbard nunca temió por nada —terció Tommy Davis con brusquedad—. Él jamás habría huido de ningún sitio. No estaría bien que la gente creyera que él huyó. No seguía más que sus propias reglas.

—Se marchó porque quería ir a un lugar seguro —aclaró Bill Walsh, uno de los principales abogados de la Iglesia, que había volado desde Washington D. C. para reunirse conmigo.

—¿Cuál era la naturaleza de la investigación? —pregunté.

Se impuso un silencio.

—La personalidad antisocial —murmuró Bob al cabo de un rato.

La personalidad antisocial.

[Esta clase de personalidad] es incapaz de sentir remordimiento o vergüenza. Solo aprueban los actos destructivos. Aducen argumentos que parecen considerablemente racionales. Pueden llegar a ser muy persuasivos.

L. RON HUBBARD,
Introduction to Scientology Ethics
[Introducción a la ética de la cienciología], 1968

Cuando vivía en Saint Hill, empezó a proclamar que sus enemigos, como la Asociación Americana de Psiquiatría, son personas que adolecen de una personalidad antisocial, espíritus malévolos obsesionados con convertirlo en objeto de su perversidad. Su maldad había fermentado a lo largo de incontables vidas, durante muchos millones de años, hasta convertirse en una fuerza de lo más poderosa. Escribió que todo cienciólogo tenía la obligación de «hundirlos por completo..., valerse de la propaganda negra para destruir su reputación». Aunque más tarde revocó la orden («nos causa problemas de relaciones públicas», aseveró), fue esta actitud inflexible —«Queremos que todos los psiquiatras de Inglaterra tengan una mancha en su honor, un asesinato, una agresión, una violación, o más... No hay un solo residente de psiquiatría que, por la vía penal ordinaria, no pueda ser juzgado y condenado por extorsión, mutilación y asesinato»— lo que llevó a la formación de la rama anti psiquiatría, la CCDH, en 1969.

La CCDH concebía la psiquiatría tal como Hubbard la había descrito, como un Imperio Oscuro que había existido durante siglos, y sus miembros se consideraban a sí mismos como parte de un grupo rebelde variopinto que tenía la misión de derrotar a Goliat.

Y han conseguido algunas victorias épicas. Un ejemplo es su campaña de las décadas de 1970 y 1980 contra el psiquiatra australiano Harry Bailey. Dirigía un pequeño hospital psiquiátrico privado de una zona residencial situada a las afueras de Sydney. Acudían pacientes con ansiedad, depresión, esquizofrenia, obesidad, síndrome premenstrual y demás. Harry Bailey los recibía y les indicaba que se tragaran unas pastillas. A veces, los pacientes sabían qué les esperaba, pero no siempre. Cuando alguien le preguntaba para qué eran las píldoras, él respondía: «Oh, es una práctica normal.»

En cuanto se las tomaban, caían en coma profundo.

Harry Bailey creía que mientras sus pacientes estuvieran en coma, su cerebro los curaría de los trastornos mentales que padecieran. Sin embargo, entre el veintiséis y el ochenta y cinco por ciento de ellos se sumió hasta tal punto en la inconsciencia que se murió. Unos se ahogaron con su propio vómito, otros sufrieron ataques al corazón, daños cerebrales, neumonía y trombosis venosa profunda. El escándalo llegó a oídos de los cienciólogos, que designaron un equipo para que investigara a Bailey y animara a los supervivientes a demandarlo y a los tribunales a procesarlo, para gran indignación de Harry Bailey, que creía que estaba realizando un trabajo pionero en su campo.

En septiembre de 1985, cuando quedó claro que acabaría entre rejas, escribió una nota: «Quiero dejar constancia de que los cienciólogos y las fuerzas de la locura han vencido.» Luego subió a su coche y se tragó un frasco de somníferos regados con cerveza.

Harry Bailey había muerto, y era de esperar que no estuviera armándose con más poder maligno en la otra vida para castigar a la raza humana en una siniestra vida futura.

Cuando, tras marcharme de Saint Hill, llegué a casa, miré el vídeo de la CCDH titulado *La psiquiatría: una industria de la muerte*. Se trataba, en buena parte, de un catálogo bien documentado de abusos cometidos por psiquiatras a lo largo de la historia. Allí estaba el médico estadounidense Samuel Cartwright en 1851, identificando un trastorno mental, la drapetomanía, que solo se manifestaba de forma patente en esclavos. El único síntoma era «el deseo de huir de la esclavitud», y la cura consistía en «pegarles una buena tunda de azotes» como medida preventiva. Allí estaba el neurólogo Walter Freeman, clavando a martillazos un punzón para hielo en la cuenca del ojo de un paciente en algún momento de la década de 1950. Freeman viajaba por Estados Unidos en su «lobotomóvil» (una especie de autocaravana), practicando lobotomías con entusiasmo allí donde se lo permitían. Allí estaba el psicólogo conductista John Watson, rociando a un bebé con un líquido transparente inidentificable que esperé que no fuera ácido, aunque llegado a ese punto del DVD, no me habría extrañado nada de esos cabrones.

Sin embargo, el documental se adentraba luego en terreno especulativo. Allí estaba el psicólogo de Harvard B. F. Skinner, que al parecer mantuvo a su hija pequeña Deborah cruelmente aislada en una caja de metacrilato durante un año. De hecho, las imágenes la mostraban bastante contenta en la caja, y cuando más adelante investigué un poco por mi cuenta, descubrí que ella ha sostenido durante toda su vida que la caja simplemente hacía las veces de cuna, que casi nunca la ponían allí de todos modos y que su padre era en realidad un hombre encantador.

En el vídeo, una voz superpuesta decía: «En cada ciudad de cada estado de cada país, hay psiquiatras que cometen violaciones, abusos sexuales, asesinatos y fraudes.»

Unos días después, recibí una carta que Tony me había enviado desde Broadmoor. «Este sitio es terrible por la noche, Jon —decía—. No hay palabras para expresar el ambiente. Me he fijado en que los narcisos silvestres estaban en flor esta mañana. Me han venido ganas de correr entre ellos como hacía de pequeño, con mi madre.»

Tony había incluido en el paquete copias de su expediente,

lo que me permitió leer las palabras exactas que empleó para convencer en 1998 a los psiquiatras de que era un enfermo mental. Todo lo que me había dicho que había tomado prestado de Dennis Hopper en *Terciopelo azul* estaba allí, negro sobre blanco: que le gustaba enviar a la gente cartas directamente desde el corazón y que una carta de amor era una bala de una pistola, y que si recibías una carta de amor de él, te ibas derechito al infierno; pero había mucho más. Se había pasado tres pueblos. Les había dicho a los psiquiatras que la CIA lo seguía, que la gente que iba por la calle no tenía ojos de verdad, sino unas manchas negras, y que tal vez conseguiría ahuyentar las voces que oía en su cabeza si le hacía daño a alguien, si tomaba a un hombre como rehén y le clavaba un lápiz en el ojo. Declaró que estaba considerando la posibilidad de secuestrar un avión porque ya no le excitaba robar coches. Aseguró que le gustaba llevarse cosas que pertenecían a otros porque le seducía la perspectiva de hacerlos sufrir. Dijo que hacer daño a la gente era mejor que el sexo.

Yo no sabía muy bien de qué películas había sacado estas ideas, ni siquiera si las había sacado de películas. Sentí que el suelo se movía bajo mis pies. De pronto, estaba un poco de parte de los psiquiatras. Tony debió de parecerles un tipo extremadamente escalofriante en aquel entonces.

Había otra hoja en su expediente, una descripción del delito que cometió en 1997. La víctima era un vagabundo, un alcohólico llamado Graham que casualmente estaba sentado en un banco cercano. Aparentemente hizo «un comentario inapropiado» acerca de la hija de diez años de uno de los amigos de Tony, algo relacionado con la longitud de su vestido. Tony le dijo que se callara. Graham le lanzó un puñetazo, y Tony contraatacó con una patada. Graham se cayó al suelo, y todo habría terminado allí —según declaró Tony más tarde— si Graham se hubiera quedado callado. Pero no lo hizo. En cambio, dijo: «¿Eso es todo lo que sabes hacer?»

A Tony «se le cruzaron los cables». Le propinó a Graham

siete u ocho patadas en el estómago y la entrepierna. Lo dejó, regresó junto a sus amigos y se tomó otra copa. Entonces se acercó de nuevo a Graham —que aún yacía inmóvil en el suelo—, se agachó y le asestó varios cabezazos y más puntapiés. Tras patearlo de nuevo en la cara, se alejó.

Me acordé de aquella lista de películas en las que Tony afirmaba haberse basado para demostrar que padecía una enfermedad mental. Una de ellas era *La naranja mecánica*, que empieza con una panda de matones que patean a un vagabundo que está en el suelo.

Mi teléfono empezó a sonar. Reconocí el número. Era Tony. No lo cogí.

Transcurrió una semana, y el mensaje de correo electrónico que había estado esperando llegó por fin. Era del profesor Anthony Maden, jefe clínico de la unidad de trastornos de la personalidad graves y peligrosos de Broadmoor, donde estaba ingresado Tony.

«Es cierto que Tony vino a parar aquí por fingir una enfermedad mental, pues creía que esto sería preferible a la cárcel», decía el mensaje.

Estaba convencido de ello, recalcó, al igual que muchos otros psiquiatras que habían conocido a Tony en años recientes. Era la opinión generalizada ahora. Las ideas delirantes de Tony —las que había expresado cuando estaba en prisión preventiva— no resultaban convincentes en retrospectiva. Eran demasiado morbosas, demasiado tópicas. Además, en cuanto lo ingresaron en Broadmoor y él echó un vistazo alrededor al infierno en el que se había metido, los síntomas desaparecieron de golpe.

«¡Vaya! —pensé, agradablemente sorprendido—. ¡Bien! ¡Eso es genial!»

Tony me había caído bien cuando lo conocí, pero en los últimos días no había podido evitar un sentimiento de desconfianza hacia él, por lo que era agradable que un experto corroborase su versión de los hechos.

Pero entonces leí la frase siguiente del profesor Maden: «La mayoría de los psiquiatras que lo han examinado, y ha habido muchos, han dictaminado que no padece una enfermedad mental, pero es un psicópata.»

Fijé la vista en el mensaje de correo electrónico. «¿Tony es un psicópata?», pensé.

No sabía casi nada sobre la psicopatía en ese entonces, aparte de la historia que me había contado James sobre Essi Viding en la época en que intentaba resolver el misterio de *El ser o la nada*: «Le enseñó la imagen de un rostro asustado y le pidió que identificara la emoción. El tipo contestó que no sabía de qué emoción se trataba, pero que esa era la cara que ponía la gente justo antes de que él los matara.» De modo que, aunque no sabía gran cosa sobre los psicópatas, sí sabía una cosa: que este diagnóstico sonaba aún peor.

Le escribí al profesor Maden: «¿Eso no es como cuando en la película *Ghost* Whoopi Goldberg finge ser una médium y luego resulta que puede hablar de verdad con los muertos?»

«No —me respondió en otro correo electrónico—. No es como aquella escena con Whoopi Goldberg. Tony simuló una enfermedad mental. Esto consiste en sufrir alucinaciones y delirios. La enfermedad mental viene y va. Puede mejorar gracias a la medicación. Tony es un psicópata. La psicopatía no va y viene. Es la forma de ser de la persona.»

Explicó que fingir una enfermedad para librarse de una condena a prisión era justo la clase de manipulación engañosa que cabía esperar de un psicópata. Que Tony aparentase que el cerebro le fallaba era una señal de que le fallaba el cerebro.

«No existe la menor duda sobre el diagnóstico de Tony», concluía el mensaje del profesor Maden.

Tony telefoneó de nuevo. No contesté.

—¡Típico de un psicópata! —exclamó Essi Viding.

Se produjo un silencio.

—¿En serio? —pregunté.

—¡Sí! —dijo—. ¡El modo en que se presentó a la entrevista contigo es típico de un psicópata!

Tras recibir el correo electrónico del profesor Maden, llamé a Essi para preguntarle si podía reunirse conmigo. Acababa de contarle el momento en que vi a Tony por primera vez, caminando despacio pero con aire resuelto a través del Centro de Bienestar de Broadmoor con un traje de raya diplomática, como un participante de *The Apprentice*, un concurso televisivo en que unos jóvenes intentan impresionar a un magnate para que los contrate.

—¿Eso es típico de un psicópata? —pregunté.

—Una vez visité a un psicópata en Broadmoor —dijo Essi—. Había leído su expediente. Tenía un historial horroroso de violaciones a mujeres a quienes luego mataba y arrancaba los pezones con los dientes. Leer aquello fue espeluznante, terrible. Otro psicólogo me dijo: «Cuando conozcas al tipo, quedarás totalmente cautivada con él.» Yo pensé: «¡De eso nada!» ¿Y sabes qué? ¡Así ocurrió! Hasta tal punto que casi lo encontré atractivo. Era muy guapo, estaba en plena forma física y tenía una actitud de lo más viril. Despertó en mí una atracción animal. Entendí perfectamente por qué las mujeres que había matado se habían ido con él.

—La idea de que ponerse un traje con estilo puede ser indicativo de que el tipo es un psicópata —dije—, ¿de dónde la has sacado?

—De la lista de Hare —dijo Essi—. El PCL-R.

La miré sin comprender.

—Es una especie de test para psicópatas concebido por un psicólogo canadiense llamado Bob Hare —aclaró—. Es la escala de evaluación por excelencia para diagnosticar la psicopatía. El primer punto es «locuacidad/encanto superficial».

Essi me habló un poco del test para psicópatas de Bob

Hare. Por el modo en que me lo describió, me pareció algo bastante extraño. Me contó que uno puede apuntarse a un curso en que el propio Hare enseña maneras de detectar disimuladamente a los psicópatas interpretando su lenguaje corporal, los matices en su forma de construir las frases y cosas por el estilo.

—¿Qué edad tiene Tony? —preguntó ella.

—Veintinueve —respondí.

—Pues le deseo suerte al profesor Maden —dijo—. Dudo que sus días de delincuente hayan quedado atrás.

—¿Y eso cómo lo sabes? —pregunté.

De pronto, vi a Essi como a una especie de catadora brillante capaz de identificar un vino excepcional basándose en pistas apenas apreciables. O tal vez era más bien como un párroco que creía ciegamente en algo demasiado imperceptible para demostrar su existencia.

—Los psicópatas no cambian —dijo—. No aprenden de los castigos. Lo máximo que puede esperarse de ellos es que lleguen a ser demasiado viejos y perezosos para cometer delitos. Y pueden causar muy buena impresión. Son carismáticos. Encandilan a la gente. O sea que sí, los problemas comienzan cuando uno de ellos llega muy alto en la sociedad convencional.

Le dije a Essi que había sido testigo de cómo el disparatado libro de Petter Nordlund ponía patas arriba durante un tiempo el mundo racional de ella y sus colegas. Claro que Petter no tenía nada de psicópata; parecía ansioso y obsesivo, como yo, aunque en un grado mucho mayor. Sin embargo, como resultado de la aventura de *El ser o la nada*, estaba empeñado en investigar la influencia que la locura —sobre todo la de algunos de nuestros dirigentes— tenía sobre nuestra vida cotidiana. ¿De verdad creía Essi que un gran número de ellos padece la misma anomalía que Tony? ¿Son muchos de ellos psicópatas?

Ella asintió.

—En el caso de los psicópatas presos, incluso es posible

cuantificar el daño que ocasionan —aseveró—. Aunque solo integran el veinticinco por ciento de la población reclusa, son responsables de entre el sesenta y el setenta por ciento de los crímenes violentos que se cometen en las cárceles. Aunque son pocos, más vale no meterse con ellos.

—¿Qué porcentaje de psicópatas hay entre la población no reclusa? —inquirí.

—Un uno por ciento —dijo Essi.

Añadió que si me interesaba comprender qué es un psicópata y cómo algunos alcanzan la cima del mundo empresarial, debía consultar los textos de Bob Hare, el padre de la investigación moderna sobre la psicopatía. Agregó que seguramente Tony acabaría en prisión por haber obtenido un resultado alto en la escala de evaluación de Bob Hare.

Así pues, tras salir de su despacho, encontré un artículo de Hare que describía a los psicópatas como «depredadores que se valen de su encanto, la manipulación, la intimidación, el sexo y la violencia para controlar a otros y satisfacer sus necesidades egoístas. Como carecen de conciencia y empatía, se apoderan a su antojo de lo que quieren, quebrantando normas y expectativas sociales sin remordimiento o sentimiento de culpa. Lo que les falta, en otras palabras, son precisamente las cualidades que permiten a un ser humano vivir en armonía social».

Tony llamó de nuevo. No podía seguir ignorándolo. Respiré hondo y cogí el teléfono.

—¿Jon? —dijo.

Su voz sonaba débil, lejana y con eco. Me lo imaginé en una cabina telefónica en medio de un largo pasillo.

—Sí, hola Tony —dije sin más ceremonia.

—Hace tiempo que no sé nada de ti —dijo Tony.

Hablaba como un niño cuyos padres de pronto habían empezado a tratarlo con frialdad sin una razón evidente.

—El profesor Maden afirma que eres un psicópata —dije.

Tony exhaló con impaciencia.

—No soy un psicópata —replicó.

Hubo un breve silencio.

—¿Cómo lo sabes? —pregunté.

—Dicen que los psicópatas no tienen remordimientos —dijo Tony—. Yo tengo muchos. Pero cuando les digo que tengo remordimientos, dicen que los psicópatas fingen estar arrepentidos sin estarlo en realidad. —Tony hizo una pausa—. Es como la brujería —añadió—. Le dan la vuelta a todo.

—¿Qué les hace creer que eres un psicópata? —pregunté.

—Ah —dijo Tony—. En 1998, cuando estaba simulando una enfermedad mental, cometí la estupidez de soltar todos esos rollos de psicópata. Como Ted Bundy. ¿Recuerdas que plagié un libro sobre Ted Bundy? Ted Bundy era un psicópata sin lugar a dudas. Creo que ese es el problema.

—De acuerdo —dije, en un tono que evidenciaba lo poco convencido que estaba.

—Intentar demostrar que no eres un psicópata es aún más difícil que intentar demostrar que no eres un enfermo mental —continuó Tony.

—¿Cómo te diagnosticaron la psicopatía? —pregunté.

—Me hicieron un test —respondió Tony—. La escala de evaluación de Robert Hare. Evalúan veinte rasgos de la personalidad. Repasan una lista de características: encanto superficial, propensión al aburrimiento, falta de empatía, ausencia de remordimiento, concepto elevado de la propia valía, esa clase de cosas. Cada ítem se puntúa con un cero, un uno o un dos. Si tu puntuación es de treinta o más en una escala de cero a cuarenta, significa que eres un psicópata. Ya está. Estás condenado. Quedas etiquetado como psicópata para el resto de tu vida. No hay tratamiento posible para ti. Eres un peligro para la sociedad. Y entonces te encierran en un sitio como este... —Tony había alzado la voz, lleno de ira y frustración. La oí resonar entre las paredes de la unidad de TGPG. Entonces se controló y bajó el volumen de nuevo—. Y entonces te encierran en un sitio como este —prosiguió—. Si me hubiera conformado con cumplir condena en prisión, ya habría salido hace siete años.

—Cuéntame más cosas del test para psicópatas —le pedí a Tony.

—Una de las preguntas que te hacen para evaluar tu grado de Irresponsabilidad es: «¿Te relacionas con delincuentes?» ¡Claro que me relaciono con delincuentes! ¡Estoy en el puto Broadmoor!

Era evidente que no le faltaba razón. Aun así, Brian sabía que Tony y él corrían el riesgo de perder mi apoyo. Me llamó y me preguntó si quería visitar al interno por última vez. Dijo que iba a hacerle una pregunta inesperada a Tony y quería que yo la oyera. Así que los tres nos pasamos otra vez la hora del almuerzo de un domingo comiendo chocolate y bebiendo té de marca PG Tips en el Centro de Bienestar de Broadmoor.

Aunque esta vez Tony no llevaba el traje de raya diplomática, seguía siendo con diferencia el posible afectado de un trastorno de personalidad grave y peligroso mejor vestido de la sala. Charlamos sobre temas triviales durante un rato. Le dije que quería cambiarle el nombre en este libro. Le pedí que eligiera uno. Nos decidimos por Tony. Él dijo que, con la suerte que tenía, los psiquiatras leerían esto y le diagnosticarían un trastorno de identidad disociativa.

De pronto, Brian se inclinó hacia delante.

—¿Tienes remordimientos? —preguntó.

—Tengo remordimientos —respondió Tony al instante, inclinándose hacia delante también— no solo por haberle jodido la vida a mi víctima, sino por habérmela jodido a mí mismo y a mi familia: por eso me remuerde la conciencia. Por todas las cosas que habría podido hacer en la vida. Es algo que me causa pesar todos los días.

Tony me miró.

«¿No ha sonado un poco como si recitara de corrido este discurso sobre sus remordimientos? —pensé. Fijé la vista en Tony—. ¿Lo han ensayado? ¿Han montado este número para mí? Por otro lado, si tuviera remordimientos de verdad, ¿no habría dicho: "Tengo remordimientos no solo por haber jodido mi vida, sino también la de mi víctima...?" ¿No habría formulado su declaración de remordimiento en ese orden? O tal vez el orden en que lo había dicho era el correcto. No lo sé. ¿Debo estar a favor de que lo suelten, o no? ¿Cómo puedo saberlo?» Me pasó por la cabeza que tal vez debía abogar por su puesta en libertad en un artículo que diera la impresión de que yo estaba comprometido con su causa pero que no fuera lo bastante contundente para servir de algo. Podría sembrar el germen de la duda en la prosa. De forma sutil.

Entorné los ojos, como si intentara trepanar el cráneo de Tony para echar un vistazo a su cerebro. Adopté la misma expresión de curiosidad concentrada que cuando Deborah me enseñó su ejemplar de *El ser o la nada* en el Costa Coffee. Tony y Brian se percataron de lo que estaba ocurriendo dentro de mi cabeza. Ambos se reclinaron en su asiento, decepcionados.

—Estás ahí sentado, como un detective aficionado, intentando leer entre líneas —señaló Brian.

—Así es —asentí.

—¡Eso es lo que hacen todos los psiquiatras! —exclamó Brian—. ¿Lo ves? ¡No son más que detectives aficionados también! Pero son lo bastante poderosos para influir en las juntas de libertad condicional, ¡para mantener a personas como Tony encerradas indefinidamente si tienen la desgracia de no superar el test de psicopatía de Bob Hare!

Entonces nuestras dos horas llegaron a su fin, un guardia avisó que se había acabado el tiempo y, con un escueto adiós, Tony cruzó obedientemente y a toda prisa el Centro de Bienestar y se marchó.

3

Los psicópatas sueñan en blanco y negro

El psiquiatra francés Philippe Pinel fue el primero en aventurar, a principios del siglo XIX, que existía una demencia que no guardaba relación con la manía, la depresión o la psicosis. La denominó «*manie sans delire*», locura sin delirio. Sostenía que quienes la padecían parecían normales a primera vista, pero eran incapaces de controlar sus impulsos y propensos a arrebatos violentos. No fue hasta 1891, cuando el doctor alemán J. L. A. Koch publicó su libro *Die Psychopatischen Minderwertigkeiter*, que esta anomalía recibió su nombre actual: psicopatía.

En los viejos tiempos —la época anterior a Bob Hare—, las definiciones eran rudimentarias. La Ley de Salud Mental de 1959 para Inglaterra y Gales describía a los psicópatas simplemente como personas que tenían «un trastorno o incapacidad mental persistente (acompañado en ocasiones, pero no siempre, de una inteligencia por debajo de lo normal) que se traduce en una conducta anormalmente agresiva y gravemente irresponsable por parte del paciente, y que requiere o es susceptible de tratamiento médico».

La creencia generalizada desde el principio era que solo un uno por ciento de los humanos lo padecía, pero que el caos que ocasionaban era de tal alcance que podía llegar a cambiar la sociedad, cambiarla a peor, como cuando alguien se rompe el pie y este se le suelda mal, con los huesos sobresaliendo en direcciones extrañas. Por tanto, surgió una pregunta urgente: ¿cómo podía curarse a los psicópatas?

A finales de la década de 1960, un joven psiquiatra canadiense creyó haber dado con la respuesta. Se llamaba Elliott Barker. Su extraña historia ha quedado prácticamente relegada al olvido, salvo por alguna que otra aparición estelar —como si se tratara de una estrella otrora hermosa pero ahora decrépita— en la nota necrológica de algún asesino en serie incurable de Canadá. Sin embargo, en aquel entonces sus colegas de profesión seguían sus experimentos con gran interés. Parecía estar en la cúspide de algo extraordinario.

Encontré por casualidad referencias a él en artículos académicos que leí durante las semanas siguientes a mi visita a Tony en Broadmoor y mi reunión con Essi Viding, cuando intentaba entender el significado de la psicopatía. Había alusiones a su buen corazón; su idealismo infantil, pero extraño; su voluntad de adentrarse en los rincones más recónditos de su imaginación para intentar curar a los psicópatas. No había visto frases como estas en otros informes sobre iniciativas psiquiátricas emprendidas en instituciones para delincuentes con problemas mentales, así que empecé a enviar mensajes de correo electrónico a él y a sus amigos.

«Elliott trata de pasar desapercibido y no concede entrevistas —me respondió uno de sus ex colegas, que quería mantener el anonimato—. Es un hombre amable que hasta el día de hoy ha puesto mucho entusiasmo en ayudar a los demás.»

«Que yo sepa, no ha habido nada comparable a lo que hizo Elliott Barker —me escribió Richard Weisman, profesor de ciencias sociales en la Universidad de York en Toronto, autor de un artículo brillante sobre Barker, "Reflections on the Oak Ridge Experiment with Mentally Disordered Offenders" [Reflexiones sobre el experimento de Oak Ridge con delincuentes que padecían trastornos mentales], publicado en el *International Journal of Law and Psychiatry*—. Era una síntesis única de una serie de tendencias culturales de los sesenta en Canadá, y Elliott tuvo la suerte de disponer de carta blanca para sus improvisaciones.»

Me obsesioné considerablemente por reconstruir la historia de Oak Ridge. Enviaba mensajes de correo electrónico precipitadamente, sin resultado: «Estimado Elliott: No acostumbro a insistir tanto, y le ruego que acepte mis disculpas por hacerlo»; «¿Hay algo que pueda hacer para convencerle de que hable conmigo?»; «Le prometo que este será el último mensaje que le mande si no recibo respuesta.»

Luego tuve un golpe de suerte. Mientras que a los otros entrevistados en potencia mi determinación casi febril tal vez les había parecido extraña, quizás incluso irritante, a Elliott y a los psiquiatras que habían trabajado con él en Oak Ridge les llamó la atención, y cuanto más los incordiaba, más me ganaba su simpatía silenciosa. Finalmente, empezaron a ceder y a responder a mis mensajes.

Todo comenzó a mediados de la década de 1960. En aquella época, Elliott Barker era un psicólogo en ciernes y recién salido de la universidad. Cuando aún no había decidido a qué iba dedicarse, se enteró al leer revistas de psiquiatría de la aparición de comunidades terapéuticas radicales en las que la jerarquía clásica que se daba entre el terapeuta sabio y el paciente ignorante había sido abolida y reemplazada por algo más experimental. Intrigados, su joven esposa y él pidieron un préstamo al banco y emprendieron una odisea de un año alrededor del mundo para visitar el mayor número posible de aquellas comunidades.

En Palm Springs, California, oyó hablar de unas sesiones de psicoterapia nudista que se realizaban bajo la tutela de un psicoterapeuta llamado Paul Bindrim. El hotel en que se celebraban las sesiones combinaba (según afirmaba el material publicitario de la época) «una abundancia de árboles y flora silvestre» con las comodidades de «un centro vacacional de lujo». Allí, Bindrim pedía a sus clientes completamente vestidos, que no se conocían entre sí y en su mayoría eran estrellas de cine y librepensadores californianos de clase media o alta, que se «devoraran con los ojos», luego que se abrazaran, forcejearan y después se despojaran de su «torre de ropa» en la oscuridad y mientras sonaba música New Age. Una vez desnudos, se sentaban en círculo y emitían un «murmullo parecido al de la meditación», antes de zambullirse en una sesión de psicoterapia nudista de veinticuatro horas seguidas, una montaña rusa emocional en la que los participantes gritaban, aullaban, sollozaban y confesaban sus miedos e inquietudes más íntimos.

«La desnudez física —explicaba Bindrim a los periodistas que lo visitaban— facilita la desnudez emocional y agiliza por tanto la psicoterapia.»

La idea más controvertida de Bindrim era lo que él denominaba «contemplación de la entrepierna». Le indicaba a un participante que se sentara en el centro del círculo y levantara las piernas. A continuación, ordenaba a los demás que fijaran la vista en los genitales y el ano de dicha persona, a veces durante horas, mientras él gritaba de vez en cuando «¡Es ahí! ¡Ahí es donde tenemos ese maldito condicionamiento negativo!».

En ocasiones pedía a los participantes que hablaran directamente con sus genitales. Una periodista que asistió a una sesión —Jane Howard, de la revista *Life*— reproducía en su libro de 1970 *Tóqueme por favor: reportaje sobre el Movimiento de Potencial Humano* una conversación entre Bindrim y una participante llamada Lorna.

—Cuéntale a Katy qué cosas ocurren en tu entrepierna —le ordenó Bindrim. «Katy» era la vagina de Lorna—. Di: «Katy, con esto cago, follo, meo y me masturbo.»

Se produjo un silencio incómodo.

—Creo que Katy ya lo sabe —respondió Lorna al cabo de un rato.

Muchos de los que seguían a distancia el movimiento de potencial humano de California consideraban que la psicoterapia nudista iba un poco demasiado lejos, pero a Elliott, en su odisea, la idea le pareció de lo más estimulante.

La odisea de Elliott lo llevó a Turquía, Grecia, Berlín Occidental y Oriental, Japón, Corea y Hong Kong. La experiencia más inspiradora de su viaje la vivió en Londres, donde (según me explicó por correo electrónico), conoció a los legendarios psiquiatras innovadores R. D. Laing y D. G. Cooper y visitó Kingsley Hall, «su comunidad terapéutica para esquizofrénicos».

Da la casualidad de que Adrian, el hijo de R. D. Laing, dirige un bufete de abogados que está a unas calles de mi casa en el norte de Londres. Por consiguiente, en mi empeño por entender las influencias de Elliott, me acerqué para preguntarle si podía contarme algo sobre Kingsley Hall.

Adrian Laing es un hombre menudo y esbelto. Tiene el rostro de su padre, pero un cuerpo menos intimidatorio.

—El objetivo de Kingsley Hall —dijo— era que la gente fuese allí a curarse la locura. Mi padre creía que si uno dejaba que la locura siguiera su curso natural sin interferir en él con lobotomías, drogas, camisas de fuerza o todas aquellas cosas terribles que se estilaban en ese entonces en las instituciones para enfermos mentales, la locura se extinguía sola, como los efectos de una dosis de LSD que el organismo procesa hasta finalmente eliminarla.

—¿Qué tipo de cosas debió de ver Elliott Barker en su visita a Kingsley Hall? —pregunté.

—Algunas habitaciones estaban, ya sabes, sugerentemente decoradas con sedas indias —dijo Adrian—. Allí, esquizofrénicos como Ian Spurling, que más adelante fue el diseñador de vestuario de Freddie Mercury, bailaban, cantaban, pintaban, recitaban poemas y se codeaban con librepensadores famosos como Timothy Leary y Sean Connery. —Adrian hizo una pausa—. Había habitaciones menos sugerentes, como el cuarto de mierda de Mary Barnes, en el sótano.

—¿El cuarto de mierda de Mary Barnes? —inquirí—. ¿Quieres decir que era el peor cuarto de la casa?

—Yo tenía siete años cuando visité Kingsley Hall por primera vez —explicó Adrian—. Mi padre me dijo: «En el sótano hay una persona muy especial que quiere conocerte.» Así que bajé allí y lo primero que dije fue: «¿Qué es ese olor a mierda?»

El olor a mierda —según Adrian— emanaba de una esquizofrénica crónica llamada Mary Barnes. Representaba un conflicto en Kingsley Hall. Laing tenía la locura en gran estima. Creía que los dementes poseían un conocimiento especial; solo ellos entendían la locura auténtica que impregnaba la sociedad. Pero Mary Barnes, la del sótano, detestaba estar loca. Le provocaba un sufrimiento insoportable, y ella deseaba desesperadamente ser normal.

Sus necesidades se impusieron al final. Laing y sus colegas psiquiatras de Kingsley Hall le indujeron una regresión a la infancia con la esperanza de que volviera a madurar, pero mentalmente sana. El plan no estaba saliendo bien. Ella estaba desnuda siempre, se embadurnaba y manchaba las paredes con sus excrementos, se comunicaba únicamente por medio de chillidos y se negaba a comer a menos que alguien la alimentara con un biberón.

—El olor de la mierda de Mary Barnes había dado lugar a todo un problema ideológico —dijo Adrian—. Se mantenían largas discusiones sobre él. Mary necesitaba ser libre de revolcarse en su propia mierda, pero su olor coartaba la libertad de los demás de respirar aire fresco. Así que dedicaron mucho tiempo a intentar formular una política sobre la mierda.

—¿Y tu padre? —pregunté—. ¿Cuál era su postura respecto a todo aquello?

Adrian tosió.

—Bueno —dijo—. El inconveniente de que no hubiera

barreras entre médicos y pacientes era que todo el mundo se convertía en paciente.

Hubo un silencio.

—Cuando me imaginaba Kingsley Hall, pensaba más bien que todo el mundo se convertía en médico —comenté—. Supongo que me sentía bastante optimista respecto a la humanidad.

—Qué va —repuso Adrian—. Todos se convertían en pacientes. En Kingsley Hall reinaba el caos. Allí se profesaba un respeto malsano por la locura. Lo primero que hizo mi padre fue perder el control por completo, desmandarse, porque una parte de él estaba como una puta regadera. En su caso, se trataba de una locura salvaje, como de borracho.

—Resulta increíblemente deprimente —dije— pensar que si hubiera una habitación con la locura en un extremo y la cordura en el otro, la naturaleza humana nos impulsaría hacia el extremo de la locura.

Adrian asintió. Dijo que intentaban mantener a visitas como Elliott Barker apartadas de los rincones más oscuros, como el cuarto de mierda de Mary Barnes y la demencia de borracho de su padre, y en cambio atraían su atención hacia las sedas indias y las deliciosas veladas de poesía con la presencia de Sean Connery.

—Por cierto —dije—. ¿Consiguieron formular una política satisfactoria respecto a la mierda?

—Sí —respondió Adrian—. Uno de los colegas de mi padre dijo: «Ella quiere pintar con su mierda. Tal vez deberíamos darle pinturas.» Y dio resultado.

Mary Barnes llegó a ser una artista célebre cuya obra era ampliamente expuesta. Sus cuadros gozaron de gran popularidad en las décadas de 1960 y 1970 porque constituían una ilustración de la demencial, pintoresca, dolorosa, exuberante y complicada vida interior de una esquizofrénica.

—Además, eso acabó con el olor a mierda —añadió Adrian.

Elliott Barker regresó de Londres con la cabeza llena de ideas radicales recogidas en el transcurso de su odisea, y solicitó un empleo en el módulo para psicópatas del hospital de Oak Ridge para delincuentes con enfermedades mentales, en Ontario. La junta directiva del hospital, impresionada por los detalles de su extraordinario viaje, le ofreció un puesto.

Los psicópatas que conoció durante sus primeros días en Oak Ridge no se parecían en nada a los esquizofrénicos de R. D. Laing. Aunque no cabía la menor duda de que estaban locos, no era algo que se notara a simple vista. Parecían totalmente normales. Elliott dedujo que esto se debía a que disimulaban su demencia tras una fachada de normalidad. Si hubiera una manera de hacer que la locura saliera a la superficie, tal vez esta podría seguir su curso y ellos podrían renacer como seres humanos dotados de empatía. La alternativa era descorazonadora: si no modificaban radicalmente su personalidad, aquellos jóvenes estarían condenados a pasar toda su vida en prisión.

Así pues, consiguió permiso de las autoridades canadienses para obtener una partida importante de LSD de un laboratorio autorizado por el gobierno, Connaught Laboratories, en la Universidad de Toronto. Seleccionó a un grupo de psicópatas («basándome en su capacidad de expresión oral; en su mayoría son delincuentes relativamente jóvenes de entre diecisiete y veinticinco años», explicaba en el número de octubre de 1968 del *Canadian Journal of Corrections*); los llevó a lo que él llamaba la Cápsula del Encuentro Total, una habitación pequeña pintada de color verde subido y les pedía que se quitaran la ropa. Aquello iba a ser un hito revolucionario: la primera sesión maratoniana de psicoterapia nudista para delincuentes psicópatas.

Aquellas sesiones arduas, con gente desnuda y estimulada por el LSD de Elliott, tenían una duración épica de once días.

El psicópata se pasaba todas sus horas de vigilia viajando a los rincones más oscuros de su alma en un intento de mejorarse. No había distracciones —ni televisión, ni ropa, ni relojes ni calendarios, solo una conversación interminable (de al menos cien horas por semana) sobre sus sentimientos. Cuando les daba hambre, se alimentaban por medio de cañitas que sobresalían de las paredes. Como en las sesiones de psicoterapia nudista de Paul Bindrim, se animaba a los pacientes a exteriorizar sus emociones más descarnadas gritando, arañando las paredes y confesándose unos a otros las fantasías sexuales que tenían sobre ellos, aunque se encontraran, en palabras de un informe interno de Oak Ridge de aquella época, «en un estado de excitación».

Me imagino que esta experiencia habría resultado más placentera en el marco de un centro vacacional de Palm Springs que en unas instalaciones de alta seguridad para asesinos psicopáticos.

El propio Elliott no estaba presente, sino que lo observaba todo desde el otro lado de un espejo unidireccional. Había decidido no ser él quien tratase a los psicópatas. Echarían abajo la estructura burguesa de la psicoterapia tradicional haciendo que ellos mismos oficiaran de psiquiatras entre sí.

Había unos toques surrealistas no deliberados. Por ejemplo, las visitas al módulo eran una molestia inevitable. Se ofrecían excursiones guiadas a grupos de adolescentes locales; una iniciativa gubernamental para desmitificar los manicomios. Esto supuso un problema para Elliott. ¿Cómo asegurarse de que la presencia de desconocidos no minara el ambiente radical que había tardado meses en cultivar? De pronto se le ocurrió una idea brillante. Adquirió unas fotografías policiales particularmente truculentas de personas que se habían suicidado de maneras horribles, de un tiro en la cara, por ejemplo, y empezó a colgárselas del cuello a los visitantes. A partir de ese momento, miraran a donde mirasen, los psicópatas tendrían que afrontar la espantosa realidad de la violencia.

Los primeros informes de Elliott eran desalentadores. En el interior de la Cápsula reinaba una atmósfera tensa. Los psicópatas se lanzaban miradas de rabia unos a otros. Pasaban días enteros sin que se dirigieran la palabra. Algunos de los presos menos dispuestos a cooperar estaban especialmente enfadados con sus compañeros psicópatas por obligarlos a participar en un subprograma en el que tenían que hablar en profundidad de sus motivos para no querer hablar en profundidad de sus sentimientos. A otros les ofendía que les hicieran ponerse vestidos de niñas pequeñas (un castigo ideado por los psicópatas para quienes no colaboraran con el programa). Por otro lado, a nadie le gustaba alzar la vista y ver a algún adolescente mirándolos con curiosidad a través de la ventana con una fotografía policial gigantesca oscilando bajo su cuello. El proyecto, pese a todas las buenas intenciones, parecía abocado al fracaso.

Conseguí localizar a un ex interno de Oak Ridge a quien Elliott había invitado a participar en el programa. En la actualidad, Steve Smith dirige una empresa de plexiglás en Vancouver. Lleva una vida normal y ha alcanzado el éxito. Sin embargo, a finales de la década de 1960 era un adolescente errante y se pasó treinta días recluido en Oak Ridge en el invierno de 1968 por intentar robar un coche durante un viaje de LSD.

—Recuerdo que Elliott Barker entró en mi celda —me contó Steve—. Era un tipo encantador que irradiaba serenidad. Me rodeó los hombros con el brazo. Me llamó «Steve». Era la primera vez que alguien de allí me llamaba por mi nombre y no por mi apellido. Me preguntó si creía padecer una enfermedad mental. Le dije que esperaba que no. «Pues ¿sabes qué?», dijo. «Creo que eres un psicópata muy astuto. Quiero que sepas que hay otras personas como tú que llevan más de veinte años ingresadas aquí. Pero hemos organizado un programa que tal vez te ayude a superar tu enfermedad.» Y así fue como yo, un tipo de solo dieciocho años que había robado un coche, o sea que no era precisamente el criminal del siglo, acabé encerrado en una celda acolchada durante once días con un puñado de psicópatas, muchos de nosotros colocados con escopolamina [un alucinógeno], y todos ellos mirándome fijamente.

—¿Qué te dijeron?

—Que estaban allí para ayudarme.

—¿Cuál es tu recuerdo más vívido de los días en que participaste en el programa? —pregunté.

—Estuve delirando intermitentemente —respondió Steve—. En cierta ocasión, cuando recuperé la conciencia, vi que me habían atado a Peter Woodcock.

—¿Quién es Peter Woodcock? —quise saber.

—Búscalo en la Wikipedia —dijo.

Peter Woodcock (nacido el 5 de marzo de 1939) es un asesino en serie y violador de niños canadiense que asesinó a tres niños en Toronto, Canadá, en 1956 y 1957, cuando aún era adolescente. Woodcock fue detenido en 1957, declarado mentalmente incapacitado por el tribunal e ingresado en Oak Ridge, un centro psiquiátrico de Ontario situado en Penetanguishene.

DE LA WIKIPEDIA

—Eso suena bastante desagradable —admití—. Ah, acabo de encontrar una entrevista en vídeo con él.

PETER WOODCOCK: Lamento que muriesen niños, pero me sentía Dios. Era el poder de Dios sobre un ser humano.

ENTREVISTADOR: ¿Por qué era eso importante para ti?

P. W.: Era el placer que me daba. Muy pocas cosas en la vida me proporcionaban placer. Pero estrangulando niños encontraba una sensación de placer. Y de logro. Porque era una sensación tan agradable que deseaba repetirla. Así que salí en busca de una repetición.

E.: A la gente le horrorizaría oírle calificar estos actos de «logros».

P. W.: Lo sé, pero lo siento, esto no es apto para oídos sensibles. Es una confesión terrible. Intento ser lo más sincero posible.

The Mask of Sanity
[«La máscara de la cordura»],
documental de la BBC

—¿Por qué te ataron a Peter Woodcock? —le pregunté a Steve.

—Era mi «colega», que debía asegurarse de que llegara al final del viaje alucinógeno sano y salvo.

—¿Qué te dijo?

—Que estaba allí para ayudarme.

Fue todo lo que Steve dijo sobre el rato que compartió con Peter Woodcock. Lo describió como una fugaz pesadilla alucinatoria. No obstante, unos meses más tarde, en marzo de 2010, cuando le pregunté a Steve por correo electrónico si se había enterado de que Woodcock acababa de morir, me respondió: «Eso me pone el vello de punta. ¡Joder! Verás: tengo, a mi pesar, una conexión profunda con ese monstruo. Los dos teníamos un tatuaje de la misma flor en el antebrazo derecho. Nos lo hicimos juntos, el típico tatuaje carcelario.»

Según Steve, hacerse un tatuaje igual al de un asesino múltiple de niños era justo la clase de cosas sórdidas que ocurrían en la Cápsula de Oak Ridge, donde nada tenía sentido, donde la realidad se deformaba mediante el LSD, donde los psicópatas que te rodeaban arañaban las paredes, donde todos sufrían una privación de sueño extrema, mientras Elliott Barker lo observaba todo a través de un espejo unidireccional.

Pero entonces, conforme las semanas se convertían en los

meses, empezó a producirse un fenómeno inesperado. Un realizador de la televisión pública canadiense, Norm Perry, a quien Elliott invitó a Oak Ridge en 1971, capturó la transformación en un documental. Es una película increíblemente conmovedora. Aquellos presos jóvenes y duros cambian ante nuestros ojos. Aprenden a sentir afecto por los demás dentro de la Cápsula.

«Me encanta cómo hablas —le dice un interno a otro, con una ternura auténtica en la voz—. Las frases fluyen de tu boca como si poseyeras todas las palabras del mundo. Son tus pertenencias particulares y las haces danzar para ti.»

Vemos a Elliott en su despacho, y su expresión de satisfacción nos encoge el corazón. Intenta disimularla adoptando un aire de profesionalidad, pero se le nota. Sus psicópatas se han vuelto tiernos. Algunos incluso piden a las juntas de libertad condicional que no se planteen ponerlos en libertad hasta que su terapia haya concluido. Las autoridades están atónitas. Es insólito que los pacientes soliciten que no los dejen salir.

A mediados de la década de 1970, el ambiente en Oak Ridge se volvió incluso empalagoso. Fue entonces cuando Elliott —cansado, un poco quemado y con ganas de darse un respiro— cedió las riendas durante un tiempo a un joven psiquiatra llamado Gary Maier. El personal de Oak Ridge se mostró muy reservado respecto a lo que había ocurrido bajo la administración de Gary Maier. «No era Elliott, eso seguro —escribió en un correo electrónico uno de los empleados que deseaba permanecer en el anonimato—. Elliott era en todos los aspectos un tipo de apariencia conservadora a pesar de sus ideas extravagantes sobre los tratamientos, mientras que Gary era un hippy que llevaba el pelo largo y sandalias.»

En la actualidad, Gary Maier vive en Madison, Wisconsin. Aunque está parcialmente jubilado, sigue ejerciendo la psiquiatría en dos cárceles de máxima seguridad de la zona.

Cuando me reuní con él para desayunar en el hotel Ambassador en el centro de Milwaukee, me contó cómo se había enterado de la existencia del programa de Elliott. Había oído hablar de él en una sesión de reclutamiento impulsada por el gobierno para licenciados en psiquiatría. Barry Boyd, que dirigía Oak Ridge, era uno de los conferenciantes. Elogió a Elliott ante el público y refirió los numerosos casos que el programa había tratado con éxito.

—Como el de Matt Lamb —dijo Gary—. Por lo visto, el tal Matt Lamb había matado gente. —(A los dieciséis años, Matt Lamb se había escondido detrás de un árbol cerca de una parada de autobús en Windsor, Ontario, en enero de 1967. Cuando un grupo de personas pasó por delante, él salió bruscamente de detrás del árbol y, sin decir una palabra, les disparó a todos. Murieron dos de ellos, una chica de veinte años y un chico de veintiuno)—. Y cuando le preguntaron qué había sentido al matar a aquellos desconocidos, respondió que había sido como aplastar bichos. Él era una de las... no quisiera decir grandes estrellas de Elliott, pero su frialdad no iba a la zaga de la de muchos psicópatas, y el programa le ayudó a ser una persona más cálida.

Cuando Barry Boyd narró la historia de Matt Lamb en la sesión de reclutamiento, algunos de los licenciados en psiquiatría soltaron un grito ahogado al oír que él era ahora un hombre libre después de que le dieran el alta en 1973, otro triunfo de la Cápsula, y que vivía con Elliott y su familia en su granja, donde se dedicaba plácidamente a encalar cercas y meditar sobre su futuro. No había vuelto a meterse en líos, pese a que, según la opinión generalizada, los psicópatas sucumbían invariablemente al caos. Invitar a Matt Lamb a vivir con él constituía un enorme acto de fe, como el de un domador que decidiera compartir su casa con su león.

Sin embargo, Gary no soltó un grito ahogado, sino que entrelazó las manos, encantado. Aquella noche, después de las conferencias, abordó a Barry Boyd.

—Si alguna vez hay un puesto vacante en Oak Ridge...
—le dijo.

Dio la casualidad de que Elliott estaba buscando a un colaborador, y unas semanas después le ofrecieron el empleo a Gary.

Esa noche, Gary tuvo una experiencia extracorpórea espontánea. Lo interpretó como una señal de que todo iría bien.

—¿Y cómo te sentiste en tu primer día de trabajo? —pregunté.

—Me sentí como en casa —dijo Gary.

Gary tiene el cuerpo robusto y musculoso de un guardia de prisiones y la perilla y la mirada afable de un hippy de sesenta y siete años. Me contó que en aquella época veía a los internos de Oak Ridge como a espíritus curiosos que tenían buen corazón, al igual que él. Los miraba a los ojos y no sentía ningún temor.

—Cuando miras a alguien a los ojos, solo alcanzas a ver lo que hay delante de su puerta cerrada —explicó—. Así que hay que aprovechar la oportunidad para llamar a esa puerta. Si él no quiere abrirla, hay que respetar sus deseos y decirle: «No pasa nada. Esperaré a que estés listo.»

—¿Y qué hay detrás de su puerta cerrada? —pregunté.

—La libertad —dijo Gary.

Y había libertad en Oak Ridge, me aseguró Gary. Libertad por todas partes.

—A un tipo le gustaba mucho otro que vivía en una sala distinta de la suya, así que simplemente salía de su cuerpo, atravesaba las paredes, le hacía el amor al tipo y regresaba a su celda. Todos lo animábamos a seguir haciéndolo, siempre y cuando obrase con delicadeza. Me mantenía al tanto de sus actos amorosos en persona. No tengo idea de cuáles eran las experiencias del otro tipo. —Gary se rio con tristeza—. Hacía mucho tiempo que no evocaba este recuerdo.

Fue la mejor época en la vida de Gary. Sabía cómo ayudar a aquellos hombres.

—Creo sinceramente que estaba llevando a cabo un trabajo que la mayoría de los psiquiatras canadienses no era capaz de realizar —afirmó. Además, los administradores del hospital tenían la suficiente fe en él para dejar que llevara a sus psicópatas en un viaje por territorios inexplorados. Como el Grupo de Sueños—. La gente sueña, y yo quería captar lo que ocurría en sus sueños —explicó Gary—, así que antes de que se fueran a dormir, les pedía que se tomaran de las manos y dijeran: «Quiero experimentar mi vida onírica en esta comunidad.» Luego se dormían tranquilamente y soñaban.

Cuando despertaban, iban directamente a reunirse con el Grupo de Sueños, que constaba de psicópatas y esquizofrénicos a partes iguales.

—El problema —dijo Gary— es que los esquizofrénicos tenían sueños increíblemente vívidos, un sueño tras otro, y en cambio los psicópatas rara vez soñaban.

—¿Por qué sueñan más los esquizofrénicos que los psicópatas? —pregunté.

—No lo sé. —Gary soltó una risita—. Recuerdo que los esquizofrénicos solían soñar en color (cuanto más intenso es un sueño, más probabilidades hay de que sea en color), pero que los psicópatas, en las raras ocasiones en que soñaban, lo hacían en blanco y negro.

Todo esto estaba dando lugar a un desequilibrio de poder. Según Gary, en las reuniones que el grupo celebraba con regularidad, los esquizofrénicos mostraban una actitud servil frente a los psicópatas, «pero de pronto los pobres psicópatas tenían que quedarse sentados escuchando a los esquizofrénicos hablar largo y tendido sobre el sueño uno, el sueño dos, el sueño tres...».

Cuando llegó el momento en que los pacientes tuvieron que votar si seguir adelante con el Grupo de Sueños, los esquizofrénicos dijeron que sí, pero los psicópatas se manifestaron clamorosamente en contra y salieron victoriosos.

—¿Solo por el conflicto de poder? —inquirí.

—Bueno, eso fue un factor —dijo Gary—. Además, ¿a quién le interesa tragarse un rollo sobre el sueño de un esquizofrénico?

Luego estaban los cánticos en grupo.

—Lo hacíamos después del almuerzo. Repetíamos «Om» durante unos veinticinco minutos. La sala sonaba como una cámara de ecos, y ellos enseguida comenzaban a recitar «Om» al unísono. —Gary hizo una pausa—. Solían visitarnos psiquiatras externos al centro. Un día, uno de ellos, una mujer, estaba presenciando una sesión de cánticos cuando de pronto se levantó de un salto y salió corriendo de la sala. Fue bastante vergonzoso. La encontramos fuera, en el pasillo. Nos dijo: «En esa habitación me sentía como si un tren de carga estuviera a punto de atropellarme. No he podido reprimir el impulso de salir de allí.»

—¿Entró en pánico?

—Entró en pánico —asintió Gary—. Creyó que perdería el control y que los demás la atacarían.

Los recuerdos más nítidos que Gary conservaba de Oak Ridge tenían que ver con psicópatas amables que aprendían y maduraban, y con psiquiatras y guardias de seguridad que conspiraban para echarlo todo a perder. Eso fue precisamente lo que ocurrió, dijo Gary, cuando las cosas se llevaron demasiado lejos, al estilo Corazón de las Tinieblas.

Algunos han expresado su preocupación respecto a la dirección que se ha tomado recientemente en los tratamientos. Al parecer, el uso del LSD se ha desviado del que se había aprobado originalmente [a lo que se suma] la introducción de conceptos místicos. Debo pedirle que reduzca de forma gradual estos aspectos de su programa.

Memorándum de Barry Boyd,
director médico de Oak Ridge,
a Gary Maier,
del 11 de agosto de 1975

—Ah, así que has visto ese memorándum —dijo Gary—. Ya.

—¿Qué ocurrió?

Gary exhaló un suspiro.

—Pues... —comenzó.

Gary me pidió que pensara qué sucede cuando una persona cualquiera, de la edad que sea, visita a sus padres por Navidad. Con independencia de la sensatez y la perspicacia que haya adquirido en su vida adulta.

—Dos días con tus padres por Navidad bastan para que vuelvas a hundirte en el nivel más profundo de la patología familiar. —Él había tenido el mismo problema en Oak Ridge—. Les dábamos LSD a esos tipos. Después de aquellos fines de semana maratonianos, ellos cambiaban, pero luego regresaban a la sala general, que no estaba preparada para el cambio. Entonces volvían bruscamente a su estado anterior.

Dos pasos adelante, dos pasos atrás. Si hubiera habido una manera de que el pabellón entero —todos los psicópatas del lugar— alcanzara la iluminación metafísica al mismo tiempo...

Y entonces se le ocurrió: ¡un viaje de LSD colectivo! Era

una solución radical pero necesaria, la única forma de acabar con la patología profunda del pabellón.

—Lo veía como la culminación de toda mi obra —dijo Gary—. Haría pasar a todos por el rito iniciático del LSD a la vez. O con pocos días de diferencia. Pues bien, al personal de seguridad la idea no le gustó un pelo. Cuando llegaron al trabajo, les dije: «Haced el favor de dejar a los chicos en paz.»

Así que los guardias, tensos a causa de la rabia y la incertidumbre, se vieron obligados a permanecer al margen mientras veintiséis asesinos en serie y violadores correteaban de un lado a otro, en masa, ciegos de LSD.

—Seguramente no jugué muy bien mis cartas en esto —admitió Gary—. Creo que los guardias perdieron su identidad. Los del sindicato probablemente pensaron que iba a despedir gente.

Poco después, Gary recibió la nota de advertencia, y un día, cuando se presentó en el trabajo, descubrió que sus llaves ya no encajaban en las cerraduras. Los guardias las habían cambiado durante la noche. Uno de ellos le comunicó —desde el otro lado de los barrotes— que estaba despedido y que no podría volver a poner un pie en Oak Ridge.

—En fin —dijo Gary, empujando lo que quedaba de su desayuno de un lado a otro de su plato con el tenedor—. Ya tenía ganas de pasar página.

Durante los años siguientes a la partida de Gary, Elliott Barker siguió ganando admiradores entre los profesionales de la psiquiatría criminal. Quizás había logrado realmente algo sin precedentes. «Durante los primeros treinta años de Oak Ridge, nunca habían puesto en libertad a uno de sus internos —había declarado al realizador de documentales Norm Perry—. En cambio, ahora hay motivos reales para pensar que los pacientes están escapando de la prisión psicológica que supone su indiferencia hacia los sentimientos de los demás, una prisión en la que todos estamos confinados, en mayor o menor medida. Estamos sanando a esas personas, personas que cometieron asesinatos o violaciones a causa de su enfermedad mental; las estamos sanando y les brindamos la posibilidad de convertirse en miembros pacíficos y útiles de la sociedad.»

Elliott les dijo a sus vecinos que sus mejores amigos eran ex pacientes de Oak Ridge. Su padre había sido un alcohólico violento que pegaba a su familia y se había suicidado cuando Elliott tenía diez años. Me pregunté si esta era la razón de que hubiese consagrado su vida a enseñar a los psicópatas a mostrarse afectuosos. Además, era verdad que habían empezado a poner en libertad a pacientes de Oak Ridge. Elliott mantenía el contacto con muchos de ellos y los invitaba a alojarse en su granja de Midland, Ontario, donde jugaban al frontenis, construían vallas y cultivaban el huerto.

Cuando regresé a Londres y comencé a dar forma a esta historia, sus logros me dejaron pasmado. Sentí una pena terrible por Tony, que estaba atrapado en Broadmoor. A muchos asesinos psicopáticos que habían tenido la suerte de ir a parar bajo la tutela radical de Elliott y Gary los habían declarado curados y los habían soltado. ¿Por qué no adoptaba Broadmoor algunas de las ideas de Elliott? Parecían cursis, pasadas de moda, ingenuas y tal vez abusaban del uso de alucinógenos, pero sin duda eran preferibles a mantener a alguien encerrado de por vida solo porque sacó una mala nota en una escala de evaluación.

Descubrí el dato fascinante de que dos investigadores de principios de la década de 1990 habían realizado un estudio detallado de la tasa de reincidencia a largo plazo entre los psicópatas que se habían sometido al programa de Elliott y se habían reintegrado en la sociedad. Su publicación debió de ser un acontecimiento extraordinario para Elliott, Gary y la Cápsula. En circunstancias normales, el sesenta por ciento de los psicópatas criminales puestos en libertad volvían a las andadas. ¿Qué porcentaje de los psicópatas de Elliott y Gary había reincidido?

Resultó ser que el ochenta por ciento.

La Cápsula había hecho que los psicópatas fueran peores.

A uno de ellos, Cecil Gilles, le dieron el alta después de muchos meses de terapia intensiva. Unos días después eligió al azar a una chica de catorce años, la agredió sexualmente y la arrojó inconsciente a un arroyo desde un puente. Ella consiguió arrastrarse hasta una casa cercana y entrar por la ventana. Esa noche la encontraron tumbada en el suelo de la cocina. Aunque sobrevivió, le quedaron cicatrices profundas en la cabeza, que se había golpeado contra el lecho del arroyo.

A otro, Joseph Fredericks, lo dejaron marchar de Oak Ridge en 1983, y unas semanas más tarde atacó a una adolescente con un cuchillo y sodomizó a un niño de diez años. Lo pusieron en libertad de nuevo un año después y atacó a un muchacho de once años. Después de que lo soltaran al cabo de cuatro años, se dirigió hacia un centro comercial llamado Shoppers World, donde secuestró y violó a Christopher Stephenson, un chico de once años. El niño escribió una nota a sus padres: «Queridos papá y mamá, os escribo esta nota.» Y en ese punto se interrumpía el texto.

Cuando la policía atrapó a Fredericks, él les mostró el cadáver del chico y dijo: «Era un muchacho tan simpático... ¿Por qué ha tenido que morir?»

Matt Lamb —de quien Gary había dicho que no era una de las «grandes estrellas» de Elliott, pero casi— llegó al final de sus días en circunstancias menos siniestras. Mientras encalaba cercas y meditaba sobre su futuro en la finca de Elliott, decidió hacerse soldado. El ejército israelí lo rechazó por psicópata. («¿Lo ves? —dijo Gary—. Tienen criterios de selección.») Sin embargo, las fuerzas armadas de Rodesia lo acogieron en su seno, y él pereció en un tiroteo contra partidarios de Robert Mugabe.

Lo que más perjudicó la imagen del programa fue lo ocurrido con el asesino múltiple de niños Peter Woodcock. Era el hombre a quien Steve Smith había estado atado en cierta ocasión. Le concedieron su primer permiso de tres horas un día de verano de 1991. Sus psiquiatras ignoraban que él había reservado diez minutos de dicho permiso (de las 15.10 a las 15.20) para matar a otro paciente psiquiátrico, Dennis Kerr, que lo había rechazado cuando se le había insinuado. Invitó a Kerr al bosque que estaba detrás del hospital y le asestó cien hachazos.

«Lo hice —explicó durante el juicio— para ver qué efecto tendría un golpe de hacha sobre el cuerpo.» Kerr falleció como resultado de «heridas de arma cortante» en la cabeza y el cuello.

Más tarde, después de que Woodcock volviera a Oak Ridge, la BBC le hizo una entrevista relativa al asesinato.

ENTREVISTADOR: ¿Qué le pasó por la cabeza en ese momento? Usted amaba a esa persona.

PETER WOODCOCK: En realidad, tenía curiosidad. Y rabia, porque él había rechazado todos mis intentos de conquistarlo.

E.: ¿Y por qué pensaba que alguien debía morir como resultado de su curiosidad?

P. W.: Solo quería saber qué se sentía al matar a alguien.

E.: Pero si ya había matado a tres personas.

P. W.: Sí, pero eso sucedió hace muchos, muchos, muchos años.

El momento más doloroso de la entrevista fue cuando Woodcock reconoció que el programa de Elliott y Gary tenía parte de culpa, pues le había enseñado a ser un psicópata más taimado. Todas aquellas charlas sobre la empatía habían sido para él como clases para fingir empatía.

«Sí que aprendí a manipular mejor —declaró— y a disimular mejor los sentimientos más indecentes.»

El programa de Oak Ridge se suprimió. Elliott Barker, aplastado bajo el peso de las pruebas contra la obra de su vida, se convirtió en un director de la Asociación Canadiense para la Prevención de la Crueldad contra los Niños, especializado en terapias para los hijos de psicópatas.

«Nunca me ha cabido la menor duda de que las intenciones de Elliott eran buenas —escribió por correo electrónico uno de sus ex colegas que no deseaba dar a conocer su nombre y que trabaja en Oak Ridge en la actualidad—. Ha sido blanco de muchas críticas, por supuesto, por su idea y sus métodos, y lo han demandado varias veces por negligencia médica. Sí, lo ha adivinado: los demandantes son psicópatas del programa que quieren ganar mucho dinero. Pero siempre hemos estado de acuerdo con Bob Hare en que los psicópatas nacen así y no son producto de madres controladoras ni de padres apocados.»

«Menos mal —respondí en otro mensaje—, porque soy un padre apocado y mi esposa es una madre controladora.»

4

El test para psicópatas

—¡Ponían a psicópatas desnudos a hablar sobre sus sentimientos! —se rio Bob Hare—. ¡Sentaban a psicópatas en pufs! ¡Pedían a psicópatas que actuaran como terapeutas de sus compañeros psicópatas! —Sacudió la cabeza ante el idealismo de todo esto—. Increíble —añadió.

Era una tarde de agosto, y yo estaba tomando una copa en el bar de un hotel en la zona rural de Pembrokeshire, en Gales Occidental. Era un hombre de aspecto más bien cerril, cabello cano amarillento y ojos rojos, como si hubiera pasado la vida en guerra, luchando contra los psicópatas, que eran la encarnación misma de las fuerzas del mal. Resultaba emocionante conocerlo al fin. Mientras que los nombres de Elliott Barker y Gary Maier prácticamente habían quedado relegados al olvido y solo pervivían en informes poco conocidos sobre iniciativas demencialmente idealistas del campo de la psiquiatría de épocas remotas, Hare es un hombre influyente. Departamentos de justicia y juntas de libertad condicional de todo el mundo dan por buena su opinión de que los psicópatas son sencillamente incurables y de que más vale centrar las energías en aprender a reconocerlos por medio de su escala de evaluación PCL-R, que ha dedicado una vida entera a perfeccionar. Su lista de rasgos característicos de los psicópatas no era la única que existía, pero era con diferencia la de uso más extendido. Era la que habían utilizado para realizar el diagnóstico por el que habían mantenido encerrado a Tony en Broadmoor durante los últimos doce años.

Bob Hare consideraba el programa de Oak Ridge una prueba más de la escasa fiabilidad de los psicópatas. Si uno intentaba enseñarles a tener empatía, ellos lo aprovechaban astutamente como entrenamiento para aparentar empatía con vistas a sus fines perversos. En efecto, todos los observadores que han estudiado el programa de Oak Ridge han llegado a la misma conclusión. Todos, claro está, menos Gary Maier.

«Sí —me había dicho Gary—. Supongo que sin darnos cuenta habíamos creado una especie de escuela de buenos modales para ellos. Es algo que siempre nos había preocupado, pero estaban haciendo progresos con el programa... —Estaban haciendo progresos hasta que de repente lo habían despedido—. Creo que ver cómo echaban a la calle a su líder los envalentonó —añadió Gary—. Fue como si pensaran: "¡Esto es una gilipollez!" Y nos salió el tiro por la culata.»

Gary creía que algunos de los psicópatas habían matado después a gente para dar una lección a las autoridades. Eso era lo que ocurría cuando despedían a un visionario como Gary Maier.

Hablaba en un tono lastimero, a la defensiva, y parecía totalmente convencido de lo que decía. De pronto comprendí que la relación entre el terapeuta y el cliente podía llegar a convertirse en una burbuja de lo más apasionada y en ocasiones disfuncional para ambos.

Le había enviado un mensaje de correo electrónico a Bob Hare para intentar quedar con él, y me había respondido que iba a enseñar su escala de evaluación a un grupo de psiquiatras, neurólogos, trabajadores sociales, psicólogos, funcionarios de prisiones y criminólogos en un curso de tres días con alojamiento para los asistentes, y que si estaba dispuesto a pagar la matrícula de seiscientas libras, podía unirme a ellos sin problemas, aunque el precio no incluía una copia de treinta páginas de la escala de evaluación. Eso me costaría 361,31 libras más. Regateé con su oficina hasta que me rebajaron el precio a cuatrocientas libras (el descuento para periodistas), y el asunto quedó resuelto.

Era la tarde del lunes anterior al primer día del curso, y los asistentes pululaban por el lugar. Algunos, claramente impresionados por hallarse en la misma sala que Bob Hare, se acercaban para pedirle su autógrafo. Otros lo miraban con escepticismo desde lejos. Una trabajadora social me había dicho antes que sus jefes la habían enviado allí y que no estaba entusiasmada con ello. Opinaba que era injusto condenar a una persona a arrastrar durante toda su vida un diagnóstico que sonaba tan mal como la psicopatía («es una palabra muy gorda», dijo) solo porque no había obtenido un buen resultado en el test de Hare. Al menos en los viejos tiempos las cosas resultaban bastante sencillas. Si alguien era un delincuente violento reincidente e incapaz de controlar sus impulsos, se le catalogaba como psicópata. En cambio, la lista de Hare era más retorcida. Se basaba esencialmente en leer entre líneas las expresiones que empleaba la persona, la forma en que construía las frases. Esto, comentó ella, entraba en el territorio de los detectives aficionados.

Le hablé a Bob del escepticismo de esta mujer y reconocí que lo compartía hasta cierto punto, aunque tal vez esto se debía a que últimamente había pasado mucho tiempo entre cienciólogos.

Me miró con cara de pocos amigos.

—Ya veremos si sigue pensando lo mismo al final de la semana —dijo.

—Bueno, en fin —dije—. ¿Cómo empezó todo esto para usted?

Clavó los ojos en mí y supe de inmediato qué le pasaba por la cabeza: «Estoy cansado. Contar esa historia supondrá un gasto enorme de energía. ¿De verdad lo merece esta persona?»

Entonces suspiró y comenzó a contármela.

A mediados de la década de 1960, cuando Elliott Barker apenas estaba concibiendo su Cápsula del Encuentro Total en Ontario, Bob Hare estaba en Vancouver, trabajando como psicólogo penitenciario en la cárcel de máxima seguridad de la Columbia Británica. Hoy en día es un bar-restaurante temático donde los camareros llevan uniformes de rayas como los presos y los platos tienen el nombre de reclusos famosos, pero en aquel entonces era un centro con muy mala fama donde imperaba la mano dura. Al igual que Elliott, Bob creía que los psicópatas disimulaban su locura tras una fachada de normalidad. Sin embargo, Bob era menos idealista. Le interesaba la detección, no la curación. Había sido engañado demasiadas veces por psicópatas arteros. En su primer día de trabajo en la cárcel, por ejemplo, el alcaide le había dicho que necesitaba un uniforme y que debía facilitarle sus medidas al interno que trabajaba como sastre en la prisión. Bob así lo hizo, y observó complacido la meticulosidad con que el hombre le tomaba las medidas. Dedicaba un buen rato a medirlo todo bien: los pies, la entrepierna. A Bob le conmovió su diligencia. Hasta en aquella cárcel tan terrible había un hombre que se enorgullecía de su trabajo.

Pero más tarde, cuando recibió el uniforme, Bob descubrió que una pernera le llegaba a la pantorrilla mientras que la otra arrastraba por el suelo. Las mangas de la chaqueta eran igual de desparejas. No podía tratarse de un error humano.

Saltaba a la vista que el hombre pretendía hacerlo parecer un payaso.

Los psicópatas aprovechaban cualquier oportunidad para amargarle la vida. Uno incluso cortó los cables del freno de su coche cuando estaba en el taller de reparación de la cárcel. Bob habría podido matarse. Así pues, empezó a idear pruebas para determinar si había algún modo de identificar a los psicópatas.

Hizo correr la voz en el centro de que estaba buscando voluntarios psicopáticos y no psicopáticos. Los presos acudieron en masa: siempre buscaban maneras de aliviar el tedio. Él los conectó, uno tras otro, a varios electroencefalógrafos y máquinas que medían la sudoración y la tensión arterial, así como a un generador eléctrico, y les explicó que contaría atrás desde diez y que, cuando llegara al uno, recibirían una descarga eléctrica dolorosa.

La diferencia entre las reacciones asombró a Bob. Los voluntarios no psicopáticos (que por lo general habían cometido crímenes pasionales, o delitos derivados de una pobreza extrema o de malos tratos sufridos en la infancia) se armaban de valor, resignados, como si los electrochoques dolorosos fueran justo el castigo que merecían, y durante la cuenta atrás los indicadores revelaban un aumento notable en su ritmo de sudoración. Tal como Bob advirtió y consignó por escrito, estaban asustados.

—¿Y qué sucedía cuando llegaba al uno? —pregunté.

—Les aplicaba una descarga —respondió Bob, y sonrió—. Eran unos electrochoques de lo más dolorosos —comentó.

—¿Y los psicópatas? —inquirí.

—Esos no sudaban —dijo Bob—. Ni una gota.

Lo miré.

—Bueno —agregó—, en el momento preciso en que recibían el estímulo desagradable...

—¿La descarga eléctrica? —pregunté.

—Sí —dijo Bob—. Cuando recibían el estímulo desagradable, los psicópatas reaccionaban...

—¿Pegaban un grito?

—Sí, supongo que gritaban —dijo Bob. No obstante, las pruebas parecían indicar que la amígdala, la parte del cerebro que debía haber anticipado la sensación desagradable y enviado las señales de miedo de rigor al sistema nervioso central, no estaba funcionando bien.

Fue un hallazgo enorme para Bob, su primera pista de que el cerebro de los psicópatas es diferente de los cerebros normales. Sin embargo, quedó todavía más atónito cuando repitió la prueba. Esta vez los psicópatas sabían exactamente cuán intenso sería el dolor que sentirían cuando llegara al uno, y aun así, nada. Ni una gota de sudor. Bob descubrió algo que Elliott Barker tardaría años en averiguar: los psicópatas tienen una marcada propensión a reincidir.

—No guardaban recuerdo alguno del dolor por la descarga eléctrica, a pesar de que lo habían experimentado hacía solo unos momentos —continuó Bob—. Así que ¿qué sentido tiene amenazarlos con encarcelarlos de nuevo si violan la libertad condicional? Esta amenaza no significa nada para ellos.

Llevó a cabo otro experimento, la prueba de reflejos de sobresalto, en la que invitaba a psicópatas y a no-psicópatas a contemplar imágenes grotescas, como fotografías policiales de caras destrozadas. En el momento más insospechado, Bob hacía que sonara un ruido increíblemente fuerte junto a sus oídos. Los no psicópatas pegaban un brinco de sorpresa. Los psicópatas permanecían relativamente serenos.

Bob sabía que cuando nos asustamos tendemos a saltar mucho más alto si estamos tensos. Si estamos viendo una película de terror y alguien hace un ruido inesperado, damos un respingo de miedo. En cambio, si estamos concentrados, en un crucigrama, por ejemplo, y alguien nos pega un susto, el salto que damos es menos pronunciado. Bob infirió de esto que cuando los psicópatas ven imágenes de caras destrozadas, no se horrorizan. Se quedan absortos.

De los experimentos de Bob parecía desprenderse que los psicópatas ven las caras destrozadas con los mismos ojos con que los periodistas vemos los paquetes misteriosos que nos llegan por correo, o con los que vemos a los pacientes de Broadmoor que tal vez fingieron demencia o tal vez no: como enigmas fascinantes por resolver.

Entusiasmado por sus descubrimientos, Bob envió sus conclusiones a la revista *Science*.

—El director me las devolvió sin publicar —rememoró—. Me escribió una carta que nunca olvidaré. Decía: «Para serle sincero, algunos de los patrones de ondas cerebrales que describe en su artículo nos han parecido muy extraños. Esos electroencefalogramas no pueden ser de personas reales.» —Bob hizo una pausa y rio entre dientes—. «No pueden ser de personas reales» —repitió.

Supuse que los responsables de la revista *Science* habían tratado a Bob con frialdad porque lo habían tomado por otro más de los investigadores de psicópatas que campaban por sus respetos en instituciones canadienses para enfermos mentales a finales de los sesenta. Aquellos sitios eran el Salvaje Oeste del estudio de la psicopatía en ese entonces, campos de pruebas para ideas revolucionarias apenas reguladas. Era inevitable que los movimientos por los derechos civiles acabaran por ejercer presión para que pusieran freno a los experimentos. Y, en efecto, para desgracia de Bob, los electrochoques se prohibieron a principios de los setenta.

—Incluso los suaves —me dijo. Aunque habían pasado varios años, parecía molesto por aquella ley—. Todavía se nos permitía asustarlos con ruidos fuertes, pero mucho menos fuertes que antes.

Bob se vio obligado a cambiar de enfoque. ¿Cómo identificar a los psicópatas de un modo menos agresivo? ¿Seguían patrones de conducta determinados? ¿Empleaban giros involuntarios imperceptibles para los legos en la materia? Devoró el libro de Hervey Cleckley *The Mask of Sanity* [La máscara de la cordura], que fue publicado en 1941 y tuvo una gran repercusión. Cleckley era un psiquiatra afincado en Georgia cuyo análisis del comportamiento psicopático —la ocultación de su psicosis bajo un barniz de normalidad seductora— había influido considerablemente en su campo. Bob empezó a estudiar discretamente a sus psicópatas en busca de pistas lingüísticas.

En 1975, organizó una conferencia sobre el tema.

—Invité a las mayores autoridades en psicopatía del mundo —explicó—. Acabaron asistiendo ochenta y cinco personas. Invadimos un hotel en una estación de esquí cercana a Saint Moritz llamado Les Arcs.

Según Bob, la conferencia tuvo un principio desastroso, en el que un psiquiatra se puso de pie y anunció teatralmente al resto del grupo que estaba convencido de que el propio Bob era un psicópata. Una oleada de espanto recorrió la sala de conferencias.

Bob se levantó de su asiento.

—¿De verdad cree eso? —preguntó.

—Salta a la vista que es impulsivo —contestó el psiquiatra—. No es capaz de planear las cosas con suficiente antelación. Me invitó a participar en esta conferencia hace solo un mes.

—Le invité hace solo un mes porque la persona que quería que viniera no estaba disponible —repuso Bob.

—Ah, es usted cruel y despiadado —dijo el psiquiatra.

—¿Lo decía en serio? —le pregunté a Bob.

—Sí, lo decía en serio —respondió Bob—. Era un hombre muy desagradable.

El propósito de la conferencia de Les Arcs era que los expertos compartieran sus observaciones sobre los detalles del comportamiento de los psicópatas, sus tics tanto verbales como no verbales. ¿Existían patrones? ¿Utilizaban involuntariamente expresiones que los delataban? Sus conclusiones se convirtieron en la base de la ahora famosa escala de evaluación PCL-R de Hare, que constaba de los siguientes criterios:

Ítem 1: Locuacidad/encanto superficial.

Ítem 2: Concepto elevado de la propia valía.

Ítem 3: Necesidad de estimulación/tendencia al aburrimiento.

Ítem 4: Mentiras patológicas.

Ítem 5: Engaño/manipulación.

Ítem 6: Ausencia de remordimiento y sentimiento de culpa.

Ítem 7: Profundidad escasa de los sentimientos.

Ítem 8: Crueldad/falta de empatía.

Ítem 9: Estilo de vida parasitario.

Ítem 10: Control deficiente de la conducta.

Ítem 11: Conducta sexual promiscua.

Ítem 12: Problemas de conducta precoces.

Ítem 13: Falta de metas realistas a largo plazo.

Ítem 14: Impulsividad.

Ítem 15: Irresponsabilidad.

Ítem 16: Incapacidad de aceptar la responsabilidad de los propios actos.

Ítem 17: Relaciones de pareja múltiples y breves.

Ítem 18: Delincuencia juvenil.

Ítem 19: Revocación de la libertad condicional.

Ítem 20: Versatilidad delictiva.

Y lo primero que haríamos a la mañana siguiente sería aprender a utilizarla.

Martes por la mañana. Los asistentes se arremolinaban en la carpa que sería nuestra durante los siguientes tres días. Algunos eran admiradores de Bob Hare. Cuando se colocó de pie en un rincón para contar que «siempre llevo un arma, porque un montón de psicópatas me culpan de su encarcelamiento», nos reunimos alrededor para escucharlo. La carpa se alzaba junto a un bonito estuario. La brisa matinal veraniega hacía ondear las cortinas de seda color melocotón. Bob evocó la ocasión —hoy célebre en los círculos de estudio de la psicopatía— en que Peter Woodcock explicó que había matado a Dennis Kerr en el primer día en que lo habían dejado salir de Oak Ridge porque quería saber qué se sentía al matar a alguien, y el entrevistador dijo: «Pero si ya había matado a tres personas», a lo que Woodcock había replicado: «Sí, pero eso sucedió hace muchos, muchos, muchos años.»

Bob se volvió hacia mí. «¿Lo ve? —dijo—. Mala memoria. Como en aquella prueba con los electrochoques.»

Algunas de las personas que estaban escuchando soltaron una risita irónica. Sin embargo, también había escépticos. A los psiquiatras, psicólogos, trabajadores sociales y criminólogos por lo común no les gusta que los así llamados gurús del movimiento les digan lo que tienen que hacer. Percibí en la habitación un clima de recelo hacia él.

Ocupamos nuestros lugares. Bob pulsó un interruptor, y en la pantalla apareció la imagen de una habitación vacía. Era un cuarto anodino, con aspecto de dependencia oficial, pintado de un azul tan apagado que apenas parecía un color. Había una mesa de contrachapado, una silla. El único toque alegre era un botón rojo en la pared. Un hombre entró en la habitación.

Era apuesto e iba bien arreglado. Se apreciaba un ligero brillo en sus ojos. Movió su silla hasta colocarla bajo el botón rojo. Se oyó un leve chirrido mientras la arrastraba sobre el suelo.

—¿Ven lo que acaba de hacer? —dijo Bob—. Ha acercado su silla al botón del pánico. Lo ha hecho para intimidar a mi investigador, que está detrás de la cámara. No ha sido más que una pequeña exhibición de control. Esta sensación de control es importante para ellos.

Entonces el hombre comenzó a hablar.

No llegamos a saber cómo se llamaba, ni en qué cárcel se encontraba aquella habitación. Durante toda la mañana, nos referimos a él simplemente como Objeto de Estudio H. Hablaba con acento canadiense.

Todo empezaba de un modo bastante inocente, con unas preguntas del investigador sobre su época de escolar.

—Me gustaba el ambiente social del colegio —respondió—. Me gustaba aprender y ver cosas nuevas.

—¿Alguna vez hiciste daño a alguien en una pelea en el patio? —preguntó el investigador.

—No —contestó él—. En el patio solo hacía algunas travesuras.

Más tarde, Bob explicó que eran preguntas fundamentales, pues las respuestas podían corresponder al ítem 12 de su lista: «problemas de conducta precoces». Según Bob, casi todos los psicópatas presentan problemas graves de conducta durante la infancia, a partir de los diez o doce años, como el acoso continuo a otros niños, el vandalismo, el abuso de drogas o la piromanía.

—Pegué algún puñetazo que otro —admitió el Objeto de Estudio H—. Bueno, una vez le rompí el brazo a un chico. Fue de lo más desagradable. Lo tenía inmovilizado en el suelo y ejercí demasiada presión sobre su brazo, que se partió sin más. No era mi intención que eso ocurriera.

Tal como anotamos en nuestras hojas de evaluación, su descripción del suceso resultaba extraña y distante: «Ejercí demasiada presión sobre su brazo, que se partió sin más.» Era como si la cosa no fuera con él.

«Ítem 7: Profundidad escasa de los sentimientos: el individuo parece incapaz de experimentar afectos de una diversidad y una profundidad normales.

»Ítem 8: Crueldad/falta de empatía.

»Ítem 10: Control deficiente de la conducta.»

Recuerdo que una vez se me perforó el tímpano en un avión y que durante unos días todo lo que me rodeaba me parecía lejano y brumoso, algo con lo que me sentía incapaz de conectar. ¿Era esa sensación confusa el estado emocional en que se encontraban permanentemente los psicópatas?

«Uno de mis viejos amigos del FBI estaba investigando a una mujer, Karla Homolka —me había contado Bob antes—. Ella y su marido habían grabado un vídeo en el que aparecían torturando, violando y asesinando a unas jóvenes. Mientras la policía recorría con ella la casa donde habían cosido a puñaladas y cortado en pedazos los cuerpos, Karla dijo: "A mi hermana le gustaría esa alfombra..." Cuando la llevaron al cuarto de baño, ella comentó: "¿Puedo pedirles algo? Tenía un frasco de perfume aquí..." Estaba totalmente desvinculada de lo que había hecho. Era asombroso.»

Bob dijo que siempre es una sorpresa agradable que un psicópata hable abiertamente de su incapacidad de experimentar emociones. Casi todos las fingen. Cuando ven que un no psicópata llora, se asusta, se conmueve ante el sufrimiento humano o lo que sea, les parece fascinante. Nos estudian y aprenden a imitarnos, como seres del espacio que intentan pasar desapercibidos entre nosotros, pero si mantenemos los ojos bien abiertos, podemos detectar la impostura.

—¿Qué pasó al final con Karla Homolka? —le pregunté.

—Ahora está en la calle —respondió—. Se tragaron su numerito de niña pequeña. Se hacía trenzas. Muy mona y tierna, ella. Muy convincente. Culpó de todo a su marido. Llegó a un acuerdo con el fiscal. Redujeron su condena a doce años.

«Ítem 5: Engaño/manipulación.

»Ítem 4: Mentiras patológicas: mentir forma parte indisociable de las interacciones del individuo con los demás.»

El testimonio videográfico del Objeto de Estudio H no acababa ahí. En la misma época en que le rompió el brazo al chico, encerró a su madrastra en un armario, en venganza por su intento de castigar a su hermano.

«Ítem 14: Impulsividad.»

—Ella se pasó casi doce horas metida en el armario. Entonces mi padre llegó a casa y la dejó salir. Fue patético. Ella no paraba de llorar.

En una ocasión, nos relató Bob, uno de sus investigadores entrevistó a un atracador de bancos que le refirió que una cajera se lo había hecho encima de miedo mientras él la encañonaba con la pistola.

«Fue patético —le había dicho el atracador al investigador de Bob— ver cómo se cagaba encima de ese modo.»

Lancé un par de miradas a los miembros del público que eran escépticos, como yo. Todos parecíamos un poco menos escépticos que antes. Tomábamos apuntes.

«Ítem 6 —escribí—: Ausencia de remordimiento y sentimiento de culpa.»

—¿Cómo te sentiste al encerrar a tu madrastra en un armario? —preguntó el entrevistador al Objeto de Estudio H.

—Fue vigorizante —contestó—. Me sentí bien. Poderoso. Yo tenía el control.

«Ítem 2: Concepto elevado de la propia valía.»

—Me contrataron como empleado nocturno de un establecimiento local —prosiguió—. Si la gente venía bebiendo, contoneándose, sin corresponder a la cortesía, bueno, me ponía violento con ellos. A un par de personas les pegué una paliza considerable.

—¿Cómo te sentiste al respecto? —preguntó el entrevistador.

—En realidad no sentí gran cosa al respecto —respondió.

Los asistentes nos miramos nerviosamente y tomamos notas a la carrera. Me puse a pensar en las personas que conocía que no tenían tantos sentimientos como deberían.

—¿Alguna vez hizo tanto daño a alguien como para que acabara en el hospital? —inquirió el entrevistador.

—No lo sé —dijo—. Me daba igual. No era problema mío. Yo ganaba las peleas. No había lugar para un segundo puesto.

Se me daba bien aquello, leer entre líneas, descubrir las pistas, las agujas en el pajar. Es lo que llevo veinte años haciendo como periodista.

El Objeto de Estudio H era como un ciego al que se le habían agudizado los otros sentidos en compensación. Entre sus cualidades reforzadas, que compensaban su ausencia de culpa, miedo y remordimientos, figuraba la habilidad de manipular —«Conseguía manipular a quienes me rodeaban para obtener drogas y dinero. Utilizaba a mis amigos, pues cuanto mejor conozco a alguien, más claro tengo qué teclas debo tocar», declaró al investigador de Bob («Ítem 9: Estilo de vida parasitario»)—, así como la capacidad de no arrepentirse de sus delitos.

—Era un trabajo. —Se encogió de hombros al rememorar un atraco que había cometido—. Estaban asegurados.

Los psicópatas, afirmó Bob, alegan invariablemente que sus víctimas no tienen derecho a quejarse. Estaban aseguradas. O habían aprendido una valiosa lección sobre la vida al recibir una paliza. O todo era culpa suya al fin y al cabo. En una ocasión, Bob entrevistó a un hombre que había matado impulsivamente a otro en un bar tras discutir por la cuenta.

—Él se lo buscó —le dijo el asesino a Bob—. Cualquiera

se habría dado cuenta de que yo estaba de un humor de perros aquella noche.

«Ítem 16: Incapacidad de aceptar la responsabilidad de los propios actos.»

Todo esto preparaba el terreno para el momento en que el Objeto de Estudio H narrara con pelos y señales su crimen más terrible. Al principio su relato era bastante vago. De entrada, yo no sabía muy bien de qué estaba hablando. Conocía a un chico. El chico odiaba a sus padres. Era un auténtico punto débil del chaval. El Objeto de Estudio H empezó a pensar alguna manera de sacar provecho de ese odio. Tal vez podía incitar al chico a robarles para luego compartir el dinero con él. Así que empezó a comerle el coco al muchacho. Todos sus problemas eran culpa de sus padres. El Objeto de Estudio H sabía qué botones pulsar para cabrear a un chico que ya estaba a punto de estallar.

—Cuanto más me hablaba de sí mismo, más margen me daba para manipularlo —le contó al investigador de Bob—. Yo alimentaba el fuego sin parar, y cuanta más leña echara, mayor sería mi recompensa. Él era como un títere, y yo movía los hilos.

Al final el chico, fuera de sí, consiguió un bate de béisbol, subió a su coche y, seguido por el Objeto de Estudio H, condujo hasta la casa de sus padres. Cuando llegaron, «le dirigí una mirada medio burlona —refirió el Objeto de Estudio H—. Como diciéndole: "Enséñame lo que sabes hacer." Y vaya si me lo enseñó. Entró en el dormitorio principal armado con su bate y yo me desentendí del asunto. Entonces comenzaron las palizas. Fue algo interminable. Me pareció que duraba una eternidad. Él salió al pasillo blandiendo el bate, que estaba cubierto de sangre. Me topé frente a frente con una de las víctimas. No parecía real. Su apariencia simplemente no era real. Me miraba directamente a los ojos, con una expresión ausente. Había tres personas en la casa. Una de ellas murió. Las otras dos resultaron heridas de gravedad.»

Esto era lo que ocurría cuando un psicópata se hacía con el control de las emociones de un chico atribulado y bravucón.

El investigador de Bob le preguntó qué cambiaría si pudiera retroceder en el tiempo y modificar aspectos de su vida.

—A menudo reflexiono sobre eso —respondió el Objeto de estudio H—, pero entonces perdería todo lo que he aprendido. —Hizo una pausa—. Cuanto más intenso es el fuego con que forjas una espada, más sólida resulta la unión de la hoja con el mango —sentenció.

—¿Quieres añadir algo más? —preguntó el investigador de Bob.

—No —contestó—. Eso es todo.

—De acuerdo. Gracias —dijo el investigador de Bob.

Y con esto terminaba el vídeo. Hicimos un receso para almorzar.

Así transcurrieron los tres días. Mi escepticismo se diluyó hasta desaparecer por completo, y me convertí en un incondicional de Bob Hare, deslumbrado por sus descubrimientos. Creo que a los otros escépticos les sucedió lo mismo. El hombre era de lo más persuasivo. Yo estaba adquiriendo un nuevo poder, una especie de arma secreta, una habilidad como las que despliegan los protagonistas de series de televisión sobre criminalistas brillantes: la capacidad de identificar a un psicópata con solo fijarme en ciertas expresiones del habla, en la construcción de ciertas frases, en ciertas actitudes. Me sentía como un hombre distinto, más inflexible; ya no estaba confundido ni desorientado como cuando me juntaba con Tony y los cienciólogos. En cambio, despreciaba a aquellos ingenuos que se dejaban engatusar por psicópatas con pico de oro, como por ejemplo a Norman Mailer.

En 1977, Norman Mailer —que estaba escribiendo *La canción del verdugo*, libro sobre el asesino convicto Gary Gilmore, ejecutado poco antes— entabló correspondencia con un tipo duro que estaba preso en Utah, un atracador de bancos y asesino llamado Jack Henry Abbott. Mailer llegó a admirar las dotes de escritor de Abbott y más tarde, en 1981, intercedió en su favor cuando las autoridades estaban estudiando la posibilidad de concederle la libertad condicional. «Aprecio mucho a Jack Abbott por sobrevivir y por haber aprendido a escribir tan bien —declaró a la Junta Penitenciaria de Utah—. El señor Abbott tiene madera para convertirse en un escritor estadounidense destacado e importante», continuó Mailer, y prometió que si la junta le daba la condicional a Abbott, él lo contrataría como documentalista por ciento cincuenta dólares a la semana. Los integrantes de la Junta Penitenciaria, sorprendidos y algo impresionados, accedieron. Abbott quedó en libertad. Y se dirigió de inmediato hacia el mundillo literario de Nueva York.

Esto no tenía nada de extraño. La ciudad de Nueva York era donde vivían sus defensores. Por otro lado, explicó Bob, los psicópatas tienden a sentirse atraídos por las luces brillantes. Hay muchas en lugares como Nueva York, Londres y Los Ángeles. Al psicólogo David Cooke, del Centro para el Estudio de la Violencia de Glasgow, se le preguntó una vez en el parlamento si los psicópatas causaban algún tipo especial de problema en las cárceles escocesas.

«La verdad es que no —respondió—. Todos están en cárceles de Londres.»

Les aseguró que no se trataba de una broma. Se había pasado meses evaluando a los presos nacidos en Escocia en busca de indicios de psicopatía, y la mayoría de los que obtenían puntuaciones altas se encontraban en Londres, pues era allí donde habían cometido sus delitos. Los psicópatas se aburren con facilidad. Necesitan emociones fuertes. Emigran a las grandes ciudades.

«Ítem 3: Necesidad de estimulación/tendencia al aburrimiento.»

También son propensos a hacerse falsas ilusiones respecto a sus perspectivas a largo plazo. Creen que si se mudan a Londres, Nueva York o Los Ángeles, triunfarán como estrellas de cine, deportistas de elite o lo que sea. En cierta ocasión, uno de los investigadores de Bob le preguntó a un preso psicópata extremadamente obeso cuáles eran sus planes para cuando saliera de la cárcel, y este respondió que aspiraba a convertirse en gimnasta profesional.

«Ítem 13: Falta de metas realistas a largo plazo.»

(A menos, claro, que el tipo estuviera tomándole el pelo al investigador.)

Jack Abbot creyó que el círculo literario neoyorquino se rendiría a sus pies. Y, de hecho, así fue. Mailer y él aparecieron juntos en el programa *Good Morning America*. Jill Krementz, la célebre retratista de Nueva York y esposa de Kurt Vonnegut, lo fotografió. El *New York Times* expresó su gratitud hacia Mailer por haber ayudado a Abbott a obtener la libertad condicional. Firmó un contrato con el prestigioso agente Scott Meredith y fue invitado de honor en una cena celebrada en Greenwich Village, donde Mailer, los directores editoriales de Random House y Scott Meredith, entre otros, brindaron por él con champán.

Y entonces, seis semanas después de salir de la cárcel, a las 5.30 de la mañana del 18 de julio de 1981, Abbott se acercó a un restaurante de Manhattan que permanecía abierto las veinticuatro horas, el Binibon. Iba (según los testimonios recogidos al día siguiente) acompañado por dos «jóvenes atractivas y cultas que había conocido en una fiesta».

«Ítem 11: Conducta sexual promiscua.»

Aunque, en honor a la verdad, hay que reconocer que tal vez el ítem 11 no era aplicable a aquel trío. Es imposible saber si tenían la intención de mantener relaciones sexuales. Y es que todo estaba a punto de cambiar. Las cosas iban a empeorar.

Detrás de la barra del Binibon había un aspirante a actor de veintidós años llamado Richard Adan. Abbott pidió permiso para utilizar el aseo. Adan señaló que era solo para empleados. Abbott dijo: «Salgamos a la calle y solucionemos esto como hombres.» Así lo hicieron, Abbott sacó un cuchillo y apuñaló a Richard Adan hasta matarlo. Acto seguido, se alejó caminando y se esfumó entre las sombras de la noche.

«¿Qué ha pasado? —declaró Scott Meredith al *New York Times*—. Todas mis conversaciones con Jack eran sobre el futuro; tenía una vida prometedora por delante.»

Lo que pasó, según nos explicó Bob, aunque no necesitábamos que nos lo dijera, fue que Jack Abbott era un psicópata. No soportaba que le faltaran al respeto. Su concepto de su propia valía era demasiado elevado y era incapaz de controlar sus impulsos.

—Cuando la policía dio con él por fin, ¿saben qué les dijo sobre el tipo al que había apuñalado? —preguntó Bob—. Dijo: «Bueno, pero nunca habría triunfado como actor.»

—Esos putos psicólogos y psiquiatras van a contarle a la administración y a la policía lo que vas a hacer a continuación. Ni el propio Jesucristo sabía qué cojones iban a hacer sus apóstoles.

Estas palabras las pronunció otro de los objetos de estudio de Bob grabados en vídeo. Nos reímos sagazmente al oírle decir esto, pues nosotros también lo sabíamos ahora. Aquel conocimiento críptico y poderoso que les permitía descifrar e identificar a los psicópatas, de prever su siguiente paso, incluso cuando aparentaban normalidad, ahora era nuestro también. Sabíamos que eran monstruos sin corazón y que volverían a hacerlo sin pensarlo dos veces.

Sentado en el interior de la carpa, dejé vagar mi mente hacia las posibilidades que me ofrecían mis nuevos poderes. La verdad es que no se me pasó por la cabeza en aquel momento convertirme en una especie de luchador contra el crimen, un experto en perfiles de delincuentes o psicólogo criminalista que se dedicara de forma altruista a hacer de la sociedad un lugar más seguro. En vez de eso, elaboré una lista mental de todas las personas que me habían contrariado a lo largo de los años y me pregunté a cuál de ellas podía dejar en evidencia señalando sus rasgos de carácter psicopáticos. El primero de la lista era el crítico del *Sunday Times* y *Vanity Fair* A. A. Gill, que siempre había despreciado mis documentales televisivos y había escrito hacía poco una columna gastronómica para el *Sunday Times* en la que reconocía haber matado un babuino en un safari.

Le di justo debajo de la axila. Una bala expansiva del .357 le voló los pulmones. Quería hacerme una idea de lo que se sentía al matar a alguien, a un desconocido. Uno lo ve en muchas películas. ¿Qué se siente realmente al disparar a alguien, o al pariente cercano de alguien?

«Ítem 8: Crueldad/falta de empatía», pensé.

Sonreí para mis adentros y devolví mi atención a Bob. Estaba diciendo que si se evaluara a sí mismo basándose en su lista, seguramente obtendría un cuatro o un cinco en una escala de cuarenta. Tony me dijo en Broadmoor que en las tres ocasiones en que lo evaluaron, sacó un veintinueve o un treinta.

Nuestros tres días en Gales Occidental llegaron a su fin. En el último, Bob nos sorprendió mostrándonos de forma inesperada en la pantalla una fotografía a gran escala y en primer plano de un hombre que había recibido un disparo a quemarropa en la cara. Lo hizo después de infundirnos una falsa sensación de seguridad enseñándonos imágenes de patos en lagos hermosos y días veraniegos en el parque. En aquella foto, sin embargo, había sangre y trozos de cartílago por todas partes. Los ojos del hombre se habían salido de sus órbitas. Su nariz había desaparecido.

«DIOS SANTO», pensé.

Un instante después, como reacción a la fuerte impresión, noté un cosquilleo en el cuerpo, presa de una laxitud y una debilidad repentinas. Bob explicó que esta sensación se debía a que las amígdalas y el sistema nervioso central estaban enviándose señales de alarma mutuamente. Es lo que sentimos cuando sufrimos un sobresalto —como cuando algo se mueve de improviso ante nosotros en la oscuridad— o cuando nos percatamos de que hemos hecho algo terrible y se apoderan de nosotros el miedo, la culpa y el remordimiento, la manifestación física de nuestra conciencia.

—Es una sensación —dijo Bob— que los psicópatas son incapaces de experimentar. —Añadió que cada vez quedaba más patente que esta anomalía en el cerebro estaba en el origen de la psicopatía—. Se han realizado toda clase de estudios de laboratorio, y los resultados coinciden en gran medida —dijo—. Lo que han descubierto es que existen anomalías en la manera en que dichos individuos procesan material con implicaciones emocionales. Que hay una disociación entre el significado lingüístico de las palabras y las connotaciones emocionales. No relacionan unas con otras. Varias partes del sistema límbico sencillamente no se activan.

Y, con estas palabras, nuestro curso de detección de psicópatas finalizó. Mientras recogíamos nuestras pertenencias y nos dirigíamos a nuestros coches, le pregunté a uno de los asistentes:

—Los psicópatas son dignos de compasión, ¿no? Al fin y al cabo, si el problema está en sus amígdalas, la culpa no es suya...

—¿Por qué íbamos a compadecerlos? —repuso—. Nosotros no les importamos una mierda.

Bob Hare me llamó desde lejos. Tenía prisa, pues necesitaba tomar el tren de Cardiff a Heathrow para volar de vuelta a Vancouver. Me pidió que lo llevara en coche.

Él lo vio antes que yo. Había un vehículo volcado. El conductor seguía en su asiento. Estaba allí sentado, como si esperara tranquilamente a que alguien lo colocara cabeza arriba de nuevo para proseguir con su viaje. «Parece muy paciente», pensé, pero entonces caí en la cuenta de que estaba inconsciente. Su acompañante estaba sentada en la hierba, a pocos metros de distancia. Tenía las piernas cruzadas, como absorta en sus pensamientos. Debía de haber salido despedida por la ventana unos momentos antes.

Contemplé la escena solo por unos instantes. Otras personas habían aparcado y corrían hacia ellos, así que seguí adelante, alegrándome de no tener que ocuparme del asunto. Entonces me pregunté si debía temer que mi alivio por verme exento de aquella desagradable responsabilidad fuese una manifestación del ítem 8: «Crueldad/falta de empatía. Solo se preocupa de sí mismo.»

Eché un vistazo por el retrovisor a los buenos samaritanos que se acercaban a toda prisa y rodeaban el coche volcado, antes de dirigir de nuevo la mirada hacia la carretera.

—Jon —dijo Bob al cabo de un rato.

—¿Mmm? —dije.

—Tu forma de conducir... —dijo Bob.

—¿Qué le pasa a mi forma de conducir? —dije.

—Vas dando volantazos —dijo Bob.

—No, no es verdad —dije. Nos quedamos callados un momento—. Es por la impresión de haber visto el accidente.

Era una buena noticia que aquello me hubiera afectado, después de todo.

Bob señaló que lo que ocurría es que mi amígdala y mi sistema nervioso central estaban lanzándose señales de miedo y alarma entre sí.

—Ya lo creo —asentí—. De hecho, lo noto. Es una sensación inquietante, como un repeluzno.

—¿Sabes? —comentó Bob—. Si un psicópata hubiera visto el accidente, sus amígdalas apenas habrían reaccionado.

—Pues entonces soy lo contrario de un psicópata —dije—. Si soy anormal en algo, es en que mi amígdala y mi sistema nervioso central se lanzan demasiadas señales entre sí.

—¿Podrías concentrarte en la carretera, por favor? —pidió Bob.

—Acudí a ti —dije— por un tipo que se llama Tony. Está en Broadmoor. Asegura que lo acusan falsamente de ser un psicópata, y quiere que yo inicie una campaña periodística para reclamar su puesta en libertad. Le tengo mucho aprecio a Tony, de verdad que sí, pero ¿cómo puedo saber si es un psicópata?

Bob no parecía estar escuchándome. Era como si se hubiera ensimismado a causa del accidente.

—No debería haber realizado toda mi investigación en cárceles —murmuró, casi para sí—. Debería haberme pasado un tiempo en la Bolsa también.

Lo miré.

—¿De verdad? —dije.

Hizo un gesto afirmativo.

—Los asesinos en serie destruyen familias. —Bob se encogió de hombros—. Los psicópatas corporativos, políticos y religiosos destruyen economías y sociedades enteras.

Bob estaba diciendo que esta era la explicación sencilla del mayor misterio de la historia: ¿por qué es tan injusto el mundo? ¿Cuál es la causa de la injusticia económica salvaje, las guerras brutales, la crueldad empresarial diaria? La respuesta: los psicópatas. Esa parte del cerebro que no les funciona bien. Cuando uno está de pie en una escalera mecánica, observa a la gente que va en la dirección contraria en la escalera contigua. Si uno pudiera introducirse en el cerebro de esos hombres y mujeres, vería que todos no somos iguales. No todos somos buenas personas que intentan hacer lo correcto. Algunos somos psicópatas. Y los psicópatas son los culpables de la brutalidad y la deformidad de nuestra sociedad. Son piedras irregulares lanzadas a un estanque de aguas tranquilas.

Bob no era el único que creía que hay un número desproporcionado de psicópatas en las altas esferas. Unos días antes de que Essi Viding me hablara de esta teoría, conversé con decenas de psicólogos que opinaban exactamente lo mismo. Entre ellos estaba Martha Stout, de la facultad de medicina de Harvard, autora de *The Sociopath Next Door* [El vecino sociópata]. (Quizás el lector se pregunte cuál es la diferencia entre un psicópata y un sociópata, y la respuesta es que en realidad no la hay. Psicólogos y psiquiatras de todo el mundo tienden a emplear ambos términos de forma indistinta.) Están por todas partes, aseveró. Están en los restaurantes concurridos donde almuerzas. Están en tu oficina diáfana.

—Por lo general son más encantadores que la mayoría de la gente —dijo—. No poseen sentimientos afectuosos, pero nos estudian a los demás. Son aquellos jefes o compañeros de trabajo a los que les gusta hacer pasar por el aro a la gente solo por el placer de verlas humillarse. Son aquellas personas que se casan para parecer normales, pero que no muestran amor por su cónyuge una vez que la fascinación inicial se desvanece.

—No sé cuánta gente leerá este libro —le dije—. Cien mil,

tal vez. Eso significa que habrá unos mil psicópatas entre los lectores. Incluso más, tal vez, si a los psicópatas les gusta leer libros sobre psicópatas. ¿Qué mensaje debo dirigirles? ¿«Entregaos»?

—Eso estaría bien —respondió Martha—, pero su arrogancia acabaría por imponerse. Pensarían: «Ella miente cuando afirma que la conciencia existe», o «Pobrecilla, está dominada por la conciencia. Debería ser más como yo».

—¿Y si la esposa de un psicópata lee esto? —pregunté—. ¿Qué debe hacer? ¿Dejar a su marido?

—Sí —dijo Martha—. Yo le recomendaría que lo dejara. No va a herir sus sentimientos, pues no hay sentimientos que herir. —Hizo una pausa—. A los sociópatas les encanta el poder. Les encanta ganar. Si despojamos el cerebro humano de la cordialidad y el afecto, no queda gran cosa excepto la determinación de triunfar.

—¿Significa eso que los psicópatas predominan en los círculos más altos?

—Sí —dijo—. Cuanto más asciendas por la escala social, mayor será el número de sociópatas que encuentres.

—¿Entonces las guerras, las injusticias, la explotación y todas esas cosas están causadas por ese pequeño porcentaje de la población que ocupa posiciones de poder y que en cierto modo está loco? —inquirí. Era como el efecto de las ondas en el agua del que hablaba Petter Nordlund en su libro, pero a gran escala.

—Creo que ellos son quienes ocasionan muchas de esas cosas —dijo.

—Resulta aterrador y asombroso pensar que ese pequeño grupo de psicópatas influyentes nos mangonee la vida al noventa y nueve por ciento de los ciudadanos de a pie.

—Es un pensamiento estremecedor —admitió—. Es algo que no se le ocurre a menudo a la gente. Y es que nos enseñan a creer que en el fondo todo el mundo tiene una conciencia.

Al final de nuestra conversación, se dirigió a usted, el lector. Dijo que si empieza a preocuparle que pueda usted ser un psicópata, si reconoce en sí mismo algunos de los rasgos mencionados, si siente una ansiedad que crece en su interior, eso significa que no es usted uno de ellos.

Todos los especialistas del campo parecían tener el mismo concepto de los psicópatas: los consideraban seres inhumanos, implacablemente perversos, torbellinos de maldad que perjudicaban constantemente a la sociedad pero que resultaban imposibles de identificar a menos que uno estuviera adiestrado en el sutil arte de detectarlos, como yo lo estaba ahora. La única otra manera sería tener acceso a un costoso equipo de resonancia magnética funcional, como Adam Perkins.

Adam es un investigador docente en neurociencia clínica del Instituto de Psiquiatría, en el sur de Londres. Había ido a verlo poco después de reunirme con Essi, porque Adam es un experto en ansiedad y yo quería consultar con él mi teoría de que la ansiedad es lo contrario desde el punto de vista neurológico a la psicopatía, por lo que respecta al funcionamiento de la amígdala. Me imaginaba que la mía era como una fotografía de una tormenta solar tomada por el *Hubble*, mientras que las amígdalas de los psicópatas se parecían a las fotografías de planetas muertos como Plutón tomadas por el *Hubble*. Adam confirmó mi teoría y, a manera de demostración, me conectó unos cables, me metió en un falso escáner de resonancia magnética y, sin previo aviso, me aplicó una descarga eléctrica muy dolorosa.

—¡Ay! —grité—. Eso duele un montón. ¿Te importaría bajar la intensidad de la descarga? Caray, creía que eso estaba prohibido. ¿A qué nivel lo has puesto?

—Tres —respondió Adam.

—¿Y cuál es el máximo? —pregunté.

—Ocho —dijo.

Adam me sometió a varias pruebas para medir mi nivel de

ansiedad, y durante casi todo el rato mantuve la vista clavada con suspicacia en el botón de los electrochoques, sufriendo de vez en cuando pequeños espasmos involuntarios. Cuando terminó, me confirmó, basándose en mi electroencefalograma, que, en efecto, yo estaba por encima de la media en la escala de ansiedad.

«¡Ooh!», pensé, con una alegría inesperada por descubrir que era cierto que tenía un problema identificable.

—Supongo que no es muy recomendable que un hombre como yo, que padece una ansiedad excesiva, vaya detrás de personas con un déficit de ansiedad patológico —comenté entonces.

Adam asintió. Me advirtió que tuviera mucho cuidado. Los psicópatas son sumamente peligrosos, dijo. Y a menudo son las personas más insospechadas.

—Cuando estaba cursando el doctorado —me contó—, concebí un test de personalidad y pedí voluntarios entre el alumnado. Puse anuncios en el tablón, y se presentó una chica, una estudiante de segundo, de unos diecinueve años. «Es para un test de personalidad, ¿verdad?», me dijo, y le respondí que sí. «Pues yo tengo una personalidad muy mala. Me gusta hacer daño a la gente», me aseguró. Creía que me estaba tomando el pelo, así que le dije que vale. Comencé a realizarle las pruebas. Cuando ella estaba contemplando las fotografías de cuerpos mutilados, los sensores indicaron que lo estaba pasando bomba. Su centro del placer sexual —sí, se trata de algo relacionado con el sexo— se había excitado ante la visión de la sangre y la muerte. Es una reacción subconsciente que se produce en milisegundos. Aquellas imágenes le resultaban placenteras.

Miré a Adam. Saltaba a la vista que describir aquel momento lo incomodaba. Era un hombre ansioso, como yo, y por eso, según declaró, había tomado la decisión de dedicar su vida al estudio de la relación entre la ansiedad y el cerebro.

—Ella me dijo que había intentado alistarse en la Fuerza

Aérea británica —dijo—, porque es la única rama del Ministerio de Defensa que permite a las mujeres manejar sistemas de armamento, pero la calaron enseguida y denegaron su admisión. Así que acabó estudiando historia. Su psicopatía no la impulsaba a ser una mentirosa manipuladora. Ella me reveló sus deseos homicidas desde el momento en que la conocí, lo que parecía indicar que no obtendría un resultado alto en el rasgo de facilidad para engañar. Sin embargo, la esencia de la psicopatía reside en la ausencia de autocontrol moral. Si resulta que una persona que carece de autocontrol además se pone cachonda con la violencia, puede llegar a convertirse en un asesino en serie peligroso que sienta el deseo de matar sin sufrir traumas morales por ello. Sin duda hay personas a quienes les excita la idea de matar, pero cuyos escrúpulos morales les impiden hacer realidad sus fantasías a menos que estén borrachas, cansadas o algo así. Supongo que ella entra en esta categoría y que por eso intentó alistarse en las Fuerzas Aéreas, lo que le brindaría la oportunidad de satisfacer sus impulsos homicidas de una forma socialmente respetable.

—Entonces ¿qué hiciste respecto a ella? —pregunté—. ¿Llamaste a la policía?

—Me encontraba en una situación difícil —explicó—. Ella no había cometido ningún delito. Yo tenía las manos atadas. No existen mecanismos establecidos para parar los pies a personas como ella.

Tanto Adam como Bob y Martha parecían convencidos de que el caos era inevitable cuando había psicópatas de por medio. Aquella chica a quien le habían prohibido matar de una manera socialmente aceptable, seguramente acabaría como «una de aquellas enfermeras asesinas o algo por el estilo», dijo Adam. Alguien que siente la necesidad irrefrenable de matar.

Me pregunto si alguna vez les pasó por la cabeza a Adam o a Bob que la solución lógica al problema de los psicópatas sería encerrarlos antes de que hicieran algo malo, aunque proponer una medida semejante los convertiría en villanos de una novela de Orwell, que seguramente no es aquello con lo que soñaban cuando eligieron su profesión.

—¿Dónde está ahora esa mujer? —le pregunté a Adam—. Tal vez podría entrevistarla para mi libro, en un café lleno de gente, por ejemplo.

—No tengo manera de localizarla —contestó Adam—. Las personas que participan en mis estudios constan únicamente como números, no por su nombre. —Guardó silencio por un momento—. Así que olvídala —añadió.

Lo que Adam intentaba decirme era que, ahora que me había embarcado en la búsqueda de psicópatas, debía mantener los ojos bien abiertos. Era un juego peligroso. No debía fiarme de nadie. No era seguro juntarse con esa gente. Y a veces los psicópatas eran mujeres de diecinueve años que estudiaban historia en una universidad de Londres.

—Los hay de todas las formas y tamaños —aseveró.

Ahora, mientras Bob Hare y yo nos aproximábamos a Cardiff, reflexioné sobre su teoría de los presidentes de empresa y políticos psicópatas, y pensé en los ítems 18 y 12 de su lista: «delincuencia juvenil» y «problemas de conducta precoces: el individuo tiene un historial de conducta antisocial grave».

—Si un líder político o empresarial tuvo una juventud violenta y delictiva, ¿la prensa no acabaría sacándolo a la luz y arruinando su carrera? —pregunté.

—Encuentran formas de ocultarlo —respondió Bob—. Por otro lado, los problemas de conducta precoces no acaban necesariamente en el tribunal de menores. A veces consisten en torturar animales en secreto, por ejemplo. —Hizo una pausa—. Sin embargo, obtener acceso a personas así puede resultar complicado. Hablar con los presos es fácil, pues les gusta recibir a los investigadores. Pero los presidentes de empresa o los políticos... —Bob clavó los ojos en mí—. Es una investigación muy importante —dijo—. Podría cambiar para siempre la visión del mundo de la gente.

De pronto, mis encuentros con Tony en Broadmoor me parecieron muy lejanos. Bob tenía razón: mi investigación podía llegar a ser muy importante. Y mi deseo de llevarla a término era más fuerte que la ansiedad que me atenazaba. Tenía que emprender un viaje, armado con mis nuevas habilidades para detectar psicópatas, hacia las altas esferas del poder.

5

Toto

En alguna parte de la larga y llana nada que se extiende entre Woodstock y Albany, en el norte del estado de Nueva York, se alza un edificio imponente de aspecto victoriano con tentáculos de hormigón y alambre de espino que serpentean a través de los campos desiertos. Se trata del centro penitenciario de Coxsackie. Aunque corría el mes de mayo, una cortina de lluvia gélida caía sobre mí mientras vagaba por el perímetro sin saber qué hacer. Antes de ir a Broadmoor, había recibido cartas de confirmación con unas semanas de antelación, así como los horarios de visita y listas detalladas con las normas. En cambio, en Coxsackie, no había nada: ni letreros, ni guardias. Una voz lejana y crepitante me había dicho por teléfono: «Sívengacuandoquiera». Aquel sitio era el Salvaje Oeste en lo relativo al procedimiento de visitas. Resultaba confuso, desordenado e irritante.

Solo había una persona en el terreno: una joven que tiritaba en una caseta acristalada. Me acerqué y me quedé de pie junto a ella.

—Hace frío —comenté.

—Aquí siempre hace frío —dijo.

Al cabo de un rato, oímos un golpe metálico. Una verja se abrió automáticamente, y avanzamos por un pasillo de metal bajo un tapiz de alambre de púas hasta un vestíbulo oscuro repleto de guardias de prisiones.

—Hola —saludé alegremente.

—¡Vaya, mirad quién ha venido! —exclamó uno de ellos—. Harry Potter.

Los guardias me rodearon.

—Hola, señor mío, don Maravilloso —dijo alguien.

—Ah, les hace gracia mi acento —observé.

—Espléndido, espléndido —dijeron—. ¿A quién viene a ver?

—A Emmanuel Constant —respondí.

En cuanto oyeron esto, las risas cesaron de golpe.

—Es un asesino de masas —dijo un guardia, visiblemente impresionado.

—Una vez cenó con Bill Clinton —dijo otro—. ¿Ya ha hablado antes con él?

En 1997, Emmanuel *Toto* Constant estaba en la acera de una larga calle en un barrio residencial de Queens, Nueva York, mirando de un lado a otro, intentando avistarme. A lo lejos, a través de la calima ocasionada por el calor y los gases de los tubos de escape, apenas se vislumbraba el perfil característico de Manhattan: algún que otro destello del edificio Chrysler y de las Torres Gemelas, pero cerca de allí no había rascacielos magníficos, ni bares elegantes llenos de parroquianos sofisticados; solo videoclubes cuadrados de una sola planta y restaurantes de comida rápida. A diferencia de sus vecinos, que aquel día tan caluroso iban vestidos con camiseta, pantalón corto y gorra de béisbol, Toto Constant llevaba un traje inmaculado de color claro con un pañuelo de seda en el bolsillo del pecho. Se había hecho la manicura e iba muy atildado (un atildamiento que, en retrospectiva, sería muy similar al de Tony el día que, años después, lo vi por primera vez en Broadmoor).

Me acerqué al bordillo y aparqué.

—Bienvenido a Queens —me dijo en tono de disculpa.

Hubo un tiempo, a principios de los noventa, en que Toto Constant era propietario de una enorme y caótica mansión estilo *art déco* con piscina y fuentes en Puerto Príncipe, Haití. En aquel entonces era delgado, guapo y carismático, y a menudo se le veía paseándose por la ciudad con una Uzi o una Magnum .357. Desde su mansión organizó un grupo paramilitar de extrema derecha, el FRAPH, creado para aterrorizar a los partidarios de Jean-Bertrand Aristide, el presidente de izquierdas elegido democráticamente y exiliado hacía poco tiempo. En aquella época no estaba muy claro quién apoyaba y financiaba a Constant.

Según organizaciones pro derechos humanos como el Centro para los Derechos Constitucionales y Human Rights Watch, cuando el FRAPH capturaba a un seguidor de Aristide, a veces le rebanaban la cara. En una ocasión, un grupo de adeptos a Aristide se refugió en un barrio de chabolas llamado Cité Soleil, los hombres de Constant se acercaron con gasolina —fue en diciembre de 1993— y redujeron el lugar a cenizas. En cierto momento, unos niños intentaron huir del incendio. Los miembros del FRAPH los atraparon y los obligaron a entrar de nuevo en sus casas en llamas. Se cometieron cincuenta asesinatos ese día, y muchas otras masacres durante el reinado de Constant. En abril de 1994, por ejemplo, unos hombres del FRAPH atacaron una población costera, Raboteau, otro centro de apoyo a Aristide. Apresaron, apalearon, dispararon y arrojaron en las cloacas a cielo abierto a todos los residentes que pudieron. Requisaron barcas de pesca para poder tirotear a la gente que huía por mar.

El *modus operandi* del FRAPH consistía en participar junto con miembros del ejército haitiano en redadas en los barrios más pobres de Puerto Príncipe, Gonaives y otras ciudades. En una batida típica, los agresores registraban hogares en busca de pruebas de una defensa activa de la democracia, como fotos de Aristide. Con frecuencia secuestraban a los hombres de la casa para someterlos a torturas; a muchos los ejecutaban sumariamente. A menudo violaban en grupo a las mujeres, habitualmente delante de los miembros de la familia que quedaban. Las víctimas documentadas tenían edades comprendidas entre los diez y los ochenta años. Según testigos, obligaban a los hijos a punta de pistola a violar a su propia madre.

CENTRO PARA LA JUSTICIA
Y LA RESPONSABILIDAD

Aristide volvió al poder en octubre de 1994, y Toto Constant huyó a Estados Unidos, dejando fotos de los cuerpos mutilados de víctimas del FRAPH colgadas en las paredes de su cuartel general de Puerto Príncipe. Fue detenido en Nueva York. Las autoridades estadounidenses manifestaron su intención de deportarlo a Puerto Príncipe para que lo juzgaran por crímenes contra la humanidad. Hubo muchas celebraciones en Haití. Con vistas al inminente juicio, tres mujeres alzaron la voz para denunciar ante los fiscales que los hombres de Constant las habían violado y dado por muertas. Su condena parecía inevitable.

Sin embargo, le quedaba un as en la manga. Desde su celda en la cárcel, anunció en el programa *60 Minutes* de la CBS que estaba dispuesto a dar a conocer los nombres de sus patrocinadores, los hombres misteriosos que lo habían animado a organizar el FRAPH y que lo tenían en nómina. Eran agentes de la CIA y de la Agencia de Inteligencia de Defensa.

«Si soy culpable de los crímenes de los que me acusan —declaró a Ed Bradley, el entrevistador—, la CIA también es culpable.»

No era fácil de entender por qué la CIA querría apoyar a un escuadrón de la muerte criminal y antidemocrático. Aristide era un hombre carismático, un izquierdista que había sido sacerdote. Tal vez temían que fuera un Castro en ciernes, una amenaza potencial para las relaciones comerciales entre Haití y Estados Unidos.

Aun así, las dudas que algunos tenían respecto a las palabras de Constant no tardaron en disiparse. Dio a entender que si lo extraditaban, revelaría secretos devastadores sobre la política exterior estadounidense en Haití. Casi de inmediato —el 14 de junio de 1996—, las autoridades de Estados Unidos lo pusieron en libertad y le concedieron un permiso de residencia y trabajo. Sin embargo, le impusieron algunas condiciones, enumeradas en un acuerdo de cinco páginas que el Departamento de Justicia americano envió por fax a la oficina de registro de la cárcel y que le fue entregado a Constant cuando salió. Se le prohibía volver a hablar con los medios. Tenía que instalarse en casa de su madre, en Queens, y no salir nunca del distrito, salvo una hora a la semana en que debía ir a firmar al Servicio de Inmigración y Naturalización en Manhattan. Pero en cuanto firmara, tenía que regresar directamente a Queens en coche.

Queens iba a ser su prisión.

Cuando escuché esta historia a finales de los noventa, decidí pedirle una entrevista a Toto Constant. Me interesaba saber cómo le iba a aquel hombre, acostumbrado a ejercer un poder tan grande y maligno, en su intento por adaptarse a la vida en un barrio residencial con su madre. Ahora que había aterrizado de golpe y porrazo en el mundo normal, ¿lo atormentaría el recuerdo de sus crímenes, como le ocurría al Raskolnikov de Dostoievski? Por otro lado, Queens albergaba una pujante comunidad haitiana, lo que sin duda significaba que Constant vivía entre algunas de sus víctimas. Le escribí, prácticamente seguro de que rechazaría mi petición. Después de todo, si hablaba conmigo estaría violando los términos de su libertad. En cuanto las autoridades se enteraran, era posible que lo detuvieran y lo deportaran a Haití, donde seguramente lo ejecutarían. Los entrevistados en potencia tienden a darme calabazas por mucho menos que eso. Muchos declinan mis propuestas de entrevistas simplemente porque creen que los haré quedar como personas un poco chifladas. No obstante, Constant accedió encantado a encontrarse conmigo. No le pregunté por qué, pues me alegraba de haber conseguido la entrevista y —para ser sincero— no me preocupaba demasiado lo que pudiera pasarle en consecuencia, una actitud que me recuerda un poco el «Ítem 6: Ausencia de remordimiento y sentimiento de culpa» y el «Ítem 8: Crueldad/falta de empatía». Pero él había sido líder de un escuadrón de la muerte, así que ¿qué más da?

Aquel día en Queens fue extraño y memorable. Hombres bien vestidos caminaban de un lado a otro. A veces se apiñaban en las esquinas y mantenían conversaciones que me resultaban inaudibles, por más que aguzaba el oído. A lo mejor estaban planeando un golpe militar o algo así.

Le pregunté si estaba aclimatándose bien a la vida cotidiana. ¿Cómo pasaba el tiempo? ¿Tenía hobbies? Esbozó una sonrisa.

—Te lo mostraré —dijo.

Desde la casa de su madre, me guió por un callejón y luego por otro hasta unos bloques de pisos.

—Ya casi estamos —dijo—. ¡Tranquilo!

Subimos por unas escaleras. Yo lanzaba miradas hacia atrás, con aprensión. Llegamos ante una puerta. La abrió. Contemplé la habitación que había al otro lado.

Sobre todas las mesas, todas las superficies, había figuritas de plástico de aquellas que regalan con los menús infantiles de McDonald's y Burger King: pequeños muñecos de Dumbo, Goofy, los Teleñecos en el Espacio, Rugrats, Batman, las Supernenas, Hombres de Negro, Luke Skywalker, Bart Simpson, Pedro Picapiedra, Jackie Chan y Buzz Lightyear, entre muchos otros.

Nos miramos.

—Lo que más me impresiona es su arte —dijo.

—¿Los dispones en batallones? —pregunté.

—No —respondió.

Hubo un silencio.

—¿Nos vamos? —murmuró, creo que lamentando su decisión de enseñarme su ejército de personajes de dibujos animados de plástico.

Unos minutos después, volvíamos a estar en casa de su madre, sentados los dos a la mesa de la cocina. Su madre entraba y salía, arrastrando los pies. Constant me decía que algún día el pueblo haitiano le pediría que regresara y tomara el poder —«en Haití me adoran», aseguró—, y que, cuando llegara ese día, él cumpliría con su deber para con el pueblo.

Le pregunté por Cité Soleil, Raboteau y las otras acusaciones que pesaban sobre él.

—Esas afirmaciones no son más que humo —dijo—. ¡Ni siquiera son humo!

«¿Eso es todo? —pensé—. ¿Es todo lo que piensas decir al respecto?»

—Las mentiras que cuentan sobre mí me parten el corazón —añadió.

Entonces oí que Constant emitía un sonido extraño. Le

temblaba todo el cuerpo. El sonido semejaba un sollozo, pero no era exactamente un sollozo, sino más bien una imitación de un sollozo. Tenía el rostro crispado, la expresión de una persona que llora, pero daba una impresión extraña, como si se tratara de una mala actuación. Un adulto con un traje elegante estaba fingiendo llorar delante de mí. La situación ya me habría resultado bastante violenta si él hubiera estado llorando de verdad —me desagradan las manifestaciones de emoción desatada—, pero saltaba a la vista que aquel hombre estaba simulando el llanto, lo que hizo que la situación fuera violenta, surrealista y bastante perturbadora.

Nuestro encuentro llegó a su fin poco después. Me acompañó a la puerta haciendo gala de unos modales exquisitos, riéndose, me estrechó la mano afectuosamente y dijo que esperaba que nos viéramos pronto. Cuando llegué junto a mi coche, me volví para despedirme con la mano, y en cuanto lo vi, un estremecimiento me recorrió, como si mi amígdala hubiera lanzado una señal de miedo a través de mi sistema nervioso central. El hombre tenía una expresión muy distinta, fría y suspicaz. Me escudriñaba con detenimiento. En el momento en que mis ojos se posaron en los suyos, adoptó de nuevo una mirada cordial. Sonrió y agitó la mano. Correspondí a su gesto, subí al coche y me alejé de allí.

Nunca publiqué mi entrevista con Toto Constant. Era un personaje inquietantemente distante. No encontré la manera de conseguir que se abriera. Sin embargo, durante mi estancia en Gales Occidental, no dejaban de venirme a la memoria imágenes del día que había pasado con él. Aquel llanto falso concordaba con el Ítem 7: «Profundidad escasa de los sentimientos: las muestras de emoción son dramáticas, vacías y breves, lo que deja la impresión de que está actuando», y encajaba a la perfección con el Ítem 16: «Incapacidad de aceptar la responsabilidad de los propios actos». La aseveración sobre la adoración que le profesaba el pueblo haitiano me hizo pensar en el Ítem 2: «Concepto elevado de la propia valía: El individuo asegura que otros lo respetan, le temen, le tienen envidia, animadversión, etcétera.» Su fe en que algún día regresaría a Haití como líder evoca el Ítem 13: «Falta de metas realistas a largo plazo.» Tal vez la lista de Bob resolvía incluso el misterio de por qué Constant había accedido a reunirse conmigo de entrada. Tal vez era por el Ítem 3: «Necesidad de estimulación/tendencia al aburrimiento», el Ítem 14: «Impulsividad: El individuo es poco dado a dedicar mucho tiempo a pensar en las consecuencias posibles de sus actos» y el Ítem 2: «Concepto elevado de la propia valía.»

Quizá los ítems 3, 14 y 2 son los motivos por los que mis entrevistados aceptan reunirse conmigo.

Aunque no acertaba a ver qué pintaban las figuritas de Burger King en todo esto, supuse que no había ninguna razón para que los psicópatas no tuvieran hobbies que no estuvieran relacionados con su anomalía.

¿Qué había sido de él? Después de regresar de Gales, investigué un poco. Contra todo pronóstico, Constant estaba internado en el centro penitenciario de Coxsackie, donde aún no había cumplido el segundo año de una condena de entre doce y treinta y siete, por fraude hipotecario.

«Ítem 20: Versatilidad delictiva.»

Le escribí una carta en la que le recordaba nuestro último encuentro, le explicaba de forma resumida la disfunción de la amígdala y le preguntaba si creía que podía padecerla. Me respondió que, si lo visitaba, me recibiría con gusto. Reservé un vuelo. El volcán islandés hizo erupción. Reservé un vuelo para la semana siguiente, y allí estaba, sentado en la mesa seis de la fila dos, en una sala de visitas prácticamente vacía.

En Coxsackie había mil presos. Solo cuatro de ellos tenían visita aquel día. Una pareja joven que jugaba a las cartas; un interno mayor, rodeado de sus hijos y nietos; la mujer con que me había encontrado en la caseta, que sujetaba la mano de otro preso encima de la mesa, entrelazando tranquilamente sus dedos con los de él, tirándole de cada dedo, tocándole la cara; y Toto Constant, sentado enfrente de mí.

Lo habían llevado allí cinco minutos antes, y ya me había llamado la atención lo agradable que estaba resultando su compañía. Estaba haciendo lo que yo esperaba: proclamándose inocente del delito de fraude, asegurando que solo era culpable de haberse «fiado de quien no debía», mostrándose escandalizado por lo desproporcionado de su sentencia, ya que la pena habitual por fraude hipotecario era de solo cinco años.

—Cinco años —dijo—. Vale. Bien. Pero... ¿¡treinta y siete años!?

Era cierto que la condena parecía injusta, en cierto modo. Lo compadecí un poco por esto.

Le dije, bastante nervioso, que si padecía la anomalía cerebral de la que le había hablado en mi carta, eso lo convertiría en un psicópata.

—Pues no lo soy —declaró.

—¿Te importa que comentemos estas cuestiones de todos modos? —pregunté.

—Para nada —dijo—. Dispara.

Me imaginé que la reunión podía resultar provechosa para ambos. Constant sería una especie de conejillo de Indias para mí. Podría practicar con él mis habilidades para detectar psicópatas, y él pasaría el día fuera de su celda, escapando de la monotonía, comiendo las hamburguesas que yo le llevara de la máquina expendedora situada en un rincón de la sala de visitas.

¿Qué pretendía conseguir yo? Me preguntaba si percibiría algo de Tony en Toto —si identificaría algunos rasgos compartidos de su personalidad, como había aprendido en el curso de Bob—, y tenía un objetivo más ambicioso. Se habían cometido atrocidades terribles en Haití en nombre de Toto. Él había trastornado profundamente la sociedad haitiana durante tres años, la había llevado precipitadamente por el mal camino, destruyendo la vida de miles de personas y afectado a la de cientos de miles más. ¿Era correcta la teoría de Bob Hare y Martha Stout? ¿Se debía todo a una relación defectuosa entre su amígdala y su sistema nervioso central? De ser así, no cabía duda de que se trataba de una anomalía cerebral muy poderosa.

—¿Por qué no viniste a verme el martes pasado? —me preguntó.

—Ese volcán de Islandia entró en erupción y suspendieron todos los vuelos —expliqué.

—¡Ah! —exclamó, asintiendo—. Vale. Ya entiendo. ¡Me emocionó tanto recibir tu carta...!

—¿En serio? —pregunté.

—Todos los reclusos decían: «¿El tipo que escribió *Los hombres que miraban fijamente a las cabras* va a venir a verte a TI?» ¡Vaya! ¡Ja, ja! ¡Aquí todo el mundo ha oído hablar de esa película!

—¿En serio? —repetí.

—Sí, nos ponen una peli todos los sábados por la noche. La del sábado pasado fue *Avatar*. Esa película me llegó muy adentro. Muy adentro. La invasión de la nación pequeña por parte de la nación grande. Aquellos seres azules me parecieron hermosos. Encontré cierta belleza en ellos.

—¿Eres un hombre emotivo? —inquirí.

—Sí que soy emotivo —asintió—. El caso es que, hace un par de meses, escogieron *Los hombres que miraban fijamente a las cabras*. La mayoría de los presos no sabía qué demonios estaba pasando. Decían: «¿Qué es esto?» Y yo les decía: «¡No, no, he conocido al tipo que escribió el libro! ¡No entendéis su mentalidad!» Y entonces me escribiste y me dijiste que querías volver a hablar conmigo. A los demás les dio mucha envidia.

—¡Ah! Qué bien —dije.

—La semana pasada, cuando me enteré de que ibas a venir, tenía el pelo hecho un desastre, pero no tenía hora con el barbero, así que otro recluso dijo: «Te cedo mi turno.» ¡Intercambiamos los turnos para ir al barbero! ¡Y otro me dio una camisa verde totalmente nueva para que me la pusiera!

—¡Madre mía! —solté.

Hizo un gesto con la mano como para decir «lo sé, es ridículo».

—Las visitas son las únicas alegrías que tenemos aquí —explicó—. Es lo único que nos queda. —Se quedó callado—. En otros tiempos comía en los restaurantes más bellos del mundo. Ahora estoy en una celda. Voy vestido de verde a todas horas.

«¿Quién es el insensible? —pensé—. Solo he venido aquí con el fin de afinar mis habilidades para detectar psicópatas, y en cambio este pobre tipo se ha puesto una camisa especial prestada.»

—Algunos de los presos no aceptan visitas por lo que tenemos que soportar después —dijo Toto.

—¿Qué tenéis que soportar después? —pregunté.

—Que nos desnuden para cachearnos.

—¡Dios santo! —exclamé.

Se estremeció.

—Es una humillación terrible —se lamentó.

En ese momento, alcé la vista. Algo había cambiado en aquella sala. Los presos y sus seres queridos se rebullían inquietos, muy atentos a algo que a mí me había pasado inadvertido.

—Qué mal rollo —susurró Toto.

—¿El qué?

—Ese tío. —Sin apartar la mirada de mí, Toto señaló a un guardia de la cárcel, un hombre con camisa blanca que se paseaba por la sala—. Es un sádico —agregó—. Cada vez que entra en una habitación, a todos nos dan ganas de largarnos.

—¿Es por algo que hizo?

—En realidad, no. Le dijo a una mujer que su camiseta dejaba demasiada piel al descubierto. Eso es todo.

Eché un vistazo. Era la mujer con que me había encontrado en la caseta. Parecía alterada.

—Es solo que... asusta a la gente —dijo Toto.

—Hace años, cuando te conocí, ocurrió algo —confesé—. Fue al final de nuestra entrevista. Me dirigía a mi coche cuando me volví y te sorprendí mirándome. Me observabas fijamente. Te he visto hacer lo mismo hoy, cuando has entrado en esta sala. Has recorrido el lugar con la mirada, observándolo todo.

—Sí, observar a la gente es una de mis ventajas —dijo—. Siempre lo observo todo.

—¿Por qué? —pregunté—. ¿Qué es lo que buscas?

Hubo un breve silencio.

—Quiero ver si caigo bien a la gente —respondió en voz baja.

—¡¿Si caes bien a la gente?! —dije.

—Quiero que la gente piense que soy un caballero —continuó—. Quiero caer bien. Me afecta que la gente no me aprecie. Es importante para mí que me aprecien. Soy sensible a la manera en que la gente reacciona ante mí. Observo a las personas para ver si de verdad les causo una buena impresión.

—Vaya —dije—. No me imaginaba que fuera tan importante para ti caer bien a la gente.

—Lo es.

—Me sorprende mucho —admití.

Fruncí el ceño para mis adentros. Después de conducir hasta allí, no detectaba el menor signo de psicopatía en él. Me encontré con un Toto modesto, humilde, emotivo, autocrítico, curiosamente empequeñecido para ser un hombre tan corpulento. Es cierto, unos momentos antes había reconocido su tendencia al Ítem 11: «Conducta sexual promiscua», pero me parecía un punto demasiado remilgado de la lista, de todos modos.

—Soy un donjuán —me había dicho—. Siempre he estado rodeado de mujeres. Al parecer, mi compañía les resulta agradable. —Se encogió de hombros con sencillez.

—¿Cuántos hijos tienes?

—Siete.

—¿De cuántas madres?

—¡Casi tantas como hijos! —se rio.

—¿Por qué tantas mujeres?

—No lo sé. —Parecía auténticamente perplejo—. Siempre he querido estar con montones de mujeres. No sé por qué.

—¿Por qué no te conformabas con una mujer?

—No lo sé. Tal vez por mi empeño de gustarle a la gente. Aprendo a agradar a los demás. Nunca le llevo la contraria a nadie. Los hago sentir bien para que me aprecien.

—¿Eso no es una debilidad? —dije finalmente—. Tu afán desesperado de gustar a la gente ¿no es una debilidad tuya?

—¡Qué va! —Toto soltó una carcajada—. ¡No es una debilidad en absoluto!

—¿Por qué? —quise saber.

—¡Te diré por qué! —Sonrió, me guiñó el ojo con complicidad y prosiguió—: Si caes bien a la gente, ¡puedes manipularla para que hagan lo que tú quieras!

Lo miré, pestañeando.

—¿O sea que en realidad no te interesa que la gente te aprecie? —pregunté.

—Pues no. —Se encogió de hombros—. ¡Jon, estoy revelándote mis secretos más íntimos!

—Cuando has dicho: «Me afecta que la gente no me aprecie», no te referías a tus sentimientos. ¿Querías decir a que afecta a tu estatus?

—Sí, exacto.

—¿Cómo lo haces? —inquirí—. ¿Cómo consigues que la gente te aprecie?

—Ah, de acuerdo —dijo—. Fíjate bien.

Se volvió hacia el preso mayor, cuyos hijos y nietos acababan de marcharse.

—¡Tienes una familia estupenda! —le dijo.

Una ancha sonrisa de agradecimiento se dibujó en el rostro del hombre.

—¡Gracias! —respondió.

Toto me sonrió disimuladamente.

—¿Y qué hay de la empatía? —pregunté—. ¿Sientes empatía? Supongo que en algunos casos la empatía podría considerarse una debilidad.

—No —dijo Toto—. No siento empatía. —Sacudió la cabeza como un caballo con una mosca en la nariz—. No es un sentimiento, una emoción que yo tenga. ¿Sentir pena por los demás?

—Sí.

—No siento pena por los demás. No.

—¿Y las emociones? —dije—. Antes te has descrito como una persona emotiva. Pero sentir emociones podría considerarse, esto..., una debilidad.

—Ah, pero uno elige el tipo de emoción que le conviene —repuso—. ¿Lo ves? De verdad que te estoy revelando mis secretos más íntimos, Jon.

—¿Y las tres mujeres que testificaron contra ti ante los tribunales? —pregunté—. ¿Sientes alguna emoción respecto a ellas?

Toto resopló, molesto.

—Las tres dijeron que unos hombres encapuchados no identificados las torturaron, violaron, dieron por muertas y blablablá. —Arrugó el entrecejo—. Dieron por sentado que eran miembros del FRAPH porque llevaban uniformes del FRAPH. Dicen que yo violaba para ser más poderoso.

—¿Qué dijeron que les había pasado?

—Oh —dijo con displicencia—. Una declaró que la golpearon, la violaron y la dejaron, creyendo que estaba muerta. Un «médico» —cuando dijo «médico» hizo un gesto desdeñoso de comillas con los dedos— dijo que uno de los agresores la había dejado embarazada.

Aseguró que ninguna de las acusaciones era cierta —ni una sola— y añadió que si quería saber más sobre aquellas falsedades, debía esperar a leer las memorias que estaba escribiendo, *Echoes of my Silence* [Ecos de mi silencio].

Le pregunté a Toto si le caían bien los otros presos y me dijo que no mucho. No le caían nada bien los que «lloriquean y se quejan». Ni los ladrones. Llámame criminal o asesino, pero no me llames ladrón. Tampoco me gusta la gente perezosa. O débil. O mentirosa. Detesto a los mentirosos».

Aseveró que, a pesar de todo, el control sobre sus impulsos era irreprochable. A menudo le entraban ganas de dejar inconsciente a puñetazos a algún interno, pero nunca lo hacía. El día anterior en el comedor, por ejemplo. El preso hacía ruido al comer su sopa.

—«Lo oía tomar un sorbo tras otro. Por Dios santo, Jon, me estaba sacando de quicio. Un sorbo, otro sorbo, y otro sorbo. Oh, estaba deseando zurrarle, pero pensé: "No, Emmanuel. Aguanta hasta el final. Pronto acabará." Y así fue. —Toto me miró—. Estoy perdiendo el tiempo aquí, Jon. Pensar eso es lo que más me duele. Estoy perdiendo el tiempo.»

Nuestras tres horas llegaron a su fin. Cuando me dirigía

hacia la salida, los guardias me preguntaron por qué había ido a ver a Toto.

—Quería averiguar si es un psicópata —respondí.

—Qué va, no es un psicópata —replicaron ambos a coro.

—Oye —dijo otro—. ¿Sabes que una vez cenó con Bill Clinton?

—Dudo que haya cenado jamás con Bill Clinton —repuse—. Aunque os lo haya dicho, no estoy seguro de que sea cierto.

El guardia se quedó callado.

Mientras conducía de regreso a la ciudad de Nueva York, me felicité por la genialidad con la que había conseguido que se quitara la máscara. La clave había sido la palabra «debilidad». Cada vez que la pronunciaba, él sentía la necesidad de poner de manifiesto lo duro que era.

Me sorprendió la facilidad con que yo había sucumbido a sus encantos hasta ese instante. Un poco de humildad y encanto por su parte habían bastado para que yo lo descartara al instante como psicópata. Al principio había algo en él que me resultaba reconfortantemente familiar. Parecía apocado, desdeñoso consigo mismo, un pobre diablo, todo lo que yo era. ¿Había estado imitándome, ofreciéndome una imagen de mí mismo, como un espejo? ¿Era esa la razón por la que los compañeros de los psicópatas a veces prolongan una relación desconcertante?

Bob Hare sostenía que los psicópatas eran imitadores consumados. En cierta ocasión le contó al periodista Robert Hercz que le habían pedido que asesorara a Nicole Kidman para la película *Malicia*. Ella quería prepararse para interpretar un papel de psicópata. Bob le dijo: «Tal vez te ayude imaginar la siguiente escena. Vas caminando por la calle, y se produce un accidente. Un coche ha atropellado a un niño. La gente se aglomera alrededor. Te acercas, el niño yace en el suelo y hay sangre por todas partes. Te manchas un poco los zapatos, bajas la vista y dices: "Oh, mierda." Observas al niño con cierto interés, pero la imagen no te repele ni te horroriza. Solo despierta tu interés. Entonces miras a la madre y quedas fascinada al ver cómo exterioriza sus sentimientos, suelta alaridos y hace toda clase de cosas distintas. Al cabo de unos minutos, das media vuelta y regresas a tu casa. Entras en el baño e intentas imitar las expresiones faciales de la madre. Eso es un psicópata: alguien que no entiende lo que ocurre a nivel emocional, pero que entiende que ha sucedido algo importante.»

Por otro lado, Toto Constant era también cautivadoramente enigmático, una cualidad que se intensifica con la ausencia. Nos deslumbran las personas que ocultan algo, y los psicópatas siempre ocultan algo porque nunca están allí del todo. Son sin lugar a dudas las personas con trastornos mentales que resultan más enigmáticas.

Conduje de Coxsackie a Nueva York, pasando por Saugerties, New Paltz y Poughkeepsie, a través de un paisaje llano e inhóspito —como un planeta extraño de un episodio antiguo de *Star Trek*—, y de pronto me entró un miedo terrible de que Toto se volviera contra mí y le pidiera a un hermano o tío suyo que fuera a por mí. Sentí que la ansiedad me azotaba del mismo modo que el aguanieve azotaba el coche, así que tomé una salida de la carretera hasta un Starbucks que casualmente estaba allí mismo.

Saqué mis notas —las había garabateado en papel de carta de un hotel con un lápiz reglamentario de la cárcel— y leí la parte en que Toto me había dicho que estaba solo en el mundo, que su familia y todos aquellos que lo habían querido lo habían abandonado.

«Ah, bueno, menos mal», pensé. Descubrir que sus hermanos y tíos le habían dado la espalda y por tanto no era probable que averiguaran mi paradero para tomar represalias redujo en gran medida mi ansiedad.

«Supongo que estoy cayendo un poco en el Ítem 8: "Crueldad/falta de empatía" —pensé—. Pero, dadas las circunstancias, me da igual.»

Pedí un café americano para llevar, subí de nuevo al coche y proseguí mi camino.

Suponía que no tendría nada de raro que el líder de un escuadrón de la muerte obtuviera una puntuación alta en la escala de evaluación de Bob Hare. Me interesaba más la teoría de Bob sobre los psicópatas empresariales. Él culpaba a los psicópatas de los excesos brutales del capitalismo en sí, opinaba que la cara más cruel del sistema era una manifestación de las amígdalas anómalas de un puñado de personas. Él había escrito un libro sobre el tema, *Snakes in Suits: When Psychopaths Go to Work* [Serpientes trajeadas: cuando los psicópatas van a la oficina], en colaboración con un psicólogo llamado Paul Babiak. Tras su publicación, las revistas de recursos humanos de todo el mundo se habían deshecho en elogios.

«Todos los directores de empresa y de recursos humanos deberían leer este libro —decía una crítica aparecida en el *Health Service Journal*, órgano oficial del Sistema Nacional de Salud—. ¿Trabaja usted con una serpiente incipiente? Se encuentran entre las personas admirables pero despiadadas que se abren camino hasta los puestos más importantes.»

Todas estas metáforas de serpientes que adoptan forma humana me recordó una investigación que hice una vez sobre un conspiracionista llamado David Icke, que creía que los gobernantes secretos del mundo eran lagartos gigantes que bebían sangre, sacrificaban niños y se habían transformado en humanos para ejercer el mal contra una población desprevenida. De pronto, me percaté de lo parecidas que eran ambas teorías, salvo porque en la más reciente las personas que hablaban de serpientes trajeadas eran psicólogos eminentes, completamente cuerdos y respetados en todo el mundo. ¿Me encontraba ante una teoría de la conspiración que era cierta?

Conforme me acercaba a la ciudad de Nueva York y los rascacielos del distrito financiero se hacían más grandes, me pregunté: «¿Habrá alguna manera de demostrarlo?»

6

La noche de los muertos vivientes

Shubuta, Misisipí, era una ciudad moribunda. La Casa del Glamour de Sarah (un salón de belleza), la tienda de carnes y ultramarinos La Cesta de la Compra de los Hermanos Jones y el banco de Shubuta estaban todos cerrados con tablas, y al lado había fachadas tan descoloridas que resultaba imposible distinguir qué clase de comercio eran. Algún que otro osito de peluche o Papá Noel hinchable que asomaba por detrás de la capa de polvo de un escaparate ofrecía pistas sobre lo que vendía la tienda abandonada. Incluso la Logia Masónica de Shubuta se caía a pedazos y tenía un jardín lleno de maleza. ¡Y había un tiempo en que se creían poderosos! Eso no los había salvado.

La cárcel también había dejado de existir. Sus jaulas de hierro corroídas se venían abajo en el interior de un edificio de piedra que daba a la calle principal, cerca de un aro de baloncesto viejo y oxidado.

—Uno sabe que está en una localidad deprimida cuando hasta la cárcel ha cerrado —comenté.

—«Deprimida» es una buena descripción —dijo Brad, el vecino de la ciudad que me estaba haciendo de guía.

Tablas de madera podrida sobresalían agresivamente de las casas abandonadas, lo que les daba un aspecto similar al de la foto de la cara destrozada que Bob Hare nos había enseñado en aquella carpa de Gales Occidental, con la sangre y el cartílago burbujeando a través de la piel que le quedaba al hombre.

Shubuta no estaba desierto. Unas pocas de las personas que aún residían allí vagaban por la calle. Unos iban borrachos. Otros eran muy viejos.

En otra época, Shubuta había sido una ciudad floreciente.

—¡Había mucho movimiento! —exclamó Brad—. ¡Todos los días! ¡Era increíble! La gente no paraba en todo el día. Era maravilloso pasar la infancia aquí. La tasa de criminalidad era muy baja.

—Íbamos en bicicleta a donde nos apetecía —añadió Libby, la amiga de Brad—. También íbamos en patines. Nuestras madres nunca se preocupaban por nosotros.

—Todo el mundo trabajaba en Sunbeam —dijo Brad.

Sunbeam, la planta industrial local, fabricaba tostadores. Eran unos electrodomésticos muy bonitos, de estilo *art déco*.

Brad y yo subimos por unos escombros hasta un edificio alargado en medio de la calle principal. La puerta colgaba de las bisagras. El letrero de salida estaba tirado en el suelo polvoso. Jirones de lo que seguramente habían sido cortinas de terciopelo rojo pendían laxos de clavos para paredes de mampostería, como en una escena de un matadero.

—¿Qué era antes este sitio? —le pregunté a Brad.

—El viejo cine —respondió—. Me acuerdo de cuando se inauguró. Todos estábamos muy ilusionados. ¡Por fin tendríamos un cine en el pueblo! ¡Tendríamos algo que hacer! Proyectaron una película y se acabó. Lo cerraron.

—¿Qué película era? —pregunté.

—*La noche de los muertos vivientes* —dijo Brian.

Se impuso un silencio.

—Muy apropiado —opiné.

Brad paseó la vista por los restos de la calle principal.

—Al Dunlap no es consciente de la cantidad de personas a las que perjudicó cuando clausuró la planta —dijo—. Para una población pequeña como esta, fue un golpe muy duro. —El rostro se le encendió de ira—. O sea, fíjate en este lugar —añadió.

La vieja fábrica de Sunbeam estaba a un kilómetro y medio de la ciudad. Era grande, tanto como cinco campos de fútbol. En una sala, trescientas personas fabricaban los tostadores. En otra sala, otras trescientas personas los embalaban. Supuse que el lugar estaría abandonado, pero en realidad se había instalado allí otra empresa. No contaba con seiscientos empleados, sino con cinco: cinco personas que, apiñadas en medio de un extenso espacio vacío, manufacturaban pantallas para lámparas.

Stewart era su jefe. Había trabajado en la planta hasta que Al Dunlap había sido nombrado director ejecutivo de Sunbeam y la había cerrado.

—Me alegra ver que siga desarrollándose una actividad productiva en esta sala —dije.

—Mm —dijo Stewart, al parecer ligeramente preocupado por la posibilidad de que la actividad productiva no fuera a durar mucho tiempo.

Stewart, su amigo Bill y la amiga de este, Libby, me llevaron en un recorrido por el interior de la planta vacía. Querían mostrarle a un forastero qué es lo que ocurre cuando «unos locos toman las riendas de lo que fue una gran empresa».

—¿Os referís a Al Dunlap? —pregunté.

—Sunbeam ha pasado por las manos de varios locos —dijo Stewart—. No fue solo Dunlap. ¿Quién fue el primer loco? ¿Buckley?

—Sí, Buckley —contestó Bill.

—Buckley tenía un guardia de seguridad bajito que lo seguía a todas partes con una metralleta —dijo Stewart—. Tenía una flota de aviones a reacción, una colección de Rolls-Royce y esculturas de hielo de diez mil dólares. Gastaban dinero a espuertas, y la empresa no ganaba mucho.

(Más tarde leí que Robert J. Buckley había sido destituido del cargo de director ejecutivo de Sunbeam en 1986, después de que los accionistas se quejaran de que, aunque el negocio no iba bien, él mantenía una flota de cinco aviones para su uso personal y el de su familia, le había puesto a su hijo un piso de un millón de dólares con dinero de la empresa y había comprado cien mil dólares en vino a cuenta de la compañía.)

—¿Quién sucedió a Buckley? —inquirí.

—Paul Kazarian —dijo Bill—. Creo que era un hombre brillante. Inteligente. Trabajador. Pero... —Bill se quedó callado—. Podría contarte una historia sobre él, pero no con mujeres presentes.

Todos miramos a Libby.

—Oh, vale —dijo.

Se alejó de nosotros caminando una larga distancia a través de la fábrica desierta, pasando junto a telarañas, ventanas rotas y contenedores en los que no había más que polvo. Cuando se encontraba demasiado lejos para oírnos, Bill me refirió su relato:

—Un día, yo tenía dificultades para concretar una venta, y él me gritó: «¡Deberías chuparle la POLLA a ese hijo de puta para cerrar el trato!» En una habitación llena de gente. ¿Por qué se comportó de ese modo? Era un malhablado...

Tenía la cara congestionada. Temblaba al recordar el incidente.

Según el libro de John Byrne titulado *Chainsaw* [Motosierra], que narra detalladamente la historia de la empresa Sunbeam, Paul Kazarian —cuando era presidente— le arrojaba zumo de naranja al director financiero y disparaba con una escopeta de aire comprimido contra las sillas vacías durante las reuniones del consejo de administración. Por otro lado, tenía fama de preocuparse por la seguridad laboral y los derechos de los trabajadores. Quería que la empresa triunfara sin tener que cerrar plantas. Recuperó los empleos industriales que se habían trasladado a Asia y fundó una universidad para empleados.

Le indicamos a Libby que podía regresar. Así lo hizo.

—¿Y quién vino después de Paul Kazarian? —quise saber.

—El siguiente sí que fue Al Dunlap —dijo Stewart.

—Mañana me entrevistaré con él —dije—. Iré en coche hasta Ocala, Florida, para conocerlo.

—¿Qué? —exclamó Stewart, sorprendido, y una expresión sombría asomó a su rostro—. ¿No está en la cárcel?

—Está en todo lo contrario a una cárcel —repuse—. Vive en una gran mansión.

Por un segundo, vi que a Stewart se le hinchaban las venas del cuello.

Nos dirigimos de vuelta a la oficina de Stewart.

—Ah —dije—. Hace poco estuve con un psicólogo llamado Bob Hare. Dice que se puede averiguar mucho sobre un directivo de una empresa si se le plantea una pregunta en concreto.

—De acuerdo —dijo.

—Si vieras una fotografía policial —empecé—, algo verdaderamente horroroso, como un primer plano de una cara destrozada por una bala, ¿cómo reaccionarías?

—Me echaría hacia atrás —respondió Stewart—. Me asustaría. No me gustaría. Sentiría pena por esa persona y miedo por mí. —Hizo una pausa—. Bueno, ¿qué revela eso sobre mí?

Miré por la ventana de Stewart a la planta de producción que estaba abajo. Resultaba extraño contemplar a aquel grupo diminuto de cinco operarios que fabricaban pantallas de lámparas dentro de aquel edificio enorme y lóbrego. Aunque le había comentado a Stewart lo agradable que era ver un negocio prosperar allí dentro, la verdad era evidente. Las cosas no marchaban sobre ruedas.

—¿Qué revela eso sobre mí? —repitió Stewart.

—¡Cosas buenas! —le aseguré para tranquilizarlo.

A mediados de los noventa, Sunbeam era un desastre. Directores derrochadores como Robert Buckley habían dejado la empresa en situación precaria. La junta directiva necesitaba a alguien que recortara costes sin piedad, así que le ofrecieron el puesto a una persona excepcional, un hombre a quien, a diferencia de la mayoría de los humanos, parecía gustarle despedir gente. Se llamaba Al Dunlap y se había labrado una reputación cerrando plantas en nombre de Scott, la mayor empresa fabricante de papel higiénico de Estados Unidos. Se contaban innumerables historias sobre sus viajes de una planta de Scott a otra para despedir a empleados, a menudo de forma extraña e inquietante. En una planta de Mobile, Alabama, por ejemplo, le preguntó a un hombre cuánto tiempo llevaba trabajando allí.

—¡Treinta años! —respondió el hombre, orgulloso.

—¿Por qué querría alguien pasarse treinta años trabajando para la misma empresa? —dijo Dunlap, con cara de perplejidad auténtica. Unas semanas después, cerró la planta de Mobile y echó a la calle a todos los trabajadores.

La autobiografía de Dunlap, *Mean Business* [Negocios implacables], estaba repleta de anécdotas sobre despidos, como la siguiente:

La motivadora empresarial de Scott [era] una persona bastante agradable a quien se le pagaba una cantidad obscena de dinero. Su trabajo consistía en promover la armonía en la suite ejecutiva. A la porra con la armonía. Esa gente debería haberse tirado de los pelos unos a otros. Le dije a [el director de finanzas de Scott, Basil] Anderson que se deshiciera de ella... Esa misma semana, uno de los abogados de la empresa se durmió durante una reunión ejecutiva. Fue su última cabezada como empleado nuestro. Unos días más tarde, no era más que un recuerdo.

Y así sucesivamente. Despedía a la gente con un júbilo tan notorio que la revista de negocios *Fast Company* lo mencionaba en un artículo sobre directores de empresa que podían ser psicópatas. Todos los demás directores que nombraba estaban muertos o en la cárcel, por lo que era poco probable que se querellaran, pero se lanzaron a la piscina en el caso de Dunlap, aludiendo a su escaso autocontrol (su primera esposa lo acusaba en sus papeles de divorcio de haberla amenazado con un cuchillo y mascullado que siempre se había preguntado a qué sabía la carne humana) y su falta de empatía (aunque siempre hablaba a los periodistas de sus padres sabios y comprensivos, no asistió al entierro de ninguno de los dos).

El día de julio de 1996 en que el consejo de administración dio a conocer el nombre del nuevo director ejecutivo, el precio de las acciones se disparó de 12,50 a 18,63 dólares. Según John Byrne, el biógrafo no oficial de Dunlap, fue el salto más grande en la historia de la Bolsa de Nueva York. El día que, unos meses más tarde, Dunlap anunció el despido de la mitad de los doce mil empleados de Sunbeam (según el *New York Times*, la reducción de personal más grande de la historia en términos porcentuales), el precio de las acciones se disparó de nuevo, hasta los veintiocho dólares. De hecho, la única vez que el precio flaqueó durante aquellos meses de euforia fue el 2 de diciembre de 1996, cuando la publicación *BusinessWeek* reveló que Dunlap no se había presentado al funeral de sus padres y había amenazado con un cuchillo a su primera esposa. Ese día, el precio de las acciones bajó un 1,5 por ciento.

Esto me recordó la escena de la película *Malas tierras* en

que la quinceañera Holly, interpretada por Sissy Spacek, cae en la cuenta de golpe de que su novio fuerte y guapo ha cruzado la línea que separa la rudeza de la locura. Retrocede un paso, nerviosa, pero su voz superpuesta y monótona dice: «Podría haberme escabullido por la puerta trasera o escondido en la sala de la caldera, supongo, pero intuía que mi destino estaba ahora unido al de Kit, para bien o para mal.»

De forma muy parecida, la relación de Al Dunlap con sus accionistas se recuperó rápidamente después del 2 de diciembre, y juntos emprendieron una campaña de devastación por las zonas rurales de Estados Unidos, cerraron plantas en Shubuta, Bay Springs y Laurel, en Misisipí; en Cookeville, Tennessee; en Paragould, Arkansas; en Coushatta, Luisiana; y en muchos, muchos lugares más, convirtiendo comunidades del sur del país en pueblos fantasma. Con cada cierre de una planta, las acciones de Sunbeam subían vertiginosamente, hasta alcanzar en la primavera de 1998 el increíble precio de cincuenta y un dólares.

Casualmente, Bob Hare escribe sobre *Malas tierras* en su obra clave sobre la psicopatía, *Sin conciencia*.

Si Kit encarna la idea del director sobre los psicópatas, Holly es una psicópata auténtica, una máscara parlante que simplemente simula sentimientos profundos de manera mecánica. Su voz superpuesta es monótona y pronuncia frases edulcoradas que proceden directamente de las revistas que dicen a las chicas jóvenes lo que tienen que sentir. La frase «saberse la letra pero no la música» está ejemplificada a la perfección por el personaje de Spacek.

Todo terminó para Dunlap en la primavera de 1998, cuando la Comisión del Mercado de Valores de Estados Unidos inició una investigación a raíz de las acusaciones de que Dunlap había perpetrado un fraude contable de enormes proporciones en Sunbeam. Sesenta de los ciento ochenta y nueve millones de dólares que la empresa había ganado en 1997 en lo que parecía un récord de beneficios, eran, según la Comisión, resultado de una contabilidad fraudulenta. Dunlap negó los cargos. Exigió a Sunbeam una cuantiosa indemnización por cese que sumó a los cien millones de dólares que había percibido durante sus veinte meses al frente de Scott.

En la época anterior al escándalo de Enron, la tendencia a presentar cargos penales en casos tan complicados como aquel era mucho menor, por lo que, en 2002, los problemas legales de Dunlap se acabaron cuando él accedió a pagar dieciocho millones de dólares para solucionar varios pleitos. Su acuerdo con la Comisión estipulaba, entre otras cosas, que nunca debía volver a ocupar un puesto directivo en una sociedad cotizada en bolsa.

—¿Y qué hay de su niñez? —le pregunté a John Byrne antes de partir para Shubuta—. ¿Se conoce alguna anécdota llamativa que revele una conducta extraña? ¿Se metió en líos con la policía? ¿Torturaba animales?

—Fui al instituto donde estudió, pero no entrevisté a ninguno de sus ex compañeros de clase —respondió—. Que yo recuerde.

—Ah —dije.

—Sé que de niño era un entusiasta del boxeo —añadió.

—¿Ah, sí? —dije.

—Sí, hizo algún comentario sobre cuánto le gustaba partirle la cara a la gente.

—¿EN SERIO? —dije.

—Y su hermana dijo una vez que él lanzaba dardos a sus muñecas.

—¡¿DE VERDAD?! —dije.

Anoté en mi bloc: «Lanza dardos a las muñecas de su hermana, le gusta partir la cara a la gente.»

—¿Cómo se portó cuando lo conociste? —pregunté.

—No llegué a conocerlo —contestó—. Se negaba a verme.

Hubo un silencio breve.

—Pues yo voy a entrevistarme con él —dije.

—¿De verdad? —preguntó, sorprendido y creo que con un poco de envidia.

—Sí —dije—. Voy a conocerlo.

El primer detalle notoriamente extraño de la suntuosa mansión de Al Dunlap en Florida y sus jardines exuberantes y bien cuidados —vive a diez horas en coche de Shubuta— era el número desmesurado de esculturas de depredadores con aspecto feroz que tenía. Estaban por todas partes: leones y panteras de piedra que mostraban los dientes, águilas que se lanzaban en picado y halcones con un pez entre las garras, entre muchos otros, por todo el terreno, en torno al lago, en el complejo de la piscina y el gimnasio, en las numerosas habitaciones. Había leones de cristal, leones de ónice, leones de hierro, panteras de hierro, cuadros de leones y esculturas de cráneos humanos.

«Como el ejército de figuritas de plástico del Burger King que tenía Toto Constant, pero en versión descomunal y cara», escribí en mi libreta de reportero.

—Leones —dijo Al Dunlap mientras me mostraba la finca. Llevaba una chaqueta y pantalones de sport y ofrecía un aspecto saludable, bronceado. Tenía los dientes blanquísimos—. Leones. Jaguares. Leones. Siempre depredadores. Depredadores, depredadores, depredadores. Tengo una gran fe en los depredadores y los respeto profundamente. Todo lo que he conseguido he tenido que salir a buscarlo.

«Ítem 5: Engaño/manipulación —escribí en mi libreta de reportero—. Sus declaraciones pueden reflejar la creencia de que el mundo se divide en "depredadores y presas", o de que sería una tontería no explotar los puntos débiles de los demás.»

—También oro —observé—. Hay mucho oro por aquí también.

Me había hecho a la idea de encontrarme rodeado de oro, pues hacía poco había visto una fotografía de él sentado en una silla de oro, con una corbata dorada, una armadura de oro junto a la puerta y un crucifijo de oro en la repisa de la chimenea.

—Bueno —dijo Al—. El oro reluce. Tiburones. —Señaló una escultura de cuatro tiburones que nadaban alrededor del planeta—. Creo en los depredadores —afirmó—. Su espíritu te permite triunfar. Allí puedes ver unos halcones. Caimanes. Caimanes. Más caimanes. Tigres.

—Es como si el rey Midas y la reina de Narnia hubieran estado aquí —comenté—, como si la reina de Narnia hubiera volado por encima de un zoológico lleno de fieras, las hubiera convertido en piedra y lo hubiera transportado todo aquí.

—¿Qué? —dijo Al.

—Nada —respondí.

—No —insistió—. ¿Qué acabas de decir?

Me dirigió una mirada dura con sus ojos azules y sentí que me flaqueaban las piernas.

—Solo ha sido un revoltijo de palabras —aseguré—. Intentaba hacer un comentario gracioso, pero se me ha embarullado todo en la boca.

—Ah —dijo Al—. Te mostraré la parte de fuera. ¿Prefieres caminar o ir en el carrito de golf?

—Creo que caminar —contesté.

Pasamos junto a los pomposos retratos al óleo de sus pastores alemanes. Hubo un sonado período de siete semanas, a mediados de los noventa, cuando estaba despidiendo a los 11.200 empleados de Scott, en que Dunlap exigió a Scott que le pagara dos suites en el hotel Four Seasons de Filadelfia: una para él y su esposa Judy, la otra para sus dos pastores alemanes. Aunque tiene un hijo de su primer matrimonio, Troy, me percaté de que no había una sola imagen de él, solo un montón de cuadros de los pastores alemanes y ostentosos retratos al óleo de tamaño natural con marco dorado de Al y Judy, ambos con ademán serio pero magnánimo.

Dimos un paseo por sus jardines. Divisé a Judy de pie junto a la escultura en piedra de un niño tierno y despeinado que se alzaba sobre el lago. Judy era rubia, como Al, y llevaba un chándal color melocotón. Estaba contemplando el lago, prácticamente inmóvil.

—Un día visitaste una planta —le dije a Al—. Le preguntaste a un hombre cuánto tiempo llevaba trabajando allí. Respondió «treinta años», y tú dijiste: «¿Por qué iba a querer alguien trabajar treinta años en la misma empresa?» Él lo veía como un motivo de orgullo, y tú como un punto negativo.

—Es un punto negativo para mí —admitió—. Te explicaré por qué. Si te limitas a quedarte en un mismo sitio, te conviertes en un conserje, un vigilante. La vida tendría que ser una montaña rusa, no un tiovivo.

Escribí en mi bloc «falta de empatía». Luego pasé a una página en blanco.

—¿Quieres que vayamos a tomar un poco de té helado? —propuso.

Camino de la cocina, me fijé en un poema enmarcado que tenía sobre su escritorio, escrito con una caligrafía caprichosa. Unos de sus versos rezaban:

*No fue fácil hacer
lo que él tenía que hacer,
pero si lo que quieres
es que te quieran,
cómprate uno o dos perros.*

—Sean lo encargó para mi cumpleaños —dijo. «Sean» era Sean Thornton, el guardaespaldas de Al desde hacía mucho tiempo—. Si quieres un amigo, cómprate un perro —agregó—. Siempre hemos tenido dos. ¡Me gusta aumentar mis posibilidades!

Me reí, aunque sabía que no era la primera vez que él empleaba esta frase. Aparecía en la página xii del prefacio de su autobiografía, *Mean Business*. «Si quieres un amigo, cómprate un perro. No me gusta correr riesgos: tengo dos perros.»

Y, en *Chainsaw*, su biografía no oficial, John Byrne refiere un episodio de 1997 en que Al invitó a su casa a Andrew Shore, un analista financiero hostil:

—Me encantan los perros —dijo Dunlap, pasándole a Shore unas fotografías [de sus pastores alemanes]—. ¿Sabes? Si quieres un amigo, te compras un perro. Yo tengo dos, para aumentar mis posibilidades.

Shore recordaba exactamente esta misma frase de los muchos artículos que había leído sobre Dunlap. Aun así, se rio.

Anoté en mi libreta: «Locuacidad/encanto superficial. Siempre tiene a punto una respuesta rápida e ingeniosa [pero] seguramente me dará muy poca información útil.»

Michael Douglas dice algo parecido en la película *Wall Street*, de 1987: «Si necesitas un amigo, consigue un perro. Ahí fuera está librándose una guerra de trincheras.» Me preguntaba si los guionistas habrían copiado la frase de Al Dunlap, pero más tarde descubrí que él no había sido el único pez gordo que la había dicho.

«¿Quieres un amigo en Washington? Cómprate un perro», dice el personaje del presidente Harry Truman en la obra biográfica de 1975 *Give 'em Hell, Harry!* [¡Dales caña, Harry!].

«En este negocio aprendes que, si quieres un amigo, lo mejor es conseguir un perro», declaró Carl Icahn, tiburón empresarial y potentado del sector farmacéutico a mediados de los ochenta.

«Si quieres cariño, cómprate un perro —dijo Deborah Norville, presentadora del programa *Inside Edition* de la CBS a principios de los noventa—. Las personas con las que trabajas no son tus amigos.»

Nos reunimos en la cocina: Al, Judy y Sean, el guardaespaldas.

Me aclaré la garganta.

—¿Recuerdas que en mi mensaje de correo electrónico decía que tal vez tu amígdala no lanza los mensajes de temor necesarios a tu sistema nervioso central y que quizá por eso has tenido tanto éxito y te interesa tanto el espíritu depredador?

—Sí —respondió—. Es una teoría fascinante. Es como *Star Trek*. Estás explorando un territorio desconocido. ¿Por qué algunas personas tienen un éxito enorme y otras no? Mis compañeros del colegio gozaban de muchos más privilegios que yo, pero no han triunfado. ¿Por qué? ¿Qué me diferencia de ellos? ¡Alguna diferencia habrá! ¡Es una pregunta que ronda a la humanidad desde hace generaciones! Por eso, cuando mencionaste lo de la amígdala, pensé: «Hmmm. Eso es muy interesante. Quiero hablar con este hombre.»

—Tengo que decirte que, según algunos psicólogos, si esta parte de tu cerebro no funciona bien, es posible que eso te convierta en...

—¿Mmm? —dijo.

—Una persona peligrosa —murmuré de forma inaudible.

De pronto, un nerviosismo tremendo se apoderó de mí. Era cierto que ya había preguntado a dos personas —Tony y Toto— si eran psicópatas, por lo que debería haberme acostumbrado a ello. Sin embargo, esta situación era distinta. Me encontraba en la mansión de un hombre, no en una cárcel de máxima seguridad ni en un hospital psiquiátrico.

—¿Cómo dices? —inquirió—. No te he oído.

—Una persona peligrosa —repetí.

Se produjo un breve silencio.

—¿En qué sentido? —preguntó con voz débil.

—Podrías ser... —respiré hondo— un psicópata.

Al, Judy y Sean el guardaespaldas clavaron la mirada en mí. Durante un buen rato, estuve al borde de la histeria. ¿Qué me había creído? No soy un profesional de la medicina titulado ni un científico. Y, para ser sincero, tampoco soy un detective de verdad. En mi fuero interno le eché la culpa a Bob Hare. Él no me había incitado a hacer esto, pero yo jamás lo habría hecho si no lo hubiera conocido. Su escala de evaluación me había dado la falsa ilusión de que podía abrirme paso en el mundo de los psicópatas. Debería haber escuchado las advertencias de Adam Perkins. No soy detective, ni psicólogo, y ni siquiera he obtenido un resultado muy bueno al autodiagnosticarme con el *DSM-IV*.

Parecían terriblemente enfadados, aturdidos y decepcionados a la vez. Al me había abierto las puertas de su hogar, y yo me había visto empujado por las circunstancias a preguntarle si era un psicópata. Aunque no es ilegal ser psicópata, seguramente resulta muy insultante preguntarle a alguien si es uno de ellos.

—Tengo una lista de rasgos de la personalidad que definen la psicopatía —dije, señalándome el bolsillo.

—¿Quién demonios elabora la lista? —dijo Al—. ¿Cómo se llama? ¡Apuesto a que nunca he oído hablar de ellos!

En ese momento comprendí que podía dar la vuelta a la situación para responsabilizar *in absentia* a Bob por aquel mal trago.

—Bob Hare —respondí. Pronuncié su nombre con mucha claridad—. Bob Hare.

—Nunca he oído hablar de él —dijo Al, con un brillo triunfal en los ojos.

—Yo tampoco —corroboró Judy.

—Es un psicólogo —expliqué, y solté un resoplido, para dar a entender que compartía la opinión que Al presumiblemente tenía sobre los psicólogos.

Al señaló una vitrina dorada de su despacho, en cuyo interior había fotografías de él con Henry Kissinger, Donald Trump, el príncipe Carlos, Ronald Reagan, Kerry Packer, lord Rothschild, Rush Limbaugh y Jeb Bush, como para decir: «¡Esos son hombres de los que he oído hablar!»

—Bueno, ¿y esa lista...? —dijo Al, con una súbita expresión de curiosidad—. Adelante —me animó—. Hagámoslo.

—De acuerdo —dije, y la saqué de mi bolsillo—. ¿Estás seguro?

—Sí, vamos a hacerlo.

—Bien. Ítem uno. Encanto superficial.

—Soy totalmente encantador —contestó—. ¡Totalmente encantador!

Judy, Sean y él se rieron, lo que alivió un poco la tensión.

—¿Concepto elevado de la propia valía? —pregunté.

Esto le habría resultado muy difícil negarlo, habida cuenta que estaba de pie bajo un enorme retrato al óleo suyo.

«Ítem 2: Concepto elevado de la propia valía —había escrito antes en mi libreta—. Llaman la atención su ego hinchado y la opinión exagerada que tiene de sus capacidades, dada su trayectoria.»

De hecho, de camino hacia allí, había dado un rodeo para pasar por la Universidad Estatal de Florida y visitar el Centro Dunlap de Éxito Académico. Construido gracias a un donativo de diez millones de dólares de Al y Judy, era sin lugar a dudas un monumento ostentoso dedicado a ellos y sus pastores alemanes. Había un cuadro descomunal de ellos con sus perros en la pared del vestíbulo. En él, Judy llevaba una blusa con estampado de leopardo, y Al una corbata dorada. Había una placa de bronce con los rostros de Al y Judy en relieve, y debajo, un botón que cuando uno lo pulsaba reproducía un sermón de Al sobre el liderazgo (no quedaban buenos líderes, venía a decir, y si Estados Unidos quería sobrevivir, debía producir líderes dinámicos cuanto antes).

Le había pedido a Kelly, una de las encargadas del edificio, que me guiara en un recorrido por el Centro.

—Estamos encantados de que los Dunlap hayan decidido donar su dinero para fomentar el desarrollo de la ciudadanía, el liderazgo y el futuro profesional de los estudiantes de la Universidad Estatal de Florida —me dijo.

—Al no tiene fama de ser precisamente una persona caritativa —repuse—. ¿Se ha planteado usted el porqué de su cambio de actitud?

—Solo puedo agradecer la oportunidad de realizar iniciativas positivas en este espacio físico que su donativo ha hecho posible —dijo.

—Me han contado que colecciona esculturas de depredadores —dije—. Águilas, caimanes, tiburones y osos. Cualquier animal que haga «¡ARGH!» . Me parece un hobby extraño. ¿Alguna vez le ha hablado a usted de ese hobby?

—No hemos tenido ocasión de hablar de ello —respondió, lanzándome una mirada asesina—. Hemos hablado de la oportunidad que nos brinda este espacio para reunirnos y para formar a los estudiantes de Florida.

—Al dice que lo importante en la vida es ganar —comenté—. ¿Qué opina usted de eso?

—Creo que estoy encantada de que decidiera hacer su donativo a la Universidad Estatal de Florida, y de que este edificio sea un lugar que nos permite realizar una labor increíble gracias a que él nos ha brindado esta oportunidad, y le estamos muy agradecidos por ello —dijo.

—Muchas gracias —dije.

—¡Gracias a usted! —contestó antes de dar media vuelta y alejarse.

—¿Un concepto elevado de la propia valía? —le dije a Al, ahora en su cocina.

—Pues claro —dijo Al—. Si no crees en ti, nadie más creerá. Tienes que creer en ti.

—¿Hay una lista de cosas buenas? —preguntó Judy, en un tono más bien cortante.

—Bueno... —titubeé. Todos nos quedamos callados—. ¿Necesidad de estimulación? ¿Tendencia al aburrimiento? —aventuré.

—Sí —dijo Al—. Soy muy propenso al aburrimiento. Siempre tengo que estar haciendo algo. Sí. Es una valoración bastante acertada. No soy la persona más relajada del mundo. ¡Mi mente no deja de trabajar en toda la noche!

—¿Manipulación? —continué.

—Creo que es más apropiado hablar de liderazgo —me corrigió—. ¡Inspirar a la gente! Creo que a eso se le llama liderazgo.

—¿Estás conforme con esta lista? —pregunté.

—Sí, claro, ¿por qué no iba a estarlo? —respondió.

Y así transcurrió la mañana, con Al redefiniendo muchos rasgos psicopáticos como cualidades de liderazgo. La impulsividad no era más que «otra forma de decir "rapidez de análisis". Algunas personas se pasan una semana sopesando los pros y los contras. En cambio, yo dedico diez minutos a pensar en ello. ¿Que los pros superan a los contras? ¡Entonces, adelante!». La profundidad escasa de los sentimientos (la incapacidad para experimentar una amplia gama de emociones) evita que tengas «sentimientos absurdos». La ausencia de remordimiento te da libertad para seguir adelante y lograr más grandes cosas. ¿Qué sentido tiene ahogarse en las penas?

—Tienes que evaluarte al final del día —dijo—. Preguntarte: «¿Me respeto a mí mismo?» ¿La respuesta es sí? ¡Estupendo! Has hecho un buen trabajo.

—¿Estás satisfecho contigo mismo? —pregunté.

—¡Claro! —respondió—. ¡Por supuesto que sí! Contemplar mi vida en retrospectiva es como ver una película sobre una persona que ha hecho un montón de cosas. ¡Madre mía! ¿Yo hice eso? Y sí, todo esto fue a mi manera.

—¿Qué hay del modo en que trataste a tu primera esposa? —inquirí.

—Pues... —Al frunció el entrecejo. Me miró—. Yo había estudiado en la academia militar de West Point —explicó—. Pasé de llevar un estilo de vida glamuroso a ser una especie... —Crispó el rostro—. Una especie de teniente joven y recién casado que vivía en una base remota. A esa edad, es una transición extremadamente difícil... —Su voz se apagó.

—¿Así que veías a tu esposa como un freno para tus ambiciones? —pregunté.

Al se encogió de hombros y bajó la vista al suelo por un momento.

—Estaba destinado en una base de misiles nucleares —dijo—. Éramos responsables nada menos que de unas armas nucleares. Estuve allí cuando se produjo la crisis de los misiles en Cuba. Es un trabajo muy serio. Uno tiene una misión y, si fracasa, mucha gente puede resultar gravemente herida. ¿Interfiere ese compromiso con la vida familiar? Desde luego...

Al se refería a la ocasión en que, durante la crisis de los misiles, había dejado a su esposa embarazada de cinco meses sola en casa sin comida ni dinero, y ella, desesperada, había tenido que telefonear a su madre y su hermana para pedirles ayuda.

—¡Ah! —dije—. Una cosa más. Cuando ves una fotografía policial de algo terriblemente grotesco, como por ejemplo una cara destrozada por una bala, ¿te horrorizas?

Sacudió la cabeza.

—No —respondió—. Creo que lo intelectualizo.

—¿De veras? —dije—. ¿Sientes curiosidad? ¿Absorbe tu atención como un enigma que debes resolver?

—Siento curiosidad —asintió Al—. En vez de pensar: «¡Oh, cielos, qué susto!» No corro a sentarme en un rincón. Lo que me pasa por la cabeza es: «¿Qué ha pasado aquí? ¿Por qué ha pasado?»

—¿No te sientes desfallecer por la impresión de ver la foto? —inquirí.

Al sacudió la cabeza.

Me incliné hacia delante, observándolo por encima de mis gafas, escrutándole el rostro atentamente.

—Sí —se apresuró a aclarar—, lo que me pasa por la cabeza es: «¿Qué ha pasado aquí, y cómo puede evitarse que vuelva a ocurrir?»

—¿Cómo puede evitarse que vuelva a ocurrir? —pregunté.

—Si eres un líder, no puedes encogerte ante el mal y la perversidad —aseveró—. Tienes que enfrentarte a ellos. —Hizo una pausa—. Un líder se define en esencia como una persona que destaca por encima de la multitud y consigue hacer algo. ¿Estamos?

Almorzamos antes de que me marchara. Al parecía sorprendentemente animado considerando que acababa de someterse a un interrogatorio sobre los rasgos psicopáticos que mejor definían su personalidad. Llevaba una pequeña hacha dorada en la solapa. Mientras comíamos, me contó anécdotas divertidas sobre la gente que había despedido. Todas consistían básicamente en lo mismo: la ocurrencia graciosa con que notificaba su destitución a algún empleado holgazán. Por ejemplo, un ejecutivo holgazán de Sunbeam le comentó que acababa de comprarse un coche deportivo fabuloso.

«Puede que tengas un coche deportivo lujoso —replicó Al—, pero te diré lo que no tienes: ¡un empleo!»

Judy se reía con cada relato, pese a que seguramente los había escuchado muchas veces, y yo caí en la cuenta de la bendición que supone para una gran empresa contar con un hombre que disfruta despidiendo a la gente.

Me llevaron a la sala del televisor y me pusieron el vídeo de un discurso sobre el liderazgo que Al había pronunciado en la Universidad Estatal de Florida. Cuando terminó, Judy aplaudió al televisor. Saltaba a la vista que adoraba a su marido, adoraba su visión pragmática de la vida, su capacidad de supervivencia prácticamente darwiniana. Me pregunté qué clase de mujer podía amar a un hombre así.

—Háblame de los años en Sunbeam... —empecé a pedirle.

—Lo mío con Sunbeam no funcionó —me interrumpió. Se encogió de hombros—. Sunbeam no es más que una etapa insignificante en mi carrera. No era la empresa más grande del mundo. Vendía productos más bien modestos. Electrodomésticos. No es algo que me quite el sueño. Visto con perspectiva, es intrascendente.

Y eso era todo lo que tenía que decir sobre Sunbeam. Hablamos de la falta de empatía. Al aseguró que se sentía identificado «con personas que quieren llegar a ser alguien», pero que por desgracia eso no incluía a su hijo Troy ni a su hermana Denise.

Para Denise, la relación llegó definitivamente a su fin en enero de 1994, cuando ella telefoneó a su hermano para comunicarle que a su hija Carolyn, una estudiante de tercero de carrera, le habían diagnosticado leucemia.

—¿Puedo al menos estar segura de que estarás allí si te necesito? —le preguntó.

—No —respondió Dunlap lacónicamente, según recuerda ella.

John A. Byrne, *BusinessWeek*,
2 de diciembre de 1996

—Hace años que no hablo con mi hermana —dijo Al—. En el instituto, yo estaba entre los primeros de la clase. Era buen deportista. Luego me fui a West Point, ¡y ella me tenía envidia! No me cabe en la cabeza. Si yo tuviera un hermano o hermana mayor, estaría tan orgulloso que pensaría: «¡Vaya! ¡Quiero ser como mi hermano!» Su actitud fue justo la contraria: «Mira lo que tiene.» Me lo gané.

La relación de Al con Troy era igual de gélida.

—Intenté ayudarlo en numerosas ocasiones. —Hizo un gesto de resignación—. Lo intenté. De verdad que lo intenté. Pero no salió bien. Y entonces hizo unas declaraciones a la prensa...

Al oír la noticia de que habían despedido a su padre [de Sunbeam], Troy Dunlap se rio.

—Me partí el pecho —dice—. Me alegro de que se haya dado un buen batacazo.

Denise, la única hermana de Dunlap, se enteró de boca de una amistad suya de Nueva Jersey. Lo único que pensó es: «Ha recibido su merecido, ni más ni menos.»

BusinessWeek, 1998

Escribí mis reflexiones en mi bloc y pasé a una hoja en blanco para que no las vieran: «Ser incapaz de sentir remordimientos debe de ser una bendición cuando lo único que te queda son tus recuerdos.»

—Es como las hierbas más altas —decía Al Dunlap en voz muy alta, desde el otro extremo de la habitación—. Todo el mundo quiere cortarlas, para que sean iguales que el resto del césped. Estoy seguro de que, como has alcanzado cierto grado de éxito, la gente dice cosas desagradables sobre ti. Y tú piensas: «Un momento. A nadie le importaba un carajo hasta que alcancé este nivel.» ¿A que sí?

—Sí, es cierto —admití.

—Que les den —dijo Al—. Lo que pasa es que tienen envidia. Tú haces lo que tienes que hacer. Lo entiendes, ¿verdad?

Alcé la vista hacia el retrato al óleo.

«Escribir algo sobre Narciso —añadí en una página en blanco—. Escribir algo sobre la inanidad moral que entraña el pasarse el día deambulando por una mansión demasiado grande para dos personas, una mansión repleta de reflejos gigantescos de ti mismo.»

Sonreí ante mi ingeniosa fraseología.

—Lo entiendes, ¿verdad? —repitió Dunlap—. Sabes bastante bien lo que es el éxito. Eres como yo. Cuando alcanzas cierta categoría, los envidiosos se lanzan a por ti. ¿A que sí? Te dicen mentiras sobre ti. Intentan impedir que destaques sobre ellos. Has hecho lo que tenías que hacer para llegar a donde estás. Somos iguales.

«Escribir también algo sobre la Reina de Narnia», garabateé.

Así fue como los accionistas y los consejos de administración de las empresas fabricantes de tostadores de los noventa llegaron a valorar los beneficios a corto plazo de contratar a un director ejecutivo que presentara muchos de los rasgos de carácter que, tal como se haría patente más tarde, le valdrían una puntuación alta en la escala de evaluación de psicópatas de Bob Hare.

Bob Hare iba a pasar la noche en el Hilton del aeropuerto de Heathrow. Me envió un mensaje de correo electrónico para preguntarme cómo me había ido con Al Dunlap.

Le respondí que se lo contaría en persona.

Me reuní con él en el bar del hotel. Me dijo que estaba más solicitado que nunca ahora que acababa de publicarse un estudio importante del que era coautor, *Corporate Psychopathy* [Psicopatía empresarial]. Estaba basado en la evaluación realizada a 203 «profesionales de la empresa» —«entre ellos presidentes, directores y supervisores», recalcó Bob— conforme a los criterios de su lista, y los resultados mostraban que, aunque en la mayoría no se percibía el menor indicio de psicopatía, «el 3,9 por ciento obtuvo una puntuación igual o superior a 30, un porcentaje extremadamente alto, incluso para la población reclusa, y al menos cuatro o cinco veces mayor que la proporción que encontramos entre la población general».

Bob subrayó que no disponemos de muchos datos empíricos respecto al número de psicópatas que viven entre nosotros, aunque se cree que constituyen poco menos del uno por ciento. Por tanto, según su estudio, un pez gordo de una empresa tiene cuatro o cinco veces más probabilidades de ser un psicópata con una puntuación muy alta que alguien que solo intenta dar una vida digna a su familia.

Mientras tomaba una copa de vino tinto, le referí mi visita a Al Dunlap. Le conté que Al prácticamente había confesado poseer muchos de los rasgos psicopáticos, que él veía como cualidades positivas para los negocios, y Bob asintió, no demasiado sorprendido.

—Los psicópatas afirman que existen depredadores y presas —declaró—. Cuando oigas a uno decir eso, tómatelo al pie de la letra.

—Tiene gracia que menciones a los depredadores —señalé—. A que no adivinas de qué está llena su casa.

—De águilas —dijo Bob—. Osos...

—¡Sí! —exclamé—. Panteras, tigres. Un zoológico entero. Y no eran peluches, sino estatuas. ¿Cómo lo sabías?

—Tengo algo de intuición aquí dentro —respondió, señalándose la cabeza—. Aunque sea investigador, tengo intuición clínica.

Entonces fruncí el ceño.

—Pero me dijo que había llorado cuando se había muerto su perro.

—¿Sí? —preguntó Bob.

—Sí —dije—. Acabábamos de tener una conversación sobre la profundidad escasa de los sentimientos. Él aseguró que no se dejaba abrumar por sentimientos absurdos. Pero entonces me puse a admirar un cuadro al óleo de su perro *Brit*, y él comentó que había llorado a moco tendido cuando se había muerto. Dijo que había llorado sin parar y que eso demostraba que no podía ser un psicópata.

Caí en la cuenta de que estaba confesándole esto a Bob casi como pidiéndole disculpas, como si en cierto modo fuera culpa mía, como si yo fuera un agente de *casting* que hubiera propuesto a un mal actor para un trabajo.

—Oh, eso es bastante habitual —dijo Bob.

—¿En serio? —pregunté, animándome.

—Los perros son pertenencias —explicó Bob—. Los perros, si uno elige la raza adecuada, son sumamente fieles. Son como esclavos, ¿no? Hacen todo lo que uno quiere. O sea que sí, lloró a moco tendido cuando su perro murió. ¿Lloraría a moco tendido si su gato se muriera?

Entorné los ojos.

—Creo que no tiene gato —repuse, asintiendo despacio.

—Seguramente lloraría a moco tendido si se le abollara el coche —prosiguió Bob—. Si tuviera un Ferrari o un Porsche, como seguramente tiene, y alguien se lo rayara o le diera una patada, él sin duda se pondría hecho una furia y querría matar a esa persona. O sea que sí, el psicópata puede llorar cuando se muere su perro, y parece algo fuera de lugar, porque no llora cuando se muere su hija. —Estuve a punto de decir «Al Dunlap no tiene hijas», pero Bob prosiguió—: Cuando mi hija se moría, su agonía me estaba matando por dentro. Se moría de esclerosis múltiple. Me puse en su pellejo muchas veces e intentaba experimentar aquello por lo que ella estaba pasando. Y le dije muchas veces a mi esposa: «Caray, menuda suerte tienen los psicópatas.» Un psicópata miraría a su hija y diría «qué lástima», y luego se iría a un casino y... —Bajó la voz hasta quedar en silencio. Pedimos un café—. En el caso de los psicópatas empresariales, es un error considerar que padecen un problema neurológico —dijo—. Es mucho más fácil adoptar un enfoque darwinista al respecto. Todo cobra sentido desde una perspectiva evolucionista. La estrategia consiste en perpetuar sus genes transmitiéndolos a la generación siguiente. Ahora bien, ellos no lo piensan conscientemente. No se dicen: «Voy a salir a fecundar al máximo número de mujeres posible», pero ese es el imperativo genético. Así que ¿qué es lo que hacen? Tienen que atraer mujeres. Les gustan mucho las mujeres. Por eso tienen que dar una imagen maquillada de sus recursos. Tienen que manipular, embaucar, engañar y estar listos para pasar a otra cosa en cuanto las cosas se pongan difíciles.

—Ah —dije, frunciendo el ceño de nuevo—. En realidad eso no se cumple en el caso de Al Dunlap. Lleva cuarenta y un años casado. No hay indicios de infidelidad. Ni uno. Ha sido un marido fiel. Y muchos periodistas han escarbado en su intimidad...

—Da igual —me cortó Bob—. Hablamos en términos generales. Hay muchas excepciones. ¿Qué ocurre fuera de su vida conyugal? ¿Lo sabes? ¿Tienes la más remota idea?

—Em... —balbucí.

—¿Tiene su esposa la menor idea de lo que ocurre fuera del hogar familiar? —preguntó Bob—. Muchos asesinos en serie permanecen casados con la misma persona durante treinta años. Sus cónyuges no tienen idea de lo que ocurre fuera de su hogar.

En Nueva York, en el despacho limpio y minimalista de un director financiero extraordinariamente rico —un hombre que solo estaba dispuesto a hablar conmigo si prometía respetar su anonimato—, me había sentado encima de mis manos, como un colegial, y lo contemplaba mientras exploraba mi página web, leyendo en voz alta descripciones de las personas a quienes había entrevistado anteriormente. Estaban los soldados de las Fuerzas Especiales, de mi libro *Los hombres que miraban fijamente a las cabras*, que se creían capaces de atravesar paredes. Estaban los conspiracionistas de mi libro *Extremistas: mis aventuras con los radicales*, que creían que los dirigentes secretos del mundo eran reptiles gigantes y pedófilos que bebían sangre, procedían de otra dimensión y habían adoptado una forma humana.

—Vaya —dijo, sacudiendo la cabeza con incredulidad—. Me siento fuera de lugar solo de hablar contigo. Soy la persona más aburrida con la que habrás conversado en toda tu vida.

Señaló con un gesto su despacho, que, en efecto, no estaba lleno de objetos extravagantes. De hecho, no estaba lleno de nada. La forma de las mesas y las sillas parecía indicar que eran increíblemente caras.

Aquel hombre, a quien llamaré Jack, vivió muy de cerca el caso Al Dunlap. Estaba presente cuando un copropietario de la empresa, el financiero y filántropo multimillonario Michael Price —con 1.400 millones de dólares, ocupa el puesto número 562 en la lista de personas más ricas del mundo— insistió en que nombraran director ejecutivo a Dunlap, y como la reputación de Al lo precedía, todos sabían lo que eso traería consigo.

—Yo no estaba a favor de los recortes de personal —aseveró Jack—. Dije: «No culpéis a los empleados ni al número de empleados.» ¿Has visto lo que les ocurre a las comunidades en las que se cierra una fábrica?

—Fui a Shubuta —le informé.

—He estado en esos lugares —dijo Jack—. Me he alojado en hostales pequeños. He visitado los colegios. He visitado los centros de formación y los parques tecnológicos. Son una gozada. De verdad que es una gozada visitar esos sitios. Y luego ver cómo Wall Street aplaudía cuando se los llevaban por delante... —Jack se quedó sin voz—. Echa un vistazo a cualquier informe de investigación de la época, y la situación te quedará clarísima si entiendes lo que ocurre.

—¿A qué te refieres con «informe de investigación»? —pregunté.

Los «informes de investigación», según me explicó Jack, los redactan los gestores de fondos de cobertura, fondos de pensiones y bancos de inversiones que asesoran a sus clientes sobre las empresas en que deben invertir.

—Wall Street, o su parte más siniestra, la que escribe esos informes de investigación, alabó encarecidamente los recortes de personal en lugares como Shubuta —continuó Jack—. Si te fijas en lo que decía la comunidad de apoyo, si consiguieras informes de investigación de aquel entonces, los comentarios te sorprenderían.

—¿Por qué?

—El grado de regocijo y de crueldad ante lo que él estaba haciendo... Seguramente te preguntarías si la sociedad había enloquecido.

—Imagino que esos informes de investigación se habrán perdido para siempre —aventuré.

—A lo mejor puedes agenciarte un par de ellos —dijo—. Era como en el Coliseo. La muchedumbre lo aclamaba. Así ¿quién es el malo de la película en realidad? ¿El que lleva a cabo los recortes? ¿El analista que los propugna? ¿Los gestores de fondos de pensiones y fondos comunes de inversión que compran las acciones?

—Claro que eso fue hace doce años —dije—. ¿Ha cambiado algo?

—No —respondió Jack—. Nada de nada. Y no es algo que se dé solo en Estados Unidos. Ocurre por doquier. En todo el mundo.

Transcurrieron unas semanas, y entonces Jack, fiel a su palabra, encontró uno de los informes de investigación y me lo envió. Dijo que esperaba que coincidiera con él en que se trataba de una lectura que helaba la sangre. Era de Goldman Sachs, tenía fecha del 19 de septiembre de 1996 y decía:

> Corroboramos nuestra calificación de las acciones de SOC (Sunbeam) basándonos en el cambio de rumbo y la reestructuración de la empresa, bajo el liderazgo del director ejecutivo Al Dunlap.

Jack había subrayado lo siguiente para señalar lo escandaloso que era:

> Nuestros cálculos de los BPA no reflejan la reestructuración pendiente de SOC y permanecen inalterados a 25 c. para 1996 y 90 c. para 1997.

Por último, había subrayado, rodeado con un círculo y escrito un signo de admiración junto a esto:

> PER para el prox. a. f.: 27,5X

«PER para el prox. a. f.: 27,5X» era la frase más cruel de todo el artículo, según Jack. A mí me resultaba incomprensible. Cuando veo frases como esta, mi cerebro sufre un colapso. Sin embargo, como se trataba de la fórmula secreta de la brutalidad, la ecuación que había llevado a la muerte de Shubuta, pedí a unos expertos financieros que me la tradujeran.

«O sea —me escribió por correo electrónico Paul J. Zak, del Centro de Estudios Neuroeconómicos de Claremont, California, el PER es el precio medio de las acciones dividido por los ingresos previstos para el año siguiente. El incremento del PER indica que se esperaba que el precio de las acciones aumentara más rápidamente que los ingresos. Eso significa que la casa de inversión esperaba que los recortes draconianos se tradujeran en un aumento de los ingresos durante los años posteriores, y el precio de las acciones del año siguiente reflejaría dicho aumento en los ingresos.»

«Para una empresa que fabrica electrodomésticos de bajo coste —me respondió por correo electrónico John A. Byrne, de *BusinessWeek*—, es un PER muy elevado. El analista está dando por sentado que si Dunlap logra reducir al mínimo los gastos, los beneficios se dispararán y los inversores que se den prisa se harán de oro.»

«En pocas palabras —escribió por correo electrónico Paul J. Zack—, una empresa de inversión creyó que la mayoría de los inversores aplaudiría los despidos en masa de Sunbeam. Es una actitud despiadada hacia la gente que se queda sin trabajo. Lo único bueno es que quienes hayan seguido el consejo de esa empresa de inversión sin duda acabaron cabreadísimos con ella un año después, cuando las acciones se desplomaron.»

Mientras estudiaba la redacción del informe de investigación, árida e ininteligible para legos en la materia como yo, se me ocurrió que si alguien tenía la ambición de convertirse en un villano, lo primero que debía hacer era aprender a ser hermético, en vez de actuar como Blofeld, con monóculo y un comportamiento ostentoso. A los periodistas nos encanta escribir sobre personas excéntricas. Detestamos escribir sobre personas inescrutables y aburridas. Nos hacen quedar mal: cuanto más anodino es el entrevistado, más anodina resulta la prosa. Si quieres ejercer un poder auténtico y maligno, y salirte con la tuya, sé aburrido.

7

El tipo adecuado de locura

Había pasado una semana desde mi regreso de Florida. Estaba sentado en un bar en el norte de Londres con un amigo —el realizador de documentales Adam Curtis— y estaba hablándole animadamente de la delirante colección de esculturas de depredadores de Al Dunlap, sus retratos al óleo y demás.

—¿Cómo lleva Elaine lo de tu nueva obsesión? —me preguntó Adam.

Elaine es mi esposa.

—Oh, le gusta —respondí—. Por lo general, como bien sabes, mis diversas obsesiones le resultan más bien irritantes, pero esta vez no. Es más, le he enseñado a utilizar la lista de Bob Hare, y ya ha catalogado a un montón de conocidos nuestros como psicópatas. Ah, creo que el artículo de A. A. Gill sobre la caza de babuinos presenta... —Hice una pausa y añadí con aire misterioso—: características psicopáticas.

Mencioné a un par de amigos comunes que ahora pensábamos que eran psicópatas. Adam parecía desesperado.

—¿Cuánto tardaste en llegar a la casa de Al Dunlap? —me preguntó.

Me encogí de hombros.

—Diez horas en avión —dije—. Más el trayecto de ida y vuelta en coche a Shubuta, Misisipí, que me llevó unas quince o dieciséis horas más.

—Así que recorriste miles de kilómetros solo para describir los aspectos más demenciales de la personalidad de Al Dunlap —señaló Adam.

—Así es —dije. Clavé los ojos en Adam—. Sí, eso hice —añadí, desafiante.

—Eres como un monje medieval —comentó Adam—, en tu afán de tejer un tapiz de la locura humana. Coges un poco de locura de aquí, otro poco de allá, y luego lo entretejes todo.

Hubo otro silencio breve.

—No, no es verdad —repuse.

¿Estaba Adam criticando mi estilo como periodista, poniendo en tela de juicio mi proyecto entero?

«A Adam le encanta llevar la contraria a la gente —pensé—. Es todo un polemista. Si intenta echar por tierra mi tesis ahora que llevo tanto tiempo trabajando en ella, no pienso escucharlo, pues sé que le gusta llevar la contraria. Sí. Si Adam echa por tierra mi tesis, no lo escucharé.»

(«Ítem 16: Incapacidad de aceptar la responsabilidad de los propios actos: el individuo suele alegar excusas para justificar su comportamiento, racionalizarlo y culpar a otros.»)

—Todos lo hacemos —prosiguió Adam—. Todos los periodistas. Creamos noticias a partir de fragmentos. Viajamos por todo el mundo, impulsados por algo, entramos en la casa de las personas, libreta en mano, y esperamos a que suelten las perlas. Y las perlas invariablemente evidencian la locura (los aspectos extremos y más superficiales de la personalidad de esas personas), la rabia irracional, la ansiedad, la paranoia, el narcisismo, actitudes y sentimientos que el *DSM* definiría como trastornos mentales. Hemos dedicado nuestra vida a eso. Sabemos que lo que hacemos es raro, pero nadie habla de ello. Olvídate de los ejecutivos psicópatas. Mi pregunta es ¿qué revela todo esto sobre nuestra propia salud mental?

Miré a Adam y arrugué el entrecejo. En el fondo, aunque me resistía con todas mis fuerzas a reconocerlo, sabía que tenía razón. Me había pasado el último año, más o menos, viajando a Gotemburgo, Broadmoor, el norte del estado de Nueva York, Florida y Misisipí, impelido por mi ansia de destapar la locura. Pensé en el rato que compartí con Al Dunlap, en la vaga desilusión que me llevaba cada vez que me decía cosas razonables. Hubo un momento antes del almuerzo, por ejemplo, en que toqué el tema de los ítems 12 y 18, «problemas de conducta precoces» y «delincuencia juvenil».

—¡Muchos triunfadores se rebelaron contra sus profesores o sus padres! —lo había tanteado—. ¡Eso no tiene nada de malo!

—No —respondió él, sin embargo—. Yo era un niño serio y estudioso, con las ideas muy claras. Era un buen chico. Siempre me esforzaba por destacar en el colegio. Trabajaba duro. Eso consume mucha energía. No me quedaba tiempo para meterme en líos.

—¿Nunca tuviste problemas con la autoridad? —inquirí.

—No —dijo—. Y no olvides que me admitieron en West Point. Oye, ese rollo de la psicopatía es una chorrada. No puedes triunfar en la vida a menos que tengas cierto... —se señaló la sien— control. ¿Cómo consigues salir adelante en los estudios? ¿Cómo te las arreglas en tu primer y tu segundo empleo, cuando aún estás desarrollándote como persona?

Era un argumento terriblemente convincente, y me sentí muy frustrado al oírlo. Además, aseguró que no era un mentiroso («Si creo que eres un capullo, te lo diré a la cara»), que no llevaba un estilo de vida parasitario («Me gano el pan con mi propio esfuerzo») y que, aunque estaba en contra de los «sentimientos absurdos», era capaz de experimentar «sentimientos razonables». Por otro lado, aunque tal vez su donativo de diez millones de dólares a la Universidad Estatal de Florida fuera una muestra de narcisismo, también era un gesto que lo honraba. Y era cierto que tenía una esposa fiel desde hacía cuarenta y un años. Era cierto que no circulaban rumores de aventuras con otras mujeres. El hombre habría obtenido un cero en los ítems 17 y 11, «Relaciones de pareja múltiples y breves» y «conducta sexual promiscua».

Naturalmente, hasta los psicópatas con una puntuación más alta sacarían un cero en algunos de los ítems de la lista de Bob. Lo que me chocó fue mi empeño como periodista, y ahora también como detector de psicópatas, por juzgar a Al Dunlap en términos absolutos.

Reflexioné sobre lo que me había dicho Adam: «Todos lo hacemos. Esperamos las perlas. Y las perlas invariablemente evidencian la locura.» Ambos habíamos dado por sentado que los periodistas hacían esto de forma instintiva. Sabemos por intuición qué hace que un momento de una entrevista sea bueno, y lo último que se nos ocurre es plantearnos si se trata de la manifestación de un trastorno mental catalogado.

Pero de pronto me pregunté: ¿y si algunos periodistas adoptamos precisamente el enfoque opuesto? ¿Y si algunos hemos comprendido que las entrevistas más electrizantes son las que hacemos a personas que padecen ciertos trastornos mentales, y hemos ideado métodos astutos y discretos como los de Bob Hare para identificarlas?

Así pues, durante los días siguientes llevé a cabo algunas indagaciones entre redactores, coordinadores de invitados y productores de televisión.

Y fue entonces cuando oí por primera vez el nombre de Charlotte Scott.

Charlotte vive en Kent, en una casita antigua preciosa, casi idílica, de techo bajo y con vigas vistas. Aunque estaba de baja por maternidad, me aseguró que sus días como productora de televisión habían quedado atrás. Lo había dejado para siempre.

Hubo una época, dijo, en que había sido una idealista. Aunque su deseo era dedicarse al periodismo militante, por algún motivo había acabado trabajando como ayudante de producción en un canal de teletienda británico, Bid-Up TV —«Mi fulgurante carrera», suspiró—, para después dar el salto a la televisión generalista como coordinadora de invitados para *Jerry Springer*, *Trisha* y después *Jeremy Kyle*, tres programas en los que miembros de un mismo clan familiar sumido en la tragedia se gritaban entre sí en un plató con público. Ella opinaba que los viejos amigos que se burlaban de su trayectoria profesional eran unos esnobs. Ella hacía periodismo de masas. Además, en los programas abordaban a diario cuestiones sociales importantes: las drogas, el incesto, el adulterio, el travestismo, ese tipo de cosas. Ella había empezado a juntarse más con los otros coordinadores de invitados que con sus antiguas amistades de la universidad.

—¿En qué consistía tu trabajo? —le pregunté.

—Teníamos una línea directa —me explicó Charlotte—. Las familias en crisis que querían salir por la tele llamaban a ese teléfono. Mi trabajo era devolverles la llamada varias veces, en el transcurso de semanas, aunque hubieran cambiado de idea y decidido no aparecer en el programa. El programa tenía que hacerse. Había que seguir adelante.

Muchos trabajos se basan en telefonear a la gente insistentemente. Resulta de lo más desmoralizante —«Era terrible, de verdad —dijo Charlotte—. O sea, yo había ido a la universidad»—, pero es muy común.

Al principio, todas las desgracias que tenía que escuchar por teléfono la abrumaban, pero una buena documentalista tenía que ser una mujer dura y resuelta, así que Charlotte discurrió maneras de evitar que la desdicha de sus entrevistados potenciales la afectara.

—Empezamos a reírnos de esas personas —rememoró—.

A todas horas. Era la única forma de sobrellevarlo. Por la tarde íbamos a un bar y nos desternillábamos un rato más.

—¿Qué clase de bromas hacíais sobre ellos? —pregunté.

—Si tenían algún defecto del habla, era la monda —dijo—. Los poníamos en modo de manos libres, nos apiñábamos alrededor del altavoz y nos moríamos de risa.

Como era de esperar, Charlotte no tardó en empezar a sentirse «distanciada de la persona que estaba al otro lado de la línea».

Muchas personas deshumanizan a los demás, buscan maneras de erradicar la empatía y el remordimiento de su vida laboral, a fin de cumplir mejor con sus obligaciones. Cabe suponer que esta es la razón por la que algunos estudiantes de medicina se divierten arrojándose partes de cadáveres humanos unos a otros, por ejemplo.

Lo verdaderamente insólito del caso de Charlotte fue la idea genial que se le ocurrió un día. Sí, ya en su primera etapa profesional se había percatado de que los mejores invitados al programa eran los que tenían ciertos rasgos de locura. Un día cayó en la cuenta de que había un modo ingeniosamente sencillo de dar con ellos. Su método era mucho más rudimentario que la escala de evaluación de Bob Hare, pero igual de eficaz para sus propósitos. Consistía en lo siguiente: «Les preguntaba qué medicamentos estaban tomando. Me proporcionaban una lista. Entonces yo consultaba una página web de medicina con el fin de averiguar para qué eran [los medicamentos]. Entonces deducía si estaban demasiado locos para asistir al programa o si tenían el grado justo de locura.

—¿El grado justo de locura? —pregunté.

—El grado justo de locura —dijo Charlotte.

—¿Y qué sería una locura excesiva? —quise saber.

—La esquizofrenia —dijo Charlotte—. La esquizofrenia era inaceptable. Y los episodios psicóticos. Si alguien se medicaba con litio para la psicosis, lo más seguro era que no lo eligiéramos como invitado. No nos habría gustado que después de salir en el programa se suicidaran. —Charlotte hizo una pausa—. Aunque si la historia fuera sensacional (y con «sensacional» me refiero a una disputa de gran alcance en una megafamilia que garantizara un programa muy intenso), tendrían que estar muy locos para que no los dejáramos participar.

—Entonces ¿en qué radicaba «el grado justo de locura»? —inquirí.

—El Prozac —respondió Charlotte—. El Prozac era el fármaco perfecto. Los que lo toman están afligidos. «¿Por qué está afligida?», les preguntaba. «Estoy afligida porque mi marido me engaña, así que he ido al médico y me ha recetado Prozac.» ¡Perfecto! Entonces yo sabía que ella no estaba totalmente deprimida, pero sí lo suficiente para ir al médico, así que seguramente estaba enfadada y alterada.

—¿Te decepcionabas cuando descubrías que alguno de ellos no se medicaba? —le pregunté a Charlotte—. Si no tomaban ningún fármaco, ¿eso indicaba que seguramente no estaban lo bastante locos para resultar entretenidos?

—Exacto —dijo Charlotte—. Era mejor que tomaran Prozac o algo por el estilo. Si no tomaban nada de nada, probablemente no estaban lo bastante locos.

Así que ese era el secreto de Charlotte. Decía que no se paraba a pensar por qué algunos tipos de locura eran mejores que otros.

—Sabía de un modo intuitivo quién resultaría mediático y quién no. Todos lo sabíamos. *Big Brother*, *The X Factor*, *American Idol*, *Wife Swap*... *Wife Swap* [Intercambio de esposas] era un programa especialmente lamentable porque jugaba con las familias, con los hijos de los participantes. Un completo desconocido se ponía a gritar a los hijos de alguien. Los productores se pasaban tres semanas con ellos, seleccionaban los trozos que eran lo bastante demenciales, desechaban los que no lo eran, y se marchaban.

La telerrealidad está sembrada con los cadáveres de las personas que resultaron tener un tipo de locura inadecuado. Un ejemplo es la triste historia de una mujer de Texas llamada Kellie McGee. Su hermana Deleese iba a concursar en *Extreme Makeover* [Cambio radical], de la ABC. Deleese no era una mujer atractiva: tenía los dientes torcidos, la mandíbula ligeramente deformada, etcétera. No obstante, tenía familiares diplomáticos y considerados, como su hermana Kellie, que siempre le decía que era bonita. Aun así, ella sabía en el fondo que no lo era y por eso envió una solicitud para participar en *Extreme Makeover*, soñando con las promesas que hacía el programa: un cambio de imagen «como el de Cenicienta» para «transformar la vida y el destino» de un «patito feo» distinto cada semana. Para su alegría, Deleese fue seleccionada, y la familia voló a Los Ángeles, donde se llevarían a cabo el procedimiento quirúrgico y la grabación del programa.

En una sección fija del programa, previa a la transformación estilo Cenicienta, la familia del patito feo habla ante las cámaras de lo fea que es. El objetivo de esto es que cuando ella aparezca finalmente tras la transformación estilo Cenicienta, su viaje resulte más épico y emotivo. Vemos el asombro y la alegría en los ojos de los familiares que se avergonzaban de su fealdad y ahora están pasmados por su belleza. Todo el mundo se va a casa con la autoestima reforzada.

Sin embargo, hubo un problema con la familia de Deleese. Estaban tan acostumbrados a proteger sus sentimientos con un tacto exquisito, que no les fue fácil insultarla. Los responsables del programa tuvieron que prepararlos para ello. Al final, reconocieron que sí, que Deleese era fea: «Jamás creí que mi hijo se casaría con una mujer tan fea», accedió a declarar su suegra. A Kellie, por su parte, le indicaron cómo expresar lo humillada que se sentía por haber tenido que crecer junto a una hermana tan fea. Todos los chicos se mofaban de ella, la ridiculizaban y demás.

Deleese estaba en la habitación contigua, escuchándolo

todo a través de un monitor, cada vez más horrorizada. Aun así, todo acabaría bien: ella conseguiría su transformación estilo Cenicienta y estaría preciosa.

Unas horas después —justo antes de la hora programada para que Deleese pasara por quirófano—, un productor le comunicó que la habían eliminado del concurso. El director de producción había hecho números y había llegado a la conclusión de que el período de recuperación de Deleese no encajaba con el calendario ni el presupuesto del programa.

Deleese se deshizo en lágrimas. «¿Cómo voy a volver a casa tan fea como salí? —gimió—. ¡Se suponía que iba a volver bonita!»

El productor se encogió de hombros, como disculpándose.

La familia entera tomó un vuelo de vuelta a Texas, y los acontecimientos se precipitaron. Se dijeron cosas que más habría valido callar, y Deleese se sumió en una depresión.

«Mi familia, que hasta ese momento había sido muy discreta, dijo cosas que me llevaron a comprender: "Sí, yo estaba en lo cierto; todos creían que yo parecía un monstruo"», explicó más tarde, cuando presentó una demanda contra la ABC. Finalmente Kellie, que padecía un trastorno bipolar, se sintió tan culpable por el papel que había desempeñado en aquel desastre que se mató con una sobredosis de pastillas y alcohol.

Uno podría pensar que Charlotte, en Inglaterra, con su método aparentemente infalible basado en las listas de medicamentos, no podía cometer el error de seleccionar invitados con un tipo de locura inadecuado. Pero lo cierto es que lo cometió.

—Un día hicimos un programa titulado *Mi Boyfriend Is*

Too Vain [Mi novio es muy vanidoso] —dijo—. Presioné al novio vanidoso para que me contara los detalles sobre su vanidad. Le tiré de la lengua a base de bien. Bebía batidos para culturistas a todas horas. Se pasaba el día haciendo pesas. Lo sacamos en el programa. Todo el mundo se rio de él. Un par de días después, me telefoneó y, mientras yo estaba al aparato, se cortó las venas. Padecía un grave trastorno dismórfico corporal, claro. Tuve que permanecer al teléfono mientras esperábamos a que llegara la ambulancia. —Charlotte se estremeció—. Fue espantoso —añadió.

Aquella tarde salí de la casa de Charlotte y, mientras conducía de regreso a Londres, pensé: «Bueno, al menos yo no he hecho cosas tan terribles como Charlotte.»

8

La locura de David Shayler

Una mañana, a principios de julio de 2005, Rachel North, que trabaja en publicidad, tomó la línea de metro de Piccadilly en la estación de Finsbury Park, en el norte de Londres. Según me contó más tarde, nunca antes había viajado en un vagón tan abarrotado.

—Cada vez subía más y más gente —dijo—, y yo estaba allí de pie, pensando: «Esto es ridículo.» Entonces el tren arrancó, avanzó durante unos cuarenta y cinco segundos, y entonces sucedió. —Rachel se quedó callada por un momento—. Una explosión. Yo estaba a unos dos metros o dos metros y medio de donde se produjo. Noté que una fuerza tremenda me lanzaba contra el suelo. Se apagaron las luces. Oía los frenos chirriar y traquetear. Era como ir en una atracción de feria desbocada, pero a oscuras. Y hacía calor. No podía respirar. Había demasiado humo en el aire. De repente, noté que estaba empapada. Yacía en el suelo y había otras personas encima de mí. Entonces comenzaron los gritos.

Tres años antes, en 2002, un desconocido había agredido violentamente a Rachel en su casa. Ella escribió un artículo sobre ello para la revista *Marie Claire*. Es lo que estaba haciendo en el momento en que estalló la bomba: leer el artículo sobre la agresión violenta que acababa de aparecer en *Marie*

Claire mientras viajaba en un metro atestado. Mientras yacía en el suelo, pensó: «Otra vez no.»

Evacuaron el tren. Rachel fue una de las últimas personas en bajar.

—Cuando salí al túnel, eché un vistazo rápido detrás de mí y vi en parte lo que había pasado, y sí, es algo que me dejó marcada, pues todavía pienso que tal vez debería haberme quedado a echar una mano, pero estaba tan oscuro... Vi metal retorcido. Había personas en el suelo. Había... No pienso hablar de lo que vi.

—¿Cuántas personas murieron en el vagón en el que viajabas? —le pregunté a Rachel.

—Veintiséis personas —respondió.

Rachel caminaba, herida. Tenía un trozo de metal clavado en la muñeca, tan adentro que alcanzaba a verse el hueso, pero eso era prácticamente todo. El vagón iba tan lleno que las personas más próximas al terrorista habían absorbido buena parte de la fuerza de la explosión.

Cuando llegó a casa del hospital, abrió un blog. Escribió, escribió y escribió un torrente de entradas. Evidentemente, el 7 de julio surgieron miles de blogs sobre los atentados de aquel día —se habían detonado cuatro bombas en total, tres en el metro y una en un autobús, y habían muerto cincuenta y seis personas, incluidos los cuatro terroristas suicidas—, pero el de Rachel era único. Ningún otro bloguero había vivido como ella los acontecimientos, tan cerca de las bombas, en el mismo vagón en que había estallado una, de hecho. Además, su estilo era inmediato, contundente y evocador, por lo que su página empezó a ganar seguidores.

Jueves 7 de julio de 2005

... Una negrura absoluta lo invadió todo y el vagón se llenó de unas nubes de humo asfixiante y yo creía que me había quedado ciega. Estaba tan oscuro que nadie veía nada. Creí que estaba a punto de morir, o que ya había muerto. No podía respirar por la humareda y me sentía como si me ahogara...

Sábado 9 de julio de 2005

... No he podido parar de ver las noticias. Cuando oí que la bomba estaba EN MI VAGÓN, perdí la cabeza. La rabia y la adrenalina que me inundaban se alternaban con recuerdos fugaces de lo ocurrido, hasta que al final he acabado rendida de cansancio. Me he bebido varios whiskies...

Escribirlo «fue como limpiar una herida —dijo Rachel—. Estaba despejando mi mente de tierra y humo».

Otros supervivientes de los atentados encontraron su blog. Empezaron a dejarse mutuamente mensajes de apoyo en él. Al final, alguien señaló que, aunque habían estado charlando bastante, lo había hecho cada uno a solas, desde su habitación. Aunque Internet creaba en ellos una ilusión de sociabilidad, en realidad se trataba de un sucedáneo vacío y poco satisfactorio del contacto humano. Cada vez estaban más aislados y enfadados. ¿Por qué no se conocían en persona, en carne y hueso, a la vieja usanza? Empezaron a reunirse, una vez al mes, en un pub de King's Cross.

—Algunos descubrimos que éramos incapaces de experimentar alegría por estar vivos —dijo Rachel—. Cada vez que nos íbamos a dormir, teníamos pesadillas, soñábamos que golpeábamos las ventanillas del tren con las manos, una y otra vez, intentando romperlas para salir del vagón repleto de humo. No olvides que todos habíamos creído que íbamos a morir, que la humareda sería nuestra tumba. Y ninguno de nosotros se lo esperaba. —Rachel guardó silencio por un momento antes de añadir—: Simplemente nos dirigíamos al trabajo.

Después de un tiempo, decidieron que querían hacer algo más que reunirse para tomar una copa mensual. Querían convertirse en un grupo de presión, averiguar si los atentados podrían haberse evitado, si los servicios de inteligencia habían metido la pata. Bautizaron su grupo como Kings Cross United. Ella continuó escribiendo en su blog.

Y fue entonces cuando empezaron a ocurrir cosas raras. Personas a quienes ella no conocía comenzaron a publicar en su página comentarios crípticos.

—Puedes instalar una aplicación que te dice de dónde proceden las visitas a tu página —explicó—. Unas semanas después de instalarla, vi que estaba recibiendo un montón de visitas de una web en concreto, así que le eché un vistazo.

Rachel tardó un rato en asimilar lo que estaba leyendo. Alguien estaba utilizando frases que ella había escrito, como «negrura absoluta» y «estaba tan oscuro que nadie veía nada» para insinuar que no estaba describiendo una explosión (que habría generado llamas que habrían iluminado el vagón), sino una especie de «subida de tensión». El autor felicitaba a Rachel por el «valor» que había demostrado al revelar la verdad sobre la subida de tensión.

Rachel siguió leyendo. Al parecer, esa gente creía que una subida de tensión accidental había sacudido el metro de Londres aquella mañana y que el gobierno británico pretendía encubrir el homicidio empresarial achacándolo a terroristas suicidas islamistas. Aquellos conspiracionistas formaban parte de un grupo mucho más numeroso —el movimiento que exigía conocer la verdad sobre el 11-S—, que había crecido de forma espectacular. Las teorías de la conspiración ya no eran cosa de individuos que vivían al margen de la sociedad, como antes del 11-S. Ahora todo el mundo conocía a alguien que estaba convencido de que los atentados habían sido obra del gobierno. Los detectives de salón imitadores de Agatha Christie se comunicaban a través de los foros, se enviaban enlaces a vídeos de YouTube, se daban la razón unos a otros. Solo los fabuladores más extremistas creían también que había una conspiración detrás del 7-J. Si era evidente que el 11-S no había sido obra del gobierno, era más que evidente que el 7-J no había sido obra del gobierno. Y ahora aquella gente estaba instrumentalizando el blog de Rachel.

Mientras Rachel leía todo esto, se preguntaba cómo explicaban la bomba del autobús en Tavistock Square. Cuando Hasib Hussain se voló en pedazos en un vehículo de la línea 30, que iba de Marble Arch a Hacknew Wick, a las 9.47 de la mañana, la explosión arrancó el techo del piso superior. Los tres pasajeros que casualmente iban de pie en la parte trasera del autobús murieron con él. Había fotografías de sangre y carne en las paredes de la sede de la Asociación Médica Británica, que estaba cerca. ¿Cómo explicaban eso los conspiracionistas?

Entonces Rachel vio su explicación: en realidad, el autobús no había saltado por los aires. Todo había sido un montaje llevado a cabo con una pirotecnia sofisticada, especialistas, actores y sangre artificial.

Lo que Rachel debería haber hecho es obvio: nada. No debería haberle escandalizado comprobar que muchas opiniones vertidas en Internet estaban equivocadas. Sin embargo, acababa de sobrevivir a un atentado terrorista, y tal vez se pasaba demasiado tiempo sola en su cuarto con la vista fija en la pantalla de su ordenador. Fuera por el motivo que fuese, no pensaba de forma racional. No estaba en condiciones de comportarse con sensatez.

—Para entonces —dijo Rachel—, ya había conocido a personas que habían perdido a seres queridos en ese autobús. Calificar de actores y especialistas a las personas que habían muerto en el autobús me pareció una aberración. Así que leí todo aquel rollo, respiré hondo y pensé: «No son conscientes de la situación. En cuanto hablen con una persona real, con alguien que vivió lo ocurrido, se darán cuenta de que lo que han escrito es una sarta de disparates y entrarán en razón.» [Alguien] invitaba a los lectores a escribir comentarios en su web, así que yo publiqué uno muy airado: «¿Cómo te atreves a tergiversar mis palabras de ese modo? Las subidas de tensión no arrancan las piernas a la gente.» Él me respondió lo siguiente: «¡Ni siquiera sabías que la bomba estaba en tu vagón! ¡Cambias tu historia constantemente!» —Rachel se puso furiosa. Sentía que era su deber hacerles entender que estaban equivocados—. Pero en ese entonces no tenía idea de cómo era esa gente —admitió—. Demuestran una y otra vez una absoluta falta de empatía. Por ejemplo, copiaban y pegaban las espeluznantes descripciones escritas por los profesionales de los servicios de urgencias sobre el momento en que entraron en los vagones, vieron las paredes combadas chorreando de sangre y trozos de carne humana, pasaron por encima de miembros cercenados y el agujero que la explosión había abierto en el suelo. Publicaban estas cosas, y no podía leerlas sin que me vinieran ganas de llorar, y entonces ellos decían: «¡Ah! ¿Lo veis? El agujero parece estar del lado derecho.» Ese era su comentario al respecto.

—¿Solo les interesaba el cráter? —pregunté.

—Su actitud era muy rara —dijo Rachel.

No pude evitar pensar con suspicacia en el «ítem 8: Crueldad/falta de empatía», aunque empezaba a ver la escala de evaluación de Bob con otros ojos. Ahora tenía la sensación de que la lista era un arma poderosa y embriagadora capaz de infligir un daño terrible si caía en malas manos. Comenzaba a sospechar que tal vez mis manos lo eran. Aun así: «Ítem 8: Crueldad/

falta de empatía: toda reacción ante el dolor ajeno es una construcción puramente abstracta.»

Rachel descubrió demasiado tarde que al discutir con los conspiracionistas, ella misma había pasado a formar parte de la conspiración.

—Todos empezaron a hablar sobre mí —dijo—. Elaboraban teorías de lo más estrambóticas sobre mí. Decidieron que, como yo había organizado un grupo y tenía un blog, estaba vendiéndoles la versión oficial a los supervivientes, estaba controlándolos de algún modo, y era una portavoz del gobierno con la misión de propagar información falsa. Concibieron muchas sospechas sobre mí. Inventaron la teoría de que yo era una especie de profesional de la contrainteligencia o una agente encubierta de los servicios secretos. Algunos creían que yo ni siquiera existía. Pensaban que era un equipo de hombres a quienes les habían encargado que crearan el personaje de Rachel North y lo mantuvieran como parte de lo que ellos llamaban operaciones psicológicas, para controlar a la población del Reino Unido.

La teoría de que Rachel North no existía surgió después de que algunos de los conspiracionistas contaran el número de comentarios y mensajes que ella había publicado y determinaran por medios matemáticos que no podía tratarse de una sola persona. Tenía que ser un equipo.

Rachel intentó hacerles entender que todo eso no eran más que imaginaciones suyas y que no resultaba agradable descubrir que la habían convertido en un personaje de la fantasía paranoica de otra persona, sobre todo cuando acababa de sufrir un atentado en el metro, pero todo fue en vano. Cuanto más se esforzaba por convencerlos de que existía, más seguros estaban de que no.

«No trabajo para el gobierno —les escribió—. Soy una persona normal. Tengo un trabajo normal en una oficina normal y os pido educadamente que no sigáis con esto y que dejéis de lanzar acusaciones falsas. Por favor, basta.»

«Las tácticas de desinformación de Rachel ponen de manifiesto que forma parte de los medios manipuladores y de las fuerzas policiales responsables de este montaje», respondió alguien.

«Seguro que ni siquiera es mujer», convino otro.

La cosa fue a más. Rachel recibió amenazas de muerte. Había estado a punto de morir —coordinaba un grupo de apoyo para personas que habían estado a punto de morir—, y ahora le enviaban amenazas de muerte. Se pusieron en contacto con sus padres y les mandaron información relativa a la «verdad» sobre su hija y lo ocurrido el 7 de julio. El padre de Rachel, párroco de pueblo, quedó afectado y confundido al leer aquellas cartas.

Así que Rachel decidió encararse con ellos en persona. Les enseñaría qué aspecto tenía. En carne y hueso. Tras leer que iban a celebrar una reunión en la planta superior de un pub, se presentó allí con una amiga. Mientras subía las escaleras, le entró cierta inquietud sobre cómo serían aquellas despiadadas presencias del ciberespacio. Los imaginaba físicamente amenazadores. Entonces llegó a lo alto de la escalera, abrió la puerta y vio un salón lleno de hombres callados, menudos, con pinta de empollones. Algunos mantenían la vista fija en sus pintas de cerveza, incómodos. Otros le lanzaban miradas furtivas, intrigados y encantados al ver que dos mujeres de aspecto glamuroso se habían unido aparentemente a su movimiento.

Rachel y su amiga se sentaron a una mesa próxima a la pared. Durante un rato, nada sucedió. Entonces la puerta se abrió y entró otro hombre. Tenía un porte imponente, bastante intimidatorio. Rachel lo reconoció de inmediato, asombrada.

Era David Shayler.

David Shayler: en 1997, un espía del MI5 cuyo nombre en clave era G9A/1, se convirtió en un fugitivo después de facilitar información clasificada al *Mail on Sunday*. Según el periódico, el espía había asistido a una reunión interagencial en la que un oficial del MI6, de nombre en clave PT16B, había anunciado un plan para asesinar de forma encubierta al líder libio, el coronel Muamar el Gadafi. PT16B le había comunicado a G9A/1 que los asesinos estaban listos. Eran miembros de una organización llamada Grupo Islámico Combatiente Libio. Colocarían una bomba bajo una carretera por la que sabían que iba a pasar el coche de Gadafi. Sin embargo, necesitaban dinero para explosivos, comida, etcétera, y por eso habían acudido al MI6.

PT16B (que, según se supo más tarde, se llamaba David Watson) había introducido a G9A/1 (cuyo nombre era David Shayler) en aquel «círculo de confianza» por una razón muy sencilla: el MI6 no quería que el MI5 intentara dar caza a los asesinos si se topaba con ellos en algún otro contexto. David Watson le explicó a David Shayler que el gobierno británico no debía enterarse. La información era estrictamente confidencial.

Shayler supuso que aquello no era más que humo, que David Watson era un tipo algo fantasioso con ínfulas de James Bond y que todo acabaría en agua de borrajas. Sin embargo, unas semanas después, una bomba estalló en efecto al paso de la comitiva de Gadafi. Resultó que se habían equivocado de coche. Murieron varios guardaespaldas, mientras que el propio Gadafi salió ileso.

Shayler estaba indignado. No quería pertenecer a una agencia que se implicaba en asesinatos clandestinos, así que decidió plantar cara. Llamó a un amigo que lo puso en contacto con un periodista que trabajaba para el *Mail on Sunday*. Le contó todo, cobró veinte mil libras a cambio, y el sábado siguiente por la noche, la víspera de la publicación del artículo, puso tierra por medio, junto con Annie Machon, su novia.

Primero viajaron a Holanda, y luego a Francia, a una granja perdida en medio de la nada. No tenían televisor ni coche. Permanecieron allí diez meses, viviendo del dinero del *Mail on Sunday*. Él escribió una novela. Fueron a París para pasar el fin de semana, y cuando entraron en el vestíbulo del hotel, seis hombres —del servicio secreto francés— rodearon a Shayler.

Estuvo cuatro meses en una cárcel de máxima seguridad francesa, y luego un mes más en una prisión británica antes de salir a la calle convertido en el héroe de una legión de personas que creían que había sido muy valiente al sacrificar su libertad para denunciar las actividades secretas del gobierno. Rachel North lo admiraba desde lejos. Yo también.

Y ahora, cinco años después, David Shayler, para gran sorpresa de Rachel, había entrado en el salón superior de aquel pub más bien sórdido. ¿Qué hacía allí, juntándose con los conspiracionistas?

Entonces quedó claro: era uno de ellos.

Era el orador principal de la noche. Su trayectoria como ex agente del MI5 le confería un aire solemne. Los demás lo escuchaban con atención. Dijo que el 7-J no había ocurrido en realidad. Era una mentira. Los presentes asintieron enérgicamente. El mundo se había tragado un engaño muy astuto. Rachel, incapaz de soportarlo más, se puso de pie.

«¡Yo iba en ese VAGÓN!», gritó.

Por esa misma época, en otra zona de Londres, yo estaba buscando mi nombre en Google cuando encontré un hilo de discusión largo y polémico titulado «Jon Ronson: ¿mandado o tarado?» Lo habían abierto con motivo de algo que yo había escrito en la línea de que no creía que el 11-S fuera obra del gobierno. Las opiniones del hilo estaban divididas: unos creían que yo era un mandado (un títere a sueldo de los oscuros poderes fácticos), mientras que otros pensaban que simplemente era un tarado. Me mosqueé y les dejé un mensaje en el que decía que en realidad no era ni un mandado ni un tarado. Casi en el acto, varios de ellos publicaron comentarios advirtiendo a los demás que tuvieran cuidado conmigo, porque saltaba a la vista que era «otra Rachel North».

Tecleé su nombre en Google. Y fue así como acabamos por conocernos.

Pasé una tarde en su casa. Era una vivienda normal que no estaba muy lejos de la mía. Me refirió toda la historia, desde el día de las explosiones hasta el momento en que las personas en el pub empezaron a gritarse unas a otras. Ella había dado por terminado ese asunto, me aseguró. No volvería a discutir con ellos. No quería estar en el radar de personas chifladas. Iba a dedicar menos tiempo a su blog y a dejar de definirse como una víctima.

—Sé que existo —fue lo último que me dijo aquella tarde antes de que me marchara. Me miró—. Todas las personas que iban en aquel tren y que me han conocido saben que existo. Salí del vagón ensangrentada, oliendo a humo, con cristales rotos en el pelo y un trozo de metal clavado en el hueso de la muñeca. Me tomaron fotografías. Declaré ante la policía. Me cosieron la herida en un hospital. Podría llamar a decenas de testigos que saben que estuve allí y que existo. Y que soy quien afirmo ser.

Hubo un breve silencio.

—No cabe la menor duda de que existes —dije.

Por un segundo, Rachel pareció aliviada.

Le mandé a David Shayler un mensaje de correo electrónico preguntándole si estaba dispuesto a reunirse conmigo para hablar sobre Rachel North.

«Sí, por supuesto», respondió.

Quedamos unos días más tarde, en un café muy cercano a Edgware Road, en el oeste de Londres. Parecía cansado, desmejorado, gordo, pero lo que más me llamaba la atención era la rapidez con que hablaba. Era como si no pudiera contener el torrente de palabras que tenía que decir. Brotaban de sus labios a borbotones, como cuando uno intenta arrancar una moto por primera vez, acelera a fondo y sale disparado.

No hablaba tan deprisa al principio de nuestra conversación, cuando le pregunté por los viejos tiempos, la época en que entró a trabajar para el MI5. Me sonrió, se relajó y me contó un relato fascinante.

—Estaba buscando trabajo y vi un anuncio en la sección sobre medios de comunicación de *The Independent* que decía: «Godot no vendrá» —comenzó—. Como había estudiado la obra tanto en inglés como en francés, seguí leyendo. Como parecía un anuncio para un puesto de periodista, envié mi currículum.

Su currículum era bueno pero nada del otro mundo: había estudiado en la universidad de Dundee, donde dirigía el periódico estudiantil; había estado al frente de una pequeña editorial que finalmente se había ido a pique... Aun así, lo llamaron de una agencia de colocación para una entrevista. Todo transcurrió de forma bastante normal.

Sin embargo, la segunda entrevista no fue normal en absoluto.

—Tuvo lugar en un edificio sin ninguna clase de letrero en Tottenham Court Road, en Londres —dijo—. Estaba totalmente desierto. No había nadie aparte de un tipo en la recepción y el tipo que me entrevistó. Tenía toda la pinta de un agente secreto típico, con su traje de raya diplomática, alto, de porte aristocrático, con el cabello entrecano peinado hacia atrás. Allí estaba yo, en un edificio rarísimo con un tío haciéndome toda clase de preguntas.

David, al igual que yo, se había paseado un millón de veces por Tottenham Court Road. Es una calle muy poco llamativa, con tiendas de material eléctrico y las oficinas de la revista *Time Out*. Lo último que uno espera encontrar allí es una especie de universo paralelo fantasmal detrás de una puerta sin letreros.

—¿Qué preguntas te hizo? —inquirí.

—Si profesaba alguna religión cuando tenía doce años. Cómo se había formado mi ideología política durante la adolescencia. Cuáles habían sido los hitos de mi viaje. En qué momentos de mi vida creía que había hecho algo útil. La conversación era de mucho más nivel que una entrevista de trabajo normal. Me hizo preguntas sobre la ética de la inteligencia. Decía, una y otra vez: «¿Por qué crees que estás aquí?» Yo no quería responder. No quería quedar como un idiota. Pero él no paraba de preguntármelo. Finalmente, dije: «¿Es para ingresar en el MI5?» «Pues claro», dijo él.

Durante un tiempo, después de aquella entrevista de trabajo, David se puso paranoico. ¿Era todo aquello una complicada farsa urdida para hundirlo?

—No dejaba de imaginar que él me decía de sopetón: «¡Te hemos visto el plumero, así que puedes largarte!» —se rio David—. ¡Vamos a joderte la vida!

Me reí.

—¡Es exactamente el tipo de cosas absurdas que se me ocurren a mí! —salté—. ¡En serio! ¡Tengo pensamientos así! Pueden resultar bastante intrusivos.

(Los «pensamientos intrusivos» aparecen mencionados por todo el *DSM-IV*, por cierto, como síntomas del trastorno obsesivo-compulsivo, el trastorno de ansiedad generalizada y todos los trastornos que se caracterizan por una amígdala hiperactiva. Antes los veía como algo positivo: los periodistas deberíamos ser todos bastante obsesivos y paranoicos, ¿no? Pero desde que leí acerca de los «pensamientos intrusivos» en el *DSM-IV*, me asustan un poco, como si se tratara de algo grave. A propósito, no tengo esa clase de pensamientos todo el rato. No quisiera dar esa impresión. Solo los tengo ocasionalmente. Quizás una vez por semana. O menos.)

El MI5 le ofreció el puesto a David. Más tarde, él les preguntó a cuántas personas más habían reclutado con ese anuncio de «Godot no vendrá», y le respondieron que a nadie más. Solo a él.

Tal como descubrió en su primer día, iba a ser un espía encargado de realizar labores de oficina en un despacho bastante anodino, lo que resultaba mucho menos atrayente de lo que sus fantasiosos amigos imaginaban que sería la vida en una organización tan misteriosa como el MI5 (David no era un teórico de la conspiración en aquella época. Se convirtió en uno más tarde, tras abandonar el mundo de las elites secretas y volver a una vida común y corriente).

—Era una oficina de lo más normal —dijo—. Tenía una bandeja de entrada y otra de salida. Procesábamos información. La diferencia residía en que, si cometíamos algún error al procesarla, podía morir alguien. Me satisfacía hacer del mundo un lugar más seguro, parar los pies a personas violentas. Era un buen trabajo. —Pero no estaba exento de rarezas—. Tenían expedientes sobre toda clase de personas, como John Lennon, Ronnie Scott y la mayoría de los que acabarían en el gabinete laborista. Acusaban a la gente de comunista por razones de lo más estúpidas. Había el expediente de un niño de doce años que había escrito al Partido comunista porque estaba haciendo un trabajo sobre el comunismo para el colegio y les pedía educadamente que le enviaran información. Lo tenían fichado como sospechoso de simpatizar con el comunismo.

—¿El chico podría enterarse algún día de que el MI5 tenía un expediente sobre él? —pregunté.

—No, claro que no —respondió David—. De vez en cuando salía a cumplir una misión sobre el terreno, pero no era frecuente. En una ocasión fui a una manifestación disfrazado de anarquista. Un tipo me puso un panfleto en la mano, diciéndome: «¿Qué sabes sobre la Alianza Antielecciones?» Yo estaba estudiando esa organización en el MI5. Me dieron ganas de contestarle: «Mucho más que tú, colega.»

Hablamos sobre su ahora célebre reunión secreta con PT16B, sobre la trama para asesinar a Gadafi, la huida a la Europa continental, los meses en la clandestinidad, la detención y el encarcelamiento. Luego la conversación derivó hacia Rachel North. David declaró que aún estaba convencido de que ella no existía.

—Deja que te lo explique: Rachel North es un personaje creado por un equipo del MI5 —dijo—. Es exactamente el tipo de cosas que hacen los servicios de inteligencia.

—Pero si yo la conozco —objeté.

—Sí, ya sé que la CONOCES —dijo, alzando la voz y hablando cada vez más deprisa—. Tal vez exista como ser humano, pero eso no significa que no tenga detrás a cinco personas que publican comentarios en Internet firmados con su nombre.

—Oh, venga ya —dije.

—Fíjate en la gran cantidad de comentarios que escribió en Internet —arguyó David—. Fíjate en todos los mensajes seguidos que ha publicado en algunas ocasiones.

—Escribía muchos comentarios —concedí—. De eso no me cabe la menor duda.

—Los miembros del movimiento han llegado a la conclusión de que tantos comentarios no podían proceder de una sola persona —aseveró David.

—Bueno, ya sabes cómo son los blogueros —dije—. Escriben y escriben y escriben. No sé por qué, pues no les pagan por ello.

—También me parece muy sospechoso que se niegue a mantener una entrevista seria y objetiva sobre el 7-J —continuó David—. ¿Por qué no permite que alguien le exponga las pruebas pacientemente?

—¡Ella iba en el vagón! —salté—. Iba en el VAGÓN. ¿De verdad pretendes que se siente a hablar con alguien que estaba navegando por Internet mientras ella iba en el vagón y soportar que le cuenten que no hubo ninguna bomba?

Nos fulminamos mutuamente con la mirada. Yo había ganado aquel asalto. Pero entonces él sonrió, como indicándome que tenía un as en la manga. Su sonrisa me decía que había llegado el momento de echar mano de la artillería pesada.

—Cuando Rachel North asistió a una de nuestras reuniones en la planta de arriba de un pub —dijo—, percibí en su comportamiento indicios de... —hizo una pausa— una enfermedad mental.

—¿Crees que Rachel padece una enfermedad mental? —exclamé. Eso era un golpe bajo.

—Es por la virulencia con que me atacó —prosiguió David—. Se levantó, corrió hacia mí y me gritó. Había algo demencial en su...

—Pero eso era porque creía que todo era un despropósito... —lo interrumpí.

—Ella se niega a comentar las pruebas —me interrumpió David a su vez—. Ahora mismo estoy recibiendo las mismas vibraciones de ti, Jon. Un punto de vista que no está basado en pruebas es un prejuicio. Afirmar que los musulmanes, esos tres tipos de Leeds y el otro de Aylesbury fueron responsables del 7-J es RACISMO, Jon. Puro racismo. Eres un RACISTA contra los musulmanes si crees que ellos perpetraron el atentado basándote en las pruebas que hay.

Se impuso un breve silencio.

—Anda y vete a tomar por culo —dije.

Aquella noche telefoneé a Rachel para comunicarle que había pasado la tarde con David Shayler.

—¿Qué te ha dicho? —preguntó.

—Que o no existías o padecías una enfermedad mental —respondí.

—Es por esa estúpida reunión —dijo—. Tal como lo cuentan, es como si me hubiera levantado, hubiera salido al escenario y me hubiera puesto a declamar. Eso no fue lo que sucedió. El salón entero prorrumpió en gritos. Todo el mundo rompió a gritar. Sí, yo alcé la voz, para que se me oyera por encima del griterío. Pero ellos gritaban, yo gritaba...

Unos días después, mi entrevista con David Shayler —con el «vete a tomar por culo» incluido— se emitió una noche por BBC Radio 4. Horas antes del comienzo de la emisión, el pánico empezó a apoderarse de mí. Creo que mi amígdala se descontroló. Al decirle a David Shayler que se fuera a tomar por culo, ¿estaba a punto de destapar una caja de Pandora? ¿Incurriría en la ira del movimiento por la verdad sobre el 7-J? ¿Irían a por mí con toda su mala hostia, del mismo modo que se habían propuesto fastidiarle la vida a Rachel? No podía hacer nada. La maquinaria estaba en marcha. En el interior de algún edificio de la BBC, alguien estaba preparando la cinta para reproducirla en antena.

Durante las primeras horas de la mañana siguiente, estaba demasiado nervioso para abrir mi bandeja de entrada de correo electrónico. Más tarde descubrí encantado que estaba repleta de felicitaciones de los oyentes. La opinión generalizada era que había roto una lanza en favor del pensamiento racional. Me puse contento: siempre resulta agradable recibir elogios por pensar de un modo racional. La entrevista saltó a la fama como una de las mejores que había hecho. Estimuló la imaginación del público. El movimiento por la verdad sobre el 7-J no se puso en contacto conmigo. Mi amígdala volvió a su estado normal. La vida seguía.

Transcurrieron unos meses. De pronto, David Shayler estaba por todas partes. Lo invitaron a hablar en el programa de Jeremy Vine en BBC Radio 2 y en el de Steven Nolan en BBC 5. La revista *New Statesman* publicó un artículo sobre él a doble página. El motivo de esta ubicuidad radicaba en la nueva e inesperada teoría que él había elaborado:

Le pregunto a Shayler si es verdad que se ha convertido en una persona que cree que los aviones no tuvieron nada que ver con las atrocidades del 11-S. [Su novia Annie] Machon parece incomodarse. «Oh, a la mierda, voy a responder —le dice él—. Sí, creo que los aviones no tuvieron nada que ver con el 11-S.» Pero si todos hemos visto los aviones estrellarse contra el World Trade Center. «La única explicación es que eran misiles rodeados por hologramas para que parecieran aviones —dice—. Observe las imágenes fotograma a fotograma y verá un misil en forma de puro que impacta contra el World Trade Center.» Sin duda se percata de que me he quedado boquiabierto. «Sé que suena extraño, pero es lo que creo.»

BRENDAN O'NEILL, *New Statesman*,
11 de septiembre de 2006

David Shayler había pasado a formar parte de una facción extrema y minoritaria del movimiento por la verdad sobre el 11-S —un «negacionista de los aviones»—, y los periodistas que normalmente opinaban que no se le podía sacar mucho jugo al movimiento de pronto estaban encantados.

Lo telefoneé.

—No hay pruebas de que se utilizaran aviones, aparte de un par de declaraciones dudosas de testigos —afirmó.

—Y... —dije.

—Y unas imágenes claramente manipuladas —añadió David.

—Pero si las imágenes se emitieron en directo —señalé.

—De eso nada —dijo David—. Las imágenes se emitieron con retardo.

—¿Tienes problemas con tu novia y con los elementos más conservadores del movimiento por la verdad? —inquirí.

Oí que David suspiraba con tristeza.

—Sí —admitió—. Me pidieron que me guardara mi teoría de los hologramas. —Al cabo de unos instantes, agregó—: Por lo visto van a presentar una moción en la próxima reunión anual del movimiento por la verdad para desmarcarse de mis declaraciones. —Noté que estaba dolido, pero él me aseguró que le daba igual—. Los programas de Jeremy Vine y Steven Nolan son muy prestigiosos y tienen millones de oyentes.

—Jeremy Vine y Steven Nolan solo te invitan a sus programas porque creen que tu teoría es disparatada —dije.

David replicó que no solo no era disparatada, sino que el uso de los hologramas no había hecho más que empezar. Se estaban desarrollando planes para «lanzar la operación encubierta definitiva, que consistirá en usar hologramas de modo que parezca que se está llevando a cabo una invasión alienígena».

—¿Por qué querrían hacer algo así? —pregunté.

—Para declarar la ley marcial en todo el planeta y arrebatarnos nuestros derechos —respondió.

En realidad, la idea de que algún día el gobierno puede servirse de hologramas para engañar a la población no era tan rocambolesca como parecía. Unos años antes, había caído en mis manos un informe filtrado de la Academia de las Fuerzas Aéreas de Estados Unidos titulado *Armas no letales: conceptos y fuentes*, que enumeraba todas las armas exóticas que estaban en fase de estudio o de desarrollo en el Departamento de Defensa de Estados Unidos. Había una sección dedicada a los hologramas.

Holograma, Muerte.

Holograma utilizado para dar un susto de muerte al objetivo. Ejemplo, un capo de la droga con problemas del corazón ve aparecer el fantasma de su rival muerto junto a su cama y muere a causa del sobresalto.

Holograma, Profeta.

La proyección de una imagen de un dios antiguo sobre una capital enemiga cuyos medios de comunicación públicos han sido tomados y utilizados contra ella en una operación psicológica a gran escala.

Holograma, Tropas.

La proyección de imágenes de tropas, que dan al adversario la impresión de que las fuerzas aliadas son más numerosas de lo que son en realidad, le hacen creer que están apostadas en una zona en la que en realidad no hay soldados y/o se convierten en objetivos falsos para el fuego enemigo.

«O sea que tal vez David no esté tan chiflado como parece», pensé.

Pasó un año. Entonces recibí un mensaje de correo electrónico:

5 de septiembre de 2007

Queridos amigos:

Esto va completamente en serio. Por favor, no os perdáis el mayor acontecimiento de la historia: a altas horas de la noche, Jesús volverá para redimir a la humanidad. La conferencia de prensa se celebrará en Parliament Green, junto al Parlamento y el río, a las 14.00 horas, el jueves 6 de septiembre.

Luz y amor,

DAVE SHAYLER

David, como explicaba el comunicado de prensa adjunto al mensaje, iba a anunciar que él era el Mesías.

Se ruega a los periodistas que acudan con la mente abierta, pues se trata de una verdad que no están en condiciones de determinar y pueden poner en peligro sus posibilidades de alcanzar la vida eterna.

Esto resulta bastante embarazoso para alguien que hace tres años era un tecnócrata ateo. Soy plenamente consciente de que parece una locura. Hay pruebas antiguas, no obstante, de que el nombre fonético del Mesías es «David Shayler». Esto, sumado a otras señales que han aparecido al margen de mí —incluida una Cruz Mesiánica formada por Saturno, Mercurio, Venus y el sol en los cielos el 7/7/7, el día en que fui proclamado el Mesías—, evidencian el hecho incontestable de que un poder superior me ha señalado como el ungido o el elegido, que ha llegado para salvar a la humanidad.

Otras encarnaciones han sido las de Tutankamón, el rey Arturo, Marco Antonio, Leonardo da Vinci, Lawrence de Arabia y Astronges, un pastor hebreo y líder revolucionario crucificado en Palestina en I a.C.

DAVID MICHAEL SHAYLER

Asistió un número de personas sorprendentemente reducido. David estaba sentado en el centro de un círculo, vestido con una túnica blanca, larga y holgada, con aspecto esbelto y saludable. Solo había dos periodistas presentes: uno de Sky News y yo. Por lo visto, todos los demás eran viejos amigos de David, del movimiento por la verdad. Parecían avergonzados.

El periodista de Sky News me dijo que había ido allí para entrevistar a David, pero que no tenían la menor intención de emitir la entrevista. El plan era grabarla y guardarla «por si sucede algo en el futuro».

No cabía la menor duda de que ese «algo» aludía a algo increíblemente espantoso.

David le aseguró al puñado de personas que lo escuchábamos que las señales estaban allí desde el principio.

—¿Os acordáis de cuando respondí a aquel anuncio publicado en *The Independent*? —dijo—. ¿El de «Godot no vendrá»? Creo que estaba pensado expresamente para mí. Incluso tenía la palabra *God*, «dios», en el título: «Godot no vendrá.»

—¿Qué interés tendría el MI5 en idear un anuncio de trabajo expresamente para ti? —quise saber.

—Creo que la función del MI5 es proteger a las encarnaciones del Mesías —respondió—. Conozco el modus operandi del MI5. Si quieren ponerse en contacto contigo, te pinchan el teléfono y se enteran de si estás buscando empleo o del periódico que lees. Así que publican un anuncio dirigido a ti. Es interesante señalar que no reclutaron a nadie más que hubiera respondido a aquel anuncio.

Entablé conversación con la mujer que estaba a mi lado. Me dijo que se llamaba Belinda y que había sido la casera de David. Mientras él proseguía con su sermón, ella me susurró que no aguantaba más. Escucharlo la ponía demasiado triste. Tenía que decir algo.

—Eh, David, ¿puedo...? —empezó.

—¿Cómo osas interrumpir al Mesías? —la cortó David.

—De acuerdo —suspiró Belinda—. Continúa.

—Ya que soy el salvador —le dijo David, irritado—, estoy tratando de explicar cómo acceder a la vida eterna...

—Vale, lo siento... —murmuró Belinda.

—... y seguramente las personas que desean gozar de la vida eterna querrán escuchar mi explicación sin interrupciones... —añadió David—. Habrá una ronda de preguntas al final, Belinda, pero ahora intento contar una historia importante.

—Pues a mí me parece una historia bastante triste, David —dijo Belinda—. Estás cometiendo varios errores respecto a lo que establece la cultura mesiánica o la cultura profética. En primer lugar, no has dedicado un tiempo a meditar sobre tu misión. Has salido a la palestra demasiado pronto. En segundo lugar, no estás reuniendo a un grupo de seguidores en torno a ti. En tercer lugar, estás anunciando la noticia tú mismo, cuando debería ser otro quien dijera «él es el Elegido», antes de ponerse a hacer reverencias o algo así. En cambio, tú vas y lo proclamas a los cuatro vientos. A lo que voy: no estás comportándote precisamente como un Mesías.

David replicó que, puesto que él ERA el Mesías, todo lo que hiciera debía considerarse un comportamiento propio de un Mesías.

—¿Desde cuándo eres una experta en Mesías? —espetó.

—Veo ante mí a alguien con un gran talento y una mente privilegiada —dijo Belinda—, que llevaba una trayectoria estupenda hasta que lo echó todo a rodar cuando le entró la manía por lo esotérico. Estás soltando toda clase de tonterías que no interesan a la gente salvo para reírse de ellas. Es una verdadera lástima.

David la miró, impasible.

—Sé que soy el Mesías —dijo—. Averiguar por qué no puedes aceptarlo es cosa tuya.

Durante la conferencia de prensa, David habló mucho de la necesidad imperiosa de transmitir el mensaje, pero a lo largo de las semanas siguientes, no ocurrió gran cosa. Dio un par de entrevistas, pero no fueron nada en comparación con el re-

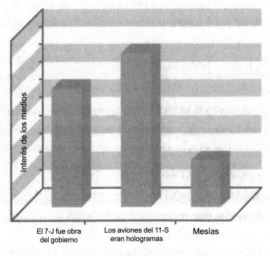

Intersección del grado de locura de David Shayler con el interés de los medios.

vuelo que había armado con su teoría de los hologramas. Empecé a ver la evolución de la locura de David Shayler como un gráfico.

Al parecer existía un consenso tácito en considerar que la hipótesis de David de que «el 7 de julio fue un montaje» era demasiado insulsa para destilar el tipo apropiado de locura, la teoría de los hologramas y los aviones era ideal, y lo del Mesías denotaba una locura inadecuada. Pero ¿por qué? ¿Qué hacía que una fuera apropiada y la otra no? Cabe suponer que la mayoría de los periodistas se declararía inocente y alegaría que los hologramas eran como una tos inocua previa al cáncer de pulmón que representaba su autoproclamación como Mesías —y algo de cierto debía de haber en ello, claro—, pero no estaba seguro de que las cosas fueran así de sencillas. Ambas teorías parecían manifestaciones palpables de una enfermedad mental, y sin embargo solo de una de ellas le había abierto las puertas de las emisoras de radio.

Durante los dos años siguientes, David desapareció por completo de la escena pública. Hubo un único avistamiento, en verano de 2009, cuando la policía hizo una redada en una casa de labranza ocupada de Surrey. Alguien colgó en Internet un vídeo borroso del desalojo grabado con un móvil. Eran más que nada imágenes de unos okupas gritando «¡No firmaré un contrato contigo!» a los agentes de policía mientras estos los sacaban a rastras de la cama. Pero, por un instante, en medio del alboroto, la cámara giraba bruscamente hacia un lado y enfocaba fugazmente a un travesti glamurosamente ataviado. Más tarde declaró al *Daily Mail* que se llamaba Delores, aunque se notaba que debajo de la peluca y el maquillaje estaba David Shayler.

Al hojear el *DSM-IV*, descubrí, para mi sorpresa, que el travestismo, o «fetichismo travestista», es un trastorno mental. «Por lo general, el hombre que practica fetichismo travestista guarda una colección de ropa femenina que utiliza de forma intermitente para travestirse [...] en muchos o en la mayor parte de los casos, experimenta excitación sexual [aunque] la motivación para travestirse puede cambiar con el tiempo a medida que la excitación sexual disminuye o desaparece. En estos casos, el travestismo se convierte en un antídoto contra la ansiedad o la depresión, o bien aporta una sensación de paz y tranquilidad.»

David Shayler vestido como Delores.

Transcurrieron unos meses, durante los cuales resolví el misterio de *El ser o la nada*, conocí a los cienciólogos y a Tony en Broadmoor, intenté demostrar (con resultados irregulares) la teoría de Bob Hare de que los psicópatas dominan el mundo y cobré conciencia de que mis facultades para detectar psicópatas me habían convertido en una persona obnubilada por el poder, lo que me incomodó bastante. De hecho, comprendí que estaba obnubilado por el poder que me confería mi facultad para detectar la locura desde hacía veinte años. A eso nos dedicamos los periodistas. Por eso me había lanzado a la detección de psicópatas con tanto entusiasmo. Se me daba bien encontrar los diamantes de demencia entre la penumbra de la normalidad porque llevaba veinte años haciéndolo para ganarme la vida. Tal vez haya algo de psicopático en el periodismo, en la psicología, en el arte de identificar la locura. Después de conocer a Charlotte Scott, me consolé pensando que esta clase de cosas solo ocurría en el mundo de los programas de entretenimiento y telerrealidad, y que yo estaba por encima de eso, pero la historia de David Shayler demostraba que me equivocaba. El periodismo político no era tan distinto. Yo estaba escribiendo un libro sobre los profesionales de la locura y apenas empezaba a caer en la cuenta de que yo era uno de ellos.

Mi cabeza no dejaba de dar vueltas al enigma de por qué la teoría de David sobre los hologramas había tenido tanto éxito con los medios de comunicación y en cambio sus declaraciones mesiánicas habían pasado prácticamente desapercibidas. ¿Por qué el primer tipo de locura resultaba apropiado y el segundo no? ¿Cuál era la fórmula? ¿Qué revelaba esa fórmula sobre nosotros, los periodistas y el público?

Le escribí un mensaje de correo electrónico para preguntarle si podía hacerle una última visita. Me respondió de inmediato:

Jon
He recibido tu mensaje. Claro que sí.
Tengo el teléfono estropeado. Estoy en Devon. Ven a verme y pregúntame lo que quieras.

DAVID

Al parecer, las cosas no le habían ido nada mal. Vivía en una casita preciosa en un pequeño caserío. Las vistas desde el jacuzzi del porche trasero abarcaban buena parte de Dartmoor. En la casita había un *home cinema* y una sauna. David —vestido de hombre, con un jersey blanco y unos pantalones de cuero— parecía sano y contento.

—Vivo totalmente sin dinero —dijo mientras me preparaba un café—, pero mi nivel de vida es bastante bueno. Dios provee a mis necesidades.

Sin embargo, pronto quedó claro que las cosas no le iban tan bien. Estaba alojándose en aquella casa solo durante unos meses, y lo cierto es que vivía en la miseria. Cuando tenía suerte, dormía bajo una lona en una comunidad ecologista de Kew, en el oeste de Londres. Cuando no, pasaba la noche al raso, en parques urbanos de lugares como Guildford.

Me explicó que había tenido su período más estable hacía más o menos un año, cuando se había echado una novia nueva, después de que Annie Machon lo dejara.

—Di una charla en un refugio, y una mujer se me acercó y me dijo que era la Novia de Cristo. Lo consulté con Dios y resultó que ella sí que era la encarnación de uno de los dioses, así que empecé a salir con ella. —Hizo una pausa—. Fue una relación bastante rara.

—No me digas —comenté.

—Al final, nos enzarzamos en una discusión espectacular —prosiguió—. Ella tenía un grupo de seguidores que la idolatraban. Le pedí permiso al grupo para vestirme de Delores, y ellos dijeron que vale, pero cuando lo hice se volvieron todos contra mí. Empezaron a gruñirme, a acusarme de toda clase de cosas, de ser una guarra, un tipo raro, un pervertido, de no tratar a mi novia con respeto. No me dejaban marchar. Y entonces me echaron a la calle.

Subimos a la habitación del ático, donde David había dormido durante las últimas semanas, bajo un edredón de Thomas la Locomotora. Una pila de DVD de la Comisión Ciudadana de Derechos Humanos —documentales producidos por la rama de la Iglesia de la Cienciología fundada por Brian y contraria a la psiquiatría— se alzaba junto a su ordenador, con títulos como *Making a Killing: the Untold Story of Psychotropic Drugging* [Fabricando un asesinato: la historia nunca antes contada del uso de las drogas psicotrópicas]. David dijo que tal vez los cienciólogos estuvieran pirados, pero que los DVD le habían abierto los ojos.

Por un momento, me invadió una tristeza profunda al contemplar el estampado de Thomas la Locomotora y pensar que la niñez es una época idílica y exenta de preocupaciones hasta que aparece la locura. La realidad, no obstante, es que los diagnósticos de trastornos mentales en niños han alcanzado recientemente proporciones de epidemia. Por ejemplo, cuando yo era pequeño, se le diagnosticaba autismo a menos de uno de cada dos mil niños. En la actualidad, la cifra ha aumentado a más de uno por cada cien. Cuando me dirigía en coche al centro penitenciario de Coxsackie, en el norte del estado de Nueva York, para entrevistar a Toto Constant, pasé junto a una valla publicitaria en la que se leía: CADA 20 SEGUNDOS SE LE DIAGNOSTICA AUTISMO A UN NIÑO. Lo mismo ocurría con el trastorno bipolar infantil. Se había desatado una epidemia en Estados Unidos.

Le pregunté a David si la marcada pérdida de interés por parte de los medios lo había pillado por sorpresa. Asintió.

—Según la Biblia —dijo—, se suponía que yo debía pasar tres días en el infierno después de mi crucifixión. Pues bien: me crucificaron en septiembre de 2007...

—¿Cuando anunciaste que eras Jesús? —inquirí.

—Exacto —dijo David—. Todo el mundo sabe que las

unidades que utiliza la Biblia son muy inexactas. Creo que cuando menciona los tres días en el infierno, se refiere en realidad a tres años.

—Háblame de los tres años en el infierno —le pedí.

—Sigo en ellos —dijo David.

—¿Qué es para ti el infierno? —pregunté.

—El infierno es ser un maestro —respondió David—, tener un mensaje que intentas difundir, y que nadie te preste la menor atención porque dices que eres Jesucristo, porque Dios te está ordenando que lo digas. —Se quedó callado por unos instantes—. Dios me está poniendo a prueba. Sabe que puedo hacer esas cosas en un escenario, en la radio y en la tele. Parte de la prueba consiste en que no se me permita hacer lo que creo que hago bien; darme una lección de humildad y cosas por el estilo. —David hizo un gesto afirmativo—. Sí —dijo—. Dios me está poniendo a prueba. Y el objetivo de la prueba es comprobar si puedo seguir creyendo que soy Cristo frente a la oposición de seis mil millones de seres humanos.

—¿Cuándo fue la última vez que hablaste con Dios? —pregunté.

—Hemos mantenido una conversación breve justo antes de que llegaras —respondió. Había un libro en hebreo sobre la mesa—. Dios me ha pedido que abriera el libro para inspirarme. Me salió una página que me mostró las palabras que debía decir.

Cogí el libro. Se abrió casualmente por una doble página repleta de casillas que contenían varias letras hebreas cada una.

—Es una tabla con los setenta y dos nombres de Dios —me aclaró David—. Fíjate en esto... —Señaló algunos de ellos al azar—. Ese se traduce como «David Shayler, el Pez» —afirmó. Señaló otros más—. Ese se traduce como «David Shayler, Hortera Honrado».

—¿«David Shayler, Hortera Honrado?» —repetí.

—Dios se partió de risa cuando me lo indicó —dijo—. Fue la primera vez que Dios y yo nos reímos juntos.

Bajé la vista hacia la tabla con las setenta y dos casillas.

—Me parece que encuentras pautas donde no las hay —dije.

—Encontrar pautas es la forma en que funciona la inteligencia —me replicó David—. En eso consiste la investigación. En eso consiste el periodismo. En la búsqueda de pautas. ¿No lo ves? ¡Es lo que TÚ haces!

La conversación derivó de nuevo hacia la frustración de David por no ser ya un invitado solicitado por los programas de entrevistas. Dijo que le parecía inexplicable y una auténtica pena.

—En los tiempos que corren mucha gente tiene miedo de estar volviéndose loca —dijo—, y es un alivio para ellos escuchar a alguien como yo por la radio, alguien que comparte sus creencias «demenciales» sobre el 11-S y el 7-J, pero que habla como una persona feliz, no como un demente. Reto a quien quiera a que venga a verme y se marche convencido de que hablo como un demente.

Durante el camino de regreso a Londres desde Devon, lo comprendí de repente: David tenía razón. Es cierto que muchas personas temen estar enloqueciendo. A altas horas de la noche, con unas copas entre pecho y espalda, lo reconocen. Un par de amigos míos aseguran que no les importa. Una mujer que conozco me confió que estaba deseando sufrir una crisis nerviosa para que la ingresaran en un hospital psiquiátrico, lejos de las tensiones de la vida moderna, para poder pasarse el día en la cama y que la atendieran los enfermeros.

Sin embargo, a la mayoría de mis amigos sí le importa. Solo quieren ser normales. Yo soy como ellos; me invade constantemente la desagradable certeza de que mi esposa está muerta cuando no logro localizarla por teléfono; se me escapan gritos en los vuelos claustrofóbicos de Ryanair, me atormenta hasta la extenuación el temor a que algún psicópata quiera matarme. Y nos pasamos la tarde mirando programas de telerrealidad como *Wife Swap*, *Come Dine with Me*, *Supernanny* y las primeras galas de *X Factor* y *Big Brother*. Hoy en día en la televisión solo aparece gente atribulada y abucheada por el público.

Es muy común que la gente que quiere hacer una película visite bloques de viviendas de protección oficial, donde el noventa por ciento de las personas lleva una vida funcional: preparan a sus hijos para el colegio, pagan sus impuestos, trabajan. El otro diez por ciento es disfuncional, así que los cineastas dicen: «Rodaremos una peli sobre eso.»

EDDIE MARSAN, actor,
en una entrevista concedida
a JONATHAN ROMNEY,
The Independent, 2 de mayo de 2010

Prácticamente todos los programas del horario de máxima audiencia están poblados por personas que padecen el tipo de locura adecuado, y ahora yo sabía cuál era la fórmula. Las personas con un tipo adecuado de locura están un poco más locas de lo que creemos estar nosotros, y su locura resulta reconocible. Tal vez padezcamos ansiedad, pero su ansiedad es mucho peor que la nuestra. Tal vez estemos paranoicos, pero ellos lo están más. Nos entretienen, y nos consuela no estar tan locos como ellos.

La tragedia de David Shayler radica en que su locura ha degenerado en algo demasiado extravagante, demasiado fuera de lo normal, y por tanto se ha vuelto inútil. No nos gusta la telebasura obvia. Nos gusta la telebasura con trampa.

Pero no solamente estábamos en el negocio de la locura, sino también en el negocio de la conformidad. Me acordé de Mary Barnes, la mujer encerrada en el sótano de la mansión de R. D. Laing en Kingsley Hall, que se embadurnaba una y otra vez con su propia mierda. Al final, en lugar de eso, empezó a embadurnar lienzos con pintura y se convirtió en una artista célebre. La sociedad londinense de las décadas de 1960 y 1970 reverenciaba el modo en que sus cuadros dejaban entrever cómo funcionaba una mente enferma. Sin embargo, ni Charlotte Scott ni los demás periodistas, incluido yo, estábamos recorriendo el mundo en busca de personas aquejadas del tipo de locura apropiado para la televisión con el fin de reverenciarlas. Cuando sacábamos a la luz a los chiflados, mostrábamos a los espectadores o los lectores cómo no debían ser. Tal vez el esfuerzo excesivo por ser normales estaba empujando a todo el mundo a temer que estaba perdiendo la razón.

Unos días después de regresar de Devon, recibí una llamada de Bob Hare.

9

Un poco exigente

Bob iba a pasar la noche de un sábado en Heathrow, donde iba a hacer escala en su viaje de Suecia a Vancouver —se dedica a recorrer el mundo para enseñar a la gente a utilizar su escala de evaluación PCL-R— y me preguntaba si quería pasarme por su hotel a tomar una copa.

Cuando llegué, no había ni rastro de él en el vestíbulo. En la recepción había una larga cola de viajeros de negocios que acababan de llegar y parecían cansados y descontentos. No vi un teléfono interior por ninguna parte. Entonces se me ocurrió una idea brillante. El conserje no estaba en su puesto. Su teléfono estaba allí, encima de su mesa. Podía marcar el cero, comunicarme directamente con la recepción (quienes llaman a la recepción siempre se saltan la cola; las llamadas misteriosas suscitan más nuestro interés que las personas reales que tenemos delante) y pedir que me pusieran con la habitación de Bob.

Pero apenas había descolgado el auricular cuando vi al conserje acercarse a paso veloz.

—¡Deje mi teléfono! —bramó.

—¡Será solo un segundo! —le dije alegremente sin voz, moviendo los labios.

Me arrebató el auricular de la mano y colgó con brusquedad.

Bob apareció. Lo saludé con cordialidad exagerada delante del conserje.

—¡Bob! —exclamé.

Éramos dos viajeros de negocios corteses que se reunían por motivos importantes en un hotel a última hora de la tarde. Me aseguré de que el conserje tomara buena nota de ello.

—¿Vamos al bar VIP de la tercera planta? —propuso Bob.

—Sí —dije, lanzándole una mirada al conserje—. Al bar VIP.

Atravesamos juntos el vestíbulo.

—No te vas a creer lo que acaba de pasar —dije en un susurro de asombro.

—¿Qué? —preguntó Bob.

—El conserje acaba de maltratarme.

—¿En qué sentido?

—Yo estaba intentando llamarte con su teléfono y, cuando me ha visto, me lo ha quitado violentamente de la mano y ha colgado de golpe —expliqué—. Ha sido algo totalmente fuera de lugar y me ha chocado bastante. ¿Por qué tenía que hacer eso?

—Pues porque es uno de ellos —aseveró Bob.

Lo miré.

—¿¡Un psicópata!? —entorné los ojos y volví la vista hacia el conserje. Estaba ayudando a una mujer a introducir sus maletas en el ascensor—. ¿De verdad?

—Muchos psicópatas se acaban convirtiendo en guardianes —dijo Bob—: conserjes, guardias de seguridad, señores de sus dominios.

—Es cierto que ha demostrado una falta de empatía considerable —convine—, y un control conductual deficiente.

—Deberías incluir eso en tu libro —sugirió Bob.

—Lo haré —dije.

Entonces miré de nuevo a Bob.

«¿No hemos sacado conclusiones un poco precipitadas? —me pregunté—. Tal vez el tipo ha tenido un mal día. Tal vez sus jefes le han ordenado que no permita a los huéspedes que utilicen su teléfono. ¿Por qué ni Bob ni yo nos hemos planteado esa posibilidad?»

Subimos a la planta VIP en el ascensor.

Era casi medianoche. Bebimos whisky con hielo. Otros viajeros de negocios —los que tenían tarjeta llave para entrar en el bar VIP— tecleaban en sus ordenadores portátiles o contemplaban la noche al otro lado de las ventanas. Yo estaba achispado.

—Confieres un gran poder a las personas —dije—. El poder de detectar psicópatas. —Bob se encogió de hombros—. Pero ¿y si has creado un ejército de personas enloquecidas por el poder, que detectan psicópatas donde no los hay, como cazadores de brujas modernos?

Se produjo un silencio.

—Sí que me preocupa que la gente haga un mal uso del PCL-R —admitió Bob. Exhaló un suspiro y agitó los cubitos de hielo de su vaso.

—¿Quién hace un mal uso de él? —pregunté.

—En este país tenéis el programa para TGPG —dijo.

—Es donde está mi amigo Tony —dije—. En el pabellón para TGPG de Broadmoor.

—Si treinta es la puntuación de corte, ¿quién la determina? —preguntó Bob—. ¿Quién la administra? En realidad, sois muy cuidadosos con estas cuestiones en el Reino Unido. Pero en Estados Unidos tenemos el Internamiento Involuntario de Depredadores Sexuales Violentos. Se puede solicitar que un agresor sexual sea «recluido involuntariamente», es decir, para siempre...

Bob se refería a hospitales psiquiátricos como el de Coalinga, un hermoso complejo de más de cien mil metros cuadrados en la California central. Ciento treinta hectáreas de jardines bien cuidados, gimnasios, campos de béisbol y salas dedicadas a la música y al arte. Mil quinientos de los cien mil pedófilos de California viven allí, rodeados de comodidades, con toda probabilidad hasta el fin de sus días (solo han puesto en libertad a trece de ellos desde que el centro se inauguró en 2005). El día en que cada uno de aquellos mil quinientos hombres debía salir de la cárcel, se le comunicó que, como se había dictaminado que el riesgo de reincidencia era muy elevado, lo enviarían a Coalinga en vez de soltarlo.

—El PCL-R desempeña un papel en eso —dijo Bob—. He intentado formar a algunas de las personas encargadas de realizar esos dictámenes. Se pasaban el rato sentados, haciendo girar los pulgares, mirando al techo, garabateando, cortándose las uñas... Esas eran las personas que iban a utilizarlo. —Michael Freer, un psiquiatra de Coalinga, declaró a *Los Angeles Times* en 2007 que a más de un tercio de los «individuos» de Coalinga (así llamaban a los internos) los habían diagnosticado erróneamente como agresores violentos pese a que, en realidad, no representarían un peligro para la sociedad si los dejaran en libertad.

«Habían cumplido su condena, y de pronto los habían apresado de nuevo y enviado a un hospital estatal, en esencia para encerrarlos allí durante un tiempo indeterminado —dijo Freer—. Si querían salir tenían que demostrar que ya no constituían una amenaza, una tarea nada fácil. O sea que sí, tienen motivos para estar muy molestos.»

En el bar VIP, Bob Hare prosiguió con la conversación. Me habló de un alarmante mundillo de expertos, psicólogos forenses y criminalistas que vagaban por el mundo armados con poca cosa más que un diploma de asistencia como el que tenía yo. Aquellas personas podían influir en las vistas para la condicional y la pena de muerte, en las unidades de investigación de asesinatos en serie y en muchas cosas más. Creo que Bob consideraba su escala de evaluación como algo puro —inocente como solo la ciencia puede serlo—, y en cambio veía a los seres humanos que la administraban como cúmulos de prejuicios extraños y predisposiciones absurdas.

Aquella noche, cuando dejé a Bob, tomé la decisión de encontrar al hombre responsable de la que sin duda había sido la caza de psicópatas más desafortunada de la historia reciente. Se llamaba Paul Britton. Aunque en otra época había sido un psicólogo criminalista de renombre, durante los últimos años había vivido de forma más discreta, casi como un ermitaño, desde que se había visto envuelto en el incidente más sonado de su profesión.

Me pasé los días siguientes enviándole mensajes desde todas partes, aunque no albergaba demasiadas esperanzas. Entonces, una noche, mi teléfono empezó a sonar. El identificador de llamadas indicaba «número oculto».

—Disculpe —dijo la voz—. Me llamo Paul Britton. Sé que ha estado intentando... Perdone... —titubeó, cohibido.

—¿Quiere hablar conmigo de sus días como psicólogo criminalista? —pregunté.

Lo oí suspirar al acordarse de aquello.

—Dedicarte a contemplar literalmente las vísceras de unos pobres desgraciados que han sido asesinados no es una buena manera de pasar el rato —dijo.

(En realidad, Paul Britton nunca o rara vez contemplaba las vísceras de nadie: los psicólogos criminalistas no visitan el escenario del crimen. No veía vísceras más que en las fotografías policiales, o en su imaginación, cuando intentaba visualizar los actos del psicópata sexual cuyo perfil estuviera trazando.)

—¿Hablará conmigo de aquella época, de todos modos? —pregunté.

—Hay un nuevo Premier Inn junto a la estación de Leicester —dijo—. Podemos quedar allí el martes a las once de la mañana.

Paul Britton llegó al Premier Inn con un abrigo largo negro que me recordó el llamativo atuendo que llevaba Fitz, el brillante psicólogo criminalista de la serie de televisión *Cracker*. Pero seguramente estaba haciendo esta asociación porque siempre se había dado por sentado que el personaje estaba basado en él. Pedimos café y nos sentamos a una mesa.

Para empezar, le pregunté con tacto qué opinaba de la escala de evaluación de Bob Hare.

—Hizo una labor estupenda —dijo Britton—. Es sin duda un instrumento muy valioso. —La conversación languideció por un momento hasta que él se removió en su asiento y añadió—: No sé si hablarte un poco de cómo empezó todo para mí. ¿Te parece bien? ¡Lo siento! No dudes en interrumpirme si me pongo a divagar o me repito. No me ofenderé en absoluto por ello. Pero ¿puedo...?

—Sí, sí, por favor, adelante —lo animé.

—Todo comenzó en 1984 —dijo—, cuando David Baker, uno de los mejores detectives que había entonces, fue a verme a mi despacho...

1984. El cadáver de una joven había aparecido en un camino, cerca del hospital de la Seguridad Social donde Paul Britton trabajaba como psicólogo clínico. La habían apuñalado mientras paseaba a sus perros. No había sospechosos. La psicología criminal apenas existía en Gran Bretaña en aquella época, pero el instinto impulsó a David Baker —el agente al cargo de la investigación— a consultar a Britton.

—De hecho, David es el introductor de los perfiles criminales en el Reino Unido —afirmó Britton—, por haber acudido a mí. ¿Me sigues? Si David no hubiera acudido a mí, yo no habría tenido motivos para implicarme. —Me miró. Era evidente que quería que le replicara: «Oh, pero si tú eres el introductor de los perfiles criminales en el Reino Unido.»

Creo que quería recalcar que su trayectoria profesional no se reducía a aquel terrible incidente.

—Oh, pero si tú eres el introductor de los perfiles criminales en el Reino Unido —dije, obediente.

David Baker se quedó mirando a Britton «mientras yo me hacía preguntas de forma casi inconsciente —como escribiría más tarde en sus memorias tituladas *The Jigsaw Man* [El hombre de los rompecabezas], que se convertirían en un éxito de ventas—. ¿Cuándo la había atado el asesino? ¿Cuánto tiempo había permanecido ella consciente? ¿Cuánto tardó en morir?»

Britton anunció finalmente a Baker que el asesino debía de ser un psicópata sexual de más de quince años y menos de veinticinco, solitario y sexualmente inmaduro, que probablemente vivía en casa con sus padres, un trabajador manual que se sentía cómodo con los cuchillos y poseía una gran colección de revistas y vídeos de pornografía violenta.

—Resultó que había acertado de lleno, por lo que no tardaron en echarle el guante al culpable —dijo Britton—, un hombre llamado Bostock, creo.

Paul Bostock, que, en efecto, respondía al perfil trazado por Britton, se confesó culpable, y Britton saltó a la fama. Los periódicos se deshicieron en elogios hacia él. El Ministerio de Interior británico lo contrató para que supervisara una Unidad de Investigación en la Elaboración de Perfiles Criminales y le pidió que apareciera en una serie de televisión, *Murder in Mind* [Asesinato en mente]. Me aseguró que era reacio a convertirse en una estrella de la televisión y que solo aceptó después de que la gente del Ministerio de Interior le explicara que querían dar la imagen de estar a la vanguardia del uso de perfiles criminales y le recordara que «todo lo que había hecho había tenido resultados muy positivos».

A medida que transcurrían los meses, Britton trazó con éxito los perfiles de muchos otros asesinos psicópatas sexuales, casi todos ellos hombres jóvenes de entre quince y veinticinco años que vivían solos o en casa de sus padres y poseían una colección de pornografía violenta.

—Se te critica... —empecé a decir.

—¿Qué se me critica? —espetó Britton con una brusquedad inesperada.

Hasta ese momento se había mostrado tan modesto, tan tímido incluso, que aquella repentina subida de tono me pilló por sorpresa.

—Esto... Que todos tus perfiles eran de tipos de personalidad casi idénticos —respondí.

—Ah, bueno, eso es fácil decirlo a posteriori. —Se encogió de hombros.

Y, de hecho —según *The Jigsaw Man*—, acertó al elaborar el perfil de algunos delincuentes que no respondían al arquetipo: un chantajista que metía navajas de afeitar en productos para bebé Heinz resultó ser un ex agente de policía, tal como, al parecer, Britton había previsto.

Aquellos fueron tiempos dorados para él, aunque empezaron a circular rumores aislados y sin fundamento sobre supuestos errores que había cometido. Por ejemplo, se decía que una adolescente había entrado en 1989 en una comisaría de Leeds y que había declarado ser una «yegua de cría» de algunos de los pilares de la comunidad, entre ellos el jefe de policía y el ministro de Justicia, miembro de la Cámara de los Lores.

«¿Qué es una "yegua de cría"?», le preguntó el desconcertado policía a la chica.

Ella le explicó que la llevaban con regularidad a un piso en el barrio estudiantil de Leeds, en cuyo sótano, que tenía una estrella de cinco puntas pintada en el suelo, el jefe de policía y sus compañeros masones satánicos la dejaban embarazada. Más tarde le arrancaban el feto y lo sacrificaban en el altar consagrado a Lucifer.

El policía no sabía qué pensar. ¿La chica tenía una imaginación desbocada, o era realmente una yegua de cría? ¿Su jefe era un jerarca satánico, o una víctima de la difamación? Así pues, le pidió a Britton que analizara su testimonio. El psicólogo dictaminó que decía la verdad, la policía se embarcó en una investigación costosa y no encontró nada: ni un altar, ni un aquelarre, ni una prueba de que utilizaran a nadie como yegua de cría. El caso fue abandonado rápidamente.

—¿Una yegua de cría? —Britton frunció el entrecejo cuando le pregunté qué sabía de este rumor.

—¿Te suena de algo? —inquirí—. ¿La afirmación de la chica de que los miembros de la secta satánica eran altos cargos de la policía que la dejaban embarazada y le arrancaban el feto para sacrificarlo a Satán?

—A lo largo de los años he intervenido en varios casos relacionados con actividades satánicas —contestó Britton—. No son infrecuentes. Pero no me acuerdo de ese en particular.

Aunque realmente se hubiera llevado a cabo una investigación sobre una yegua de cría, se le podía perdonar que no la recordara. Los últimos años ochenta y los primeros noventa fueron un torbellino para él. Aparecía en los medios, los policías hacían cola para pedirle consejo sobre asesinatos sexuales sin resolver, etcétera. Estaba en la cresta de la ola. Y de pronto todo se vino abajo.

El 15 de julio de 1992, Rachel Nickell, una mujer de veintitrés años, fue hallada muerta en el parque de Wimbledon Common. Le habían asestado cuarenta y nueve puñaladas delante de Alex, su hijo pequeño. La policía, como se había acostumbrado a hacer, le pidió a Britton que trazara un perfil del criminal.

«Me restregué los ojos hasta que vi lucecillas blancas rebotar en el techo —escribió más tarde en *The Jigsaw Man*—. Me había concentrado tanto que me costó devolver la atención a la realidad que me rodeaba.» Entonces anunció que el asesino debía de ser un psicópata sexual, soltero, un trabajador manual que vivía en casa de sus padres o solo en una habitación alquilada desde donde se podía ir andando a Wimbledon Common y que poseía una colección de pornografía violenta.

En retrospectiva resulta comprensible que tomaran a Colin Stagg por el asesino. Por un terrible capricho del destino, se parecía mucho al retrato robot del hombre que los testigos habían visto huir corriendo del escenario del crimen, que, a su vez, se parecía mucho al asesino de verdad, Robert Napper. Además, Colin se ajustaba como un guante al perfil elaborado por Britton, mejor incluso que el propio Robert Napper, como se descubriría posteriormente. Por ejemplo, Colin vivía en una habitación alquilada, no muy lejos del parque, mientras que Napper residía en Plumstead, a veintisiete kilómetros de allí, en el otro extremo de Londres (en la actualidad, Robert Napper vive a tres celdas de distancia de Tony en el pabellón TGPG de Broadmoor. Según Tony, no cae muy bien a ninguno de los internos porque es un tipo retorcido y raro).

La policía había amonestado a Stagg por tomar el sol desnudo en el Wimbledon Common y escribirle una carta obscena a una mujer llamada Julie, a quien había conocido a través de la sección de contactos de la revista *Loot*. Un letrero en su puerta principal decía: «Cristianos, no os acerquéis. Aquí mora un pagano.» Dentro guardaba una colección de revistas pornográficas y libros sobre ocultismo.

Sin embargo, no había pruebas de desviaciones sexuales de

ninguna clase. Tal como escribió en sus memorias, *Who Really Killed Rachel?* [¿Quién mató en realidad a Rachel?]: «Me considero una persona absolutamente normal..., un hombre fogoso normal que ansiaba disfrutar de la compañía femenina... Lo que de verdad anhelaba era una relación sólida y formal para a la larga casarme y tener hijos.»

Pero le había dicho a la policía que sí, que había estado paseando a su perro en Wimbledon Common el día que asesinaron a Rachel, como hacía todos los días.

La policía —casi convencida de que había dado con su asesino— preguntó a Britton si podía concebir una manera de arrancarle una confesión a Stagg o descartarlo como sospechoso. Y fue entonces cuando a él se le ocurrió una idea genial.

Sugirió que una agente de la policía secreta se pusiera en contacto con Stagg y trabara amistad con él. Se le indicó a una agente —«Lizzie James»— que escribiera a Stagg haciéndose pasar por una amiga de Julie, la que había publicado un anuncio en *Loot*.

A diferencia de la recatada Julie, Lizzie aseguró que no dejaba de pensar en la carta erótica de Colin. Para dejar más claras sus intenciones, añadió: «Tengo gustos musicales poco comunes: mi canción favorita es *Walk on the Wild Side*, de Lou Reed.»

Colin, entusiasmado por aquel giro maravillosamente inesperado de los acontecimientos, respondió de inmediato.

«Estoy muy solo», escribió, y le preguntó a Lizzie si le importaría mucho que le enviara descripciones de algunas de sus fantasías sexuales.

Lizzie contestó que sería una delicia. «Estoy segura de que tus fantasías no tienen límite y de que eres tan amplio de miras y desinhibido como yo.»

De modo que Colin le escribió de nuevo, detallando cómo los dos hacían el amor dulcemente en el parque un día soleado susurrándose: «Te quiero, te quiero tanto...» Al final de su fantasía, Colin enjugaba con ternura las lágrimas que le resbalaban a Lizzie por las mejillas.

La policía estaba encantada. Colin había elegido un parque como marco de la acción.

Pero Paul Britton les aconsejó prudencia. Habría resultado mucho más revelador que su fantasía hubiera sido menos amorosa y, bueno, más viciosa. Así pues, en sus cartas siguientes, Lizzie subió el tono. Escribió a Colin que no se cortara, «porque mis fantasías no tienen límite y doy rienda suelta a mi imaginación. A veces eso me preocupa. Sería un consuelo que tú tuvieras los mismos sueños raros que yo... Quiero sentir que eres tan poderoso y dominante que estoy totalmente a tu merced, indefensa y humillada.»

«Necesitas que un hombre de verdad te folle bien —respondió Colin, animoso—. Me aseguraré de que grites de dolor. —Acto seguido aclaró que en realidad no era una persona violenta. Solo decía aquellas cosas porque era el tipo de fantasías eróticas que suponía que ella quería oír—. Si te ha parecido ofensivo, te pido mil disculpas. —De hecho, añadió, sería estupendo que ella se pasara por su piso para que él le preparara «mi especialidad, arroz a la boloñesa y para postre mi *mousse* de frambuesa casero».

A pesar de todo, Paul Britton percibió «elementos inconfundibles de sadismo» en las cartas de Colin.

La correspondencia continuó. Lizzie le mandó a Colin una serie de cartas que daban a entender que lo encontraba increíblemente atractivo. Las respuestas de Colin evidenciaban que no daba crédito a su suerte. No le cabía duda de que era lo mejor que le había ocurrido nunca. El único nubarrón en el horizonte era el hecho incongruente de que cada vez que él sugería que pasaran a la fase siguiente —conocerse en persona y acostarse de verdad, por ejemplo—, ella invariablemente se sumía en el mutismo y se echaba para atrás. Stagg estaba desconcertado por este comportamiento, pero lo atribuía a la misteriosa mentalidad femenina.

Siguiendo las indicaciones de Britton, Lizzie empezó a lanzar indirectas a Colin de que guardaba un «oscuro secreto», un acto «perverso», «genial» y «maravilloso» que había realizado en el pasado y que despertaba en ella «emociones de lo más excitantes».

Colin respondió que le encantaría oír su oscuro secreto y que, de hecho, él también guardaba uno: la policía creía equivocadamente que había asesinado a Rachel Nickell «porque soy un solitario y profeso antiguas creencias indígenas».

Lizzie contestó que desearía que él fuese el asesino de verdad: «Eso me facilitaría las cosas, porque hay algo que tengo que contarte.» Se trataba de su «oscuro secreto». Tal vez debían ir de picnic a Hyde Park para que ella le revelase dicho secreto. Colin repuso que le encantaría ir de picnic y enterarse de su oscuro secreto, pero que en honor a la verdad debía comunicarle que en modo alguno había matado a Rachel Nickell. No obstante, agregó de forma poco elegante, si se acostaban, él podía tirarle de la cabeza hacia atrás con un cinturón mientras la penetraba por detrás y satisfacer sus «deseos carnales cada cinco minutos».

El «oscuro secreto» de Lizzie —según informó finalmente a Colin en Hyde Park, mientras un equipo numeroso de agentes de la policía secreta seguía cada uno de sus movimientos— era que, durante la adolescencia, se había juntado con unas «personas especiales» —de una secta satánica— y que, cuando estaba con ellos, «habían degollado a un bebé. Luego vertieron la sangre del bebé en una copa y todos bebimos de ella, y se creó una atmósfera de lo más electrizante». Después de beberse la sangre del bebé, mataron a su madre. «Estaba tumbada, desnuda, y alguien sacó unos cuchillos y un hombre me pasó uno y me pidió que le cortara la garganta a la mujer, y así lo hice, y se montó una orgía, y yo estuve con ese hombre, y fue el mejor con el que había estado nunca.»

Lizzie miró a Colin y dijo que solo podía amar a un hombre que hubiera hecho algo parecido.

—Creo que eres un poco exigente —replicó Colin.

Durante las semanas siguientes, Lizzie siguió insistiendo: «Imaginar [al asesino] me excita tanto... Me pone muy cachonda pensar en el hombre que lo hizo... Quiero a alguien como el hombre que hizo eso. Deseo a ese hombre... Si hubieras sido tú quien cometió el asesinato de Wimbledon Common, si la hubieras matado tú, sería fantástico.»

«Lo siento muchísimo —respondió Colin con tristeza—, pero no fui yo.»

A pesar de todo, continuó enviándole descripciones de fantasías sexuales cada vez más violentas, con cuchillos, sangre y demás, y cuando Lizzie se las entregó a Paul Britton, él las estudió y comunicó solemnemente a la policía: «Estamos ante alguien con una sexualidad sumamente desviada presentada por un porcentaje muy reducido de hombres. Las probabilidades de que hubiera dos hombres así en Wimbledon Common cuando Rachel fue asesinada son increíblemente bajas.»

Lizzie intentó sonsacarle una confesión por última vez. Quedaron en Hyde Park. «Intento imaginármelo —dijo, anhelante, mientras comían sándwiches junto al lago Serpentine—, y pensar en él me resulta muy excitante. Tal vez tú seas ese hombre. Quiero que me trates más o menos como ese hombre la trató a ella.»

Colin (según escribió más adelante) empezó a preguntarse si Lizzie «tenía algún trastorno mental».

«Tal vez deberíamos dejarlo para otro día», le dijo, descorazonado. Acto seguido, se levantó, suspiró y, mientras se alejaba a grandes zancadas, pasó junto una furgoneta amarilla repleta de policías.

Unos días después, Colin fue detenido por el asesinato de Rachel Nickell. Pasó los catorce meses siguientes en prisión provisional, y durante ese tiempo Robert Napper, el asesino auténtico, mató a una mujer y a su hija de cuatro años, Samantha y Jazmine Bissett, cerca de donde él vivía, en Plumstead, en la zona este de Londres.

—El cuerpo de Samantha estaba tan horriblemente mutilado —me dijo Paul Britton en el Premier Inn—, que el fotógrafo de la policía enviado al escenario del crimen levantó el edredón en que Napper la había envuelto, tomó la fotografía... —Britton hizo una pausa, removió su café y me miró con gravedad—... y nunca volvió a trabajar.

Su expresión me decía que aquel era el mundo en que vivían, en el que imperaba un horror cuya magnitud los civiles inocentes como yo jamás entenderíamos del todo.

El caso de Colin Stagg acabó en el principal tribunal penal de Inglaterra. El juez le echó un vistazo y lo desestimó. Declaró que la trampa que habían tendido a Colin denotaba «un comportamiento engañoso flagrante» y que la idea de que «un perfil psicológico se considere admisible como prueba de identidad bajo cualquier circunstancia entraña un peligro considerable».

Estas palabras hundieron la reputación tanto de Britton como de su profesión.

Nadie salió bien parado de aquella historia. La mujer policía que había representado el papel de Lizzie James desapareció del mapa en abril de 2001, cuando la BBC dio la noticia de que había recibido una compensación de ciento veinticinco mil libras por el trauma y el estrés que había sufrido. En 2008, a Colin Stagg se le pagó una indemnización de setecientas seis mil libras, pero solo tras soportar durante dieciséis años que lo rechazaran para todos los empleos que solicitaba y que la gente rumoarease que era un asesino que se había ido de rositas. La Asociación Británica de Psicología presentó una demanda contra Paul Britton, pero el caso fue desestimado después de que su abogado alegara que, dado el tiempo que había transcurrido, no recibiría un juicio imparcial. Se convirtió en un paria del mundillo de los psicólogos criminalistas.

—Quisiera tocar el tema de Colin Stagg —dije ahora, en el Premier Inn.

Al oír esto, Britton alzó el dedo y, sin abrir la boca, rebuscó en su maletín y me entregó una hoja de papel. Tardé un momento en entender lo que estaba leyendo. Entonces lo comprendí: era una declaración que le habían redactado para el caso de que alguien le hiciera esta pregunta.

Al principio de la investigación del caso Nickell —según afirmaba su declaración—, le dijo a la policía de Londres que el violador de Plumstead (que resultó ser Robert Napper) era su hombre. Pero ellos no lo escucharon.

Levanté la vista del papel.

—¿De verdad les dijiste eso? —pregunté.

Britton asintió.

—Les dije: «Nos encontramos ante el mismo delincuente. El perfil del asesino de Plumstead coincide con el del asesino de Rachel Nickell.» Ellos dijeron: «Los resultados de nuestro análisis son incontestables: no están relacionados entre sí.» Vale. Son la policía de la ciudad. Saben de estas cosas. No soy infalible. Sería presuntuoso por mi parte creer que mi análisis es superior al suyo. Y tienen razón. Lo sería. Más valía que tomara conciencia de ello. Que lo asumiera. Que lo considerara una lección. Me hice a un lado y les pedí perdón.

—¿Tienes alguna prueba? —pregunté—. ¿Hay alguien que esté dispuesto a confirmar que esto es absolutamente cierto?

—Hay varias personas que podrían confirmarlo, aunque ninguna de ellas querrá hacerlo.

—¿Por sus intereses particulares?

—Por sus pensiones, su situación y sus intereses. Pero recibí una llamada de dos personas que me dijeron: «Yo estaba allí. Sé lo que ocurrió. Tienes razón. Perdóname por no haber intercedido en tu favor. Tal vez lo haga cuando empiece a cobrar mi pensión.»

—¿Crees que es posible que alguno de ellos haya empezado ya a cobrar su pensión?

—La gente vela por sí misma. No se lo reprocho. Es la ley de la selva...

—Ah —murmuré.

Me miró.

—Deja que te eche una mano con esto... —dijo.

Durante la media hora siguiente, Britton desgranó pacientemente los detalles de la trampa policial para dejarme claro que no había hecho nada malo en ningún momento. Había establecido una norma para todo el proceso: «Colin Stagg, el sospechoso, debe ser quien introduzca todos y cada uno de los elementos. Lo que ustedes pueden hacer es reflejarlos, pero en ningún caso deben ser los primeros en introducirlos. Si lo hacen, estarán cumpliendo sus propias expectativas, ¿me entienden?»

Me quedé boquiabierto. No sabía por dónde empezar.

—Pero ¿qué hay de los asesinatos rituales que Lizzie había cometido en el pasado? —dije.

—¿Cómo... Perdona...? ¿Adónde quieres ir a parar? —titubeó Britton en voz baja, clavando en mí una mirada hostil.

—Ella dijo que solo podía amar a un hombre que hubiera hecho algo parecido —señalé.

—Si alguien con quien estuvieras saliendo te dijera eso, ¿qué harías? —inquirió Britton. Al cabo de unos instantes, repitió—: ¿Qué harías?

—Pero si saltaba a la vista que estaba desesperado por perder la virginidad con ella —objeté.

—No tengo respuesta para eso —dijo.

Resultaba desconcertante que Britton pareciera auténticamente incapaz de darse cuenta de lo mal planeada que estaba la trampa policial, pero me sorprendió aún más descubrir que lo que había detrás de aquella operación era en cierto modo una variante extrema de un impulso que los periodistas y los responsables de los programas de no ficción —y tal vez también los psicólogos, policías y abogados— entendemos muy bien. Habían creado una versión absolutamente deformada y demencial de Colin Stagg a partir de los aspectos más desquiciados de su personalidad. Solo un periodista totalmente trastornado llegaría tan lejos como ellos, pero casi todo el mundo avanza al menos un poco en esa dirección.

Britton me fulminó con la mirada. Me repitió cuál había sido su postura. No había cruzado la línea en ningún momento de la operación.

—¿Ni siquiera cuando dijiste que la probabilidad de que hubiera dos hombres con una «sexualidad sumamente desviada» en Wimbledon Common al mismo tiempo era muy baja? —pregunté.

—Bueno, no olvides que Robert Napper estaba allí, y Colin Stagg no. Por lo tanto...

—Colin Stagg estuvo allí esa mañana —lo corregí.

—¡Pero no estuvo en el parque al mismo tiempo! —exclamó Britton, con una expresión triunfal en los ojos.

—¿Crees que Colin Stagg tenía una personalidad sexualmente desviada? —quise saber.

—No conozco a Colin Stagg —replicó. Se impuso un silencio gélido—. ¿Esas son las preguntas que has venido a hacerme? —preguntó.

Pedimos la cuenta.

10

La muerte evitable de Rebecca Riley

Una tarde templada y agradable, los cienciólogos me invitaron a una cena de etiqueta en la vieja casa solariega de L. Ron Hubbard en East Grinstead. Bebimos champaña en la terraza de Hubbard, con vistas a hectáreas ininterrumpidas de campiña inglesa, y luego nos condujeron al Gran Salón, donde me hicieron sentarme a la cabecera de la mesa, junto a Tony Calder, ex manager de los Rolling Stones.

La velada comenzó con una extraña ceremonia. Los cienciólogos que habían aumentado sus donativos a más de treinta mil libras se dirigieron al estrado para que les entregaran unas estatuillas de cristal. Se quedaron allí de pie, radiantes, delante de un decorado pintado con nubes celestiales mientras el público, integrado por unas cien personas, se ponía en pie para aplaudirlos y unas vaharadas de hielo seco los envolvían, confiriéndoles una especie de brillo místico.

A continuación, Lady Margaret McNair, directora de la rama británica de la Comisión Ciudadana de Derechos Humanos, la sección anti-psiquiatría de la Cienciología, pronunció un discurso largo y bastante sorprendente en el que describía con lujo de detalles los trastornos mentales que se habían propuesto para su inclusión en la nueva edición del *DSM*, el *DSM-V*.

—¿Alguna vez habéis dado un bocinazo por estar enfadados? —dijo—. ¡Pues bien: padecéis un trastorno explosivo intermitente!

—¡Sí! —gritó el público—. ¡Felicidades!

En realidad, el trastorno explosivo intermitente se describe como «un trastorno de la conducta que se caracteriza por la expresión extrema de la ira, que a veces se traduce en una rabia descontrolada y desproporcionada con respecto a la situación en que se produce».

—¡Luego está la adicción a Internet! —prosiguió. La multitud se rio y estalló en silbidos.

De hecho, la comisión de elaboración del *DSM-V* ya había descartado la adicción a Internet. La idea se le había ocurrido a Jerald Block, un psiquiatra afincado en Portland, Oregón. «La adicción a Internet parece ser un trastorno común que merece figurar en el *DSM-V* —escribió en el *American Journal of Psychiatry* de marzo de 2008—. Entre otras consecuencias negativas, están las discusiones, las mentiras, un bajo rendimiento, el aislamiento social y la fatiga.»

Sin embargo, la comisión de elaboración del *DSM-V* no se había mostrado de acuerdo. Había dictaminado que dedicar demasiado tiempo a Internet podía considerarse un síntoma de depresión, pero no un trastorno en sí mismo. Accedieron a mencionarlo en el apéndice del *DSM-V*, pero todo el mundo sabía que el apéndice era el cementerio de trastornos mentales.

(Aunque no quise reconocerlo delante de los cienciólogos, en el fondo estaba a favor de que se clasificara la adicción a Internet como un trastorno, pues me hacía gracia que las personas que habían discutido sobre si yo era un mandado o un tarado fueran declaradas dementes.)

Lady Margaret continuó con su lista de propuestas indignantes de trastornos mentales:

—¿Alguna vez os habéis peleado con vuestra pareja? ¡Entonces padecéis un trastorno relacional!

—¡Buuu! —abucheó el público.

—¿Sois un poco perezosos? ¡Entonces tenéis un trastorno del ritmo cognoscitivo!

Luego les tocó el turno al trastorno de la alimentación excesiva, el trastorno pasivo-agresivo de la personalidad, el trastorno de amargura postraumática...

Muchos de los presentes eran prósperos hombres de negocios de la zona, pilares de la comunidad. Me dio la impresión de que tenían en mucha estima la libertad para discutir con sus esposas y dar bocinazos de rabia.

No sabía qué pensar. Hay mucha gente enferma en el mundo cuyos síntomas se manifiestan de formas extrañas. No me parecía de recibo que Lady Margaret —o cualquiera que estuviera en contra de la psiquiatría, fuera o no cienciólogo— los considerara automáticamente cuerdos solo por motivos ideológicos. ¿Cuál es la línea que separa el cuestionamiento de los criterios de diagnóstico de la burla de los síntomas poco comunes que presentan personas con problemas muy reales? La CCDH había emitido un comunicado de prensa en el que censuraba a los padres que medicaban a sus hijos simplemente por «hurgarse la nariz».

Los psiquiatras lo han catalogado todo como enfermedad mental, desde el hurgarse la nariz (rinotilexomanía) hasta el altruismo, pasando por la lotería y el jugar con «figuras de acción». Nos venden la idea falaz de que los trastornos descritos en el *DSM* como los de la ortografía, el razonamiento matemático, la abstinencia de cafeína son tan legítimos como el cáncer o la diabetes.

JAN EASTGATE, presidente
de la Comisión Ciudadana Internacional
de Derechos Humanos,
18 de junio de 2002

El problema es que los padres no medicaban a sus hijos por hurgarse la nariz. Los medicaban por hurgársela hasta dejar al descubierto los huesos faciales.

Sin embargo, mientras Lady Margaret continuaba con su lista, no pude por menos de preguntarme cómo habían llegado las cosas a ese punto. Daba la impresión de que ella no iba del todo errada, de que había una tendencia cada vez más acentuada a etiquetar las conductas humanas complicadas como trastornos mentales. ¿Cómo se había llegado a esto? ¿Qué importancia tenía? ¿Cuáles eran las consecuencias?

La respuesta a la primera pregunta —cómo se había llegado a esto— resultó ser sorprendentemente sencilla. Todo se debía a lo que hizo en los años setenta un hombre: Robert Spitzer.

—Desde que tengo memoria, me gusta clasificar a la gente.

—En una casa grande y espaciosa en un frondoso barrio residencial de Princeton, Nueva Jersey, Robert Spitzer (que ahora cuenta con más de ochenta años y padece la enfermedad de Parkinson, pero sigue siendo un hombre muy despierto y carismático) estaba con su ama de llaves y conmigo, rememorando las excursiones que hacía en el norte del estado de Nueva York cuando era niño—. Me quedaba sentado en la tienda de campaña, escribiendo notas sobre las señoras campistas —dijo—. Mis observaciones sobre cada una, sobre sus atributos, sobre cuáles me caían mejor. —Sonrió—. Siempre me ha gustado clasificar las cosas. Todavía lo hago.

Sus excursiones le proporcionaban un respiro de su tensa vida familiar, consecuencia de tener una «madre que era una paciente psiquiátrica crónica externa. Era una mujer muy desdichada. Y era muy aficionada al psicoanálisis. Pasaba de un analista a otro».

Y nunca mejoraba. Vivió descontenta y murió descontenta. Spitzer fue testigo de ello. Los psicoanalistas no servían para nada, decían cosas sin ton ni son. No la habían ayudado en absoluto.

Spitzer se licenció en psiquiatría por la Universidad de Columbia, sin que su aversión al psicoanálisis se atenuara un ápice. Entonces, en 1973, se le presentó la oportunidad de cambiarlo todo.

David Rosenhan era un psicólogo de Swarthmore College, en Pensilvania, y Princeton. Al igual que Spitzer, se había hartado de la torre de marfil pseudocientífica en que vivían los psicoanalistas. Quería demostrar que eran tan inútiles como idolatrados, por lo que ideó un experimento. Invitó a participar en su plan a siete amigos suyos que nunca habían padecido problemas psiquiátricos. Tras adoptar profesiones y nombres falsos, viajaron por Estados Unidos, cada uno a un hospital psiquiátrico distinto. Como escribió Rosenhan más tarde:

> Estaban situados en cinco estados diferentes de las costas Este y Oeste. Unos eran viejos y ruinosos, otros eran bastante nuevos. Unos tenían un buen ratio de pacientes por empleado, otros iban cortos de personal. Solo uno era un hospital totalmente privado. Todos los demás estaban financiados por fondos estatales, federales y, en un caso, universitarios.

En un momento previamente acordado, cada uno de ellos le comunicó al psiquiatra de turno que oía una voz en su cabeza que repetía las palabras «vacío», «hueco» y «golpe». Era la única mentira que tenían permitido decir. Por lo demás, tenían que comportarse de un modo absolutamente normal.

Los ocho fueron declarados enfermos mentales de inmediato e ingresados en los hospitales. A siete les diagnosticaron esquizofrenia; a uno, trastorno maniacodepresivo.

Rosenhan había previsto que el experimento duraría un

par de días. Es lo que había dicho a su familia, que no se preocuparan y que volverían a verlo en un par de días. El hospital no le dio el alta hasta dos meses después.

De hecho, se negaron a dejar en libertad a ninguno de los ocho, que permanecieron un promedio de diecinueve días recluidos, pese a que todos se comportaron con toda normalidad desde el momento en que los ingresaron. Cuando algún miembro del personal les preguntaba cómo se sentían, respondían que bien. A todos les administraron antipsicóticos potentes.

A cada uno se le dijo que salir de allí dependía solo de él, o, en otras palabras, que debía convencer al personal de que estaba cuerdo.

Asegurar simplemente que estaban cuerdos no colaría.

En cuanto lo catalogaban como esquizofrénico, el pseudopaciente no podía deshacerse de esa etiqueta.

DAVID ROSENHAN,
«On Being Sane in Insane Places»
[Estar cuerdo en lugares de locos] 1973

Solo había una salida. Tenían que reconocer ante los psiquiatras que eran enfermos mentales y luego fingir que mejoraban.

Cuando Rosenhan publicó los resultados del experimento, se armó un gran revuelo. Lo acusaron de recurrir al engaño. ¡Sus amigos y él habían simulado una enfermedad mental! ¡No se le podía reprochar a un psiquiatra que se equivocara en el diagnóstico de una persona que se había presentado con síntomas falsos! Un hospital psiquiátrico desafió a Rosenhan a que enviara a más impostores, con la garantía de que esta vez los desenmascararía. Rosenhan aceptó, y al cabo de un mes el hospital tuvo el orgullo de anunciar que había descubierto a cuarenta y un impostores. Entonces Rosenhan reveló que no había enviado a nadie al hospital.

El experimento Rosenhan fue un desastre para la profesión psiquiátrica estadounidense. Robert Spitzer no cabía en sí de gozo.

—Fue muy embarazoso —me dijo ahora—. La autoestima de la psiquiatría quedó por los suelos como consecuencia de aquello. Nunca la habían aceptado como una rama de la medicina porque los diagnósticos eran muy poco fiables, y el experimento Rosenhan lo confirmó.

En cambio, Spitzer respetaba a psicólogos como Bob Hare, que en vez del psicoanálisis se servía de algo más científico: las escalas de evaluación, catálogos objetivos de conductas observables. Si al menos hubiera una manera de introducir esa clase de disciplina en la psiquiatría...

Entonces se enteró de que había un puesto vacante como director de la nueva edición de un folleto poco conocido, encuadernado con espiral y titulado *DSM*.

—¡La primera edición del *DSM* tenía sesenta y cinco páginas! —se rio Spitzer—. La utilizaban sobre todo hospitales estatales cuando elaboraban sus informes estadísticos. No interesaba en absoluto a los investigadores.

Daba la casualidad de que él conocía a algunos de los responsables del *DSM*. Había intervenido cuando unos activistas gais los presionaron para que eliminaran la homosexualidad como trastorno mental. Spitzer, que estaba de parte de los activistas, había facilitado un acuerdo en virtud del cual el hecho de ser homosexual dejaba de considerarse una manifestación de locura. Su intervención le había valido el respeto de todos, por lo que, cuando expresó su interés por dirigir la edición del *DSM-III*, la respuesta estaba cantada.

—De todos modos —dijo—, nadie más había solicitado el trabajo. No se consideraba un puesto muy importante.

Lo que nadie sabía era que Spitzer tenía un plan, el de extirpar, en la medida de lo posible, los juicios humanos de la psiquiatría.

Durante los seis años siguientes, de 1974 a 1980, celebró una serie de reuniones editoriales sobre el *DSM-III* en una pequeña sala de conferencias de la Universidad de Columbia. Según todos los testimonios, fueron un caos. Alix Spiegel, de *The New Yorker*, informó más tarde de que los psiquiatras invitados por Spitzer se gritaban entre sí. Tendían a tomar más en serio a quien tuviera la voz más potente. No se levantaban actas.

—Claro que no levantábamos actas —me dijo Spitzer—. A duras penas teníamos máquina de escribir.

Alguien gritaba el nombre de un posible nuevo trastorno mental con una lista de sus características observables, estallaba una algarabía de voces de aprobación o de protesta, y si a Spitzer le parecía bien, que es lo que solía ocurrir, tecleaba el nuevo trastorno en una vieja máquina de escribir y allí quedaba, grabado en piedra.

Parecía un plan infalible. Spitzer erradicaría de la psiquiatría todas esas burdas exploraciones del inconsciente. Ya no habría más polémicas absurdas. Los juicios humanos no habían ayudado a su madre. Los sustituiría por la ciencia. Cualquier psiquiatra podría abrir el manual que estaban creando —el *DSM-III*— y, si los síntomas observables del paciente encajaban con los de la lista, el diagnóstico sería claro.

Y así fue como se inventaron casi todos los trastornos de los que hemos oído hablar o que nos han diagnosticado, en aquella anárquica sala de conferencias, bajo los auspicios de Robert Spitzer, que se había inspirado en los pioneros de las escalas de evaluación como Bob Hare.

—Dame más ejemplos —le pedí.

—Oh... —Agitó la mano para indicar que había demasiados—. El trastorno de estrés postraumático. El trastorno límite de la personalidad. El trastorno por déficit de atención...

Luego estaban el autismo, la anorexia nerviosa, la bulimia, el trastorno de pánico..., todos ellos trastornos nuevecitos, cada uno con su lista de síntomas.

La siguiente, por ejemplo, es una parte de la lista de síntomas del trastorno bipolar que aparece en el *DSM-IV-TR*:

CRITERIOS PARA EL DIAGNÓSTICO
DE UN EPISODIO MANÍACO

Un período concreto durante el cual el estado de ánimo es anormal y persistentemente elevado, expansivo o irritable, con una duración de hasta una semana.

Aumento de la autoestima y la soberbia.

Disminución de la necesidad de dormir (por ejemplo, el individuo se siente descansado tras solo tres horas de sueño).

Locuacidad superior a lo habitual, o insistencia en seguir hablando.

Afición excesiva a las actividades placenteras con muchas posibilidades de tener consecuencias dolorosas (por ejemplo, compras compulsivas, indiscreciones sexuales o inversiones imprudentes).

CON SÍNTOMAS MELANCÓLICOS

Pérdida del placer en todas o prácticamente todas las actividades.

Falta de reactividad a los estímulos habitualmente placenteros (el estado de ánimo del paciente no mejora, ni siquiera temporalmente, cuando ocurre algo bueno).

Sentimiento de culpa excesivo o inapropiado.

Algunos de los problemas derivados son: absentismo escolar, fracaso escolar, fracaso laboral, divorcio y comportamiento antisocial episódico.

—¿Rechazaste alguna propuesta de trastorno mental? —le pregunté a Spitzer.

Reflexionó por un momento.

—Sí —respondió al fin—. Me acuerdo de una. Síndrome del niño atípico.

Hubo un breve silencio.

—¿Síndrome del niño atípico? —repetí.

—Lo malo fue que cuando intentábamos enumerar las características, pregunté: «¿Cuáles son los síntomas?» El hombre que lo había propuesto contestó: «Es difícil decirlo, pues los niños son muy atípicos.» —Hizo una pausa—. Íbamos a incluir el trastorno masoquista de la personalidad, pero un puñado de feministas se opuso tajantemente.

—¿Por qué?

—Porque opinaban que estábamos estigmatizando a la víctima.

—¿Y qué ocurrió finalmente?

—Le cambiamos el nombre a trastorno autodestructivo de la personalidad y lo incluimos en el apéndice.

Siempre me había preguntado por qué no se menciona a los psicópatas en el *DSM*. Resulta, según me contó Spitzer, que se había producido una escisión a puerta cerrada entre Bob Hare y una socióloga llamada Lee Robins. Ella sostenía que los clínicos no podían medir de forma fiable rasgos de la personalidad como la empatía. Proponía eliminarlos de la lista del *DSM* y solo enumerar los síntomas evidentes. Bob se pronunció vehementemente en contra, la comisión del *DSM* se alineó con Lee Robins y la psicopatía fue abandonada en favor del trastorno antisocial de la personalidad.

—Robert Hare debe de estar bastante disgustado con nosotros —comentó Spitzer.

—Supongo —dije—. Me parece que cree que plagiasteis sus criterios sin atribuirle el mérito.

(Más tarde me enteré de que es posible que al final se le reconozca a Bob Hare el mérito que merece. David Shaffer, un miembro de la comisión gestora del *DSM-V*, me dijo que estaban planteándose cambiar el nombre del trastorno antisocial de la personalidad —que suena demasiado fuerte—, y que alguien propuso que lo llamaran «síndrome de Hare». Están deliberando sobre ello.)

En 1980, tras pasar seis años en Columbia, Spitzer se sentía preparado para publicar. Pero antes quería poner a prueba sobre el terreno sus nuevas listas de síntomas. Y había muchas. El *DSM-I* había sido un folleto de sesenta y cinco páginas. En cambio, el *DSM-III*, el *DSM* de Spitzer, constaba de 494. Convirtió las listas en cuestionarios y envió a varios investigadores por todo Estados Unidos para que preguntaran a cientos de miles de personas al azar cómo se sentían.

Resultó que casi todos se sentían fatal. Y, según las nuevas listas de síntomas, más del cincuenta por ciento padecía un trastorno mental.

El *DSM-III* causó sensación. Se vendieron más de un millón de ejemplares del libro y de su versión revisada. Los compradores profanos eran mucho más numerosos que los profesionales. Casi toda la población del mundo occidental empezó a utilizar las listas de síntomas para autodiagnosticarse. Muchos las recibieron como una bendición del cielo. Les pasaba algo muy grave, y por fin su mal tenía un nombre. Fue una auténtica revolución en el mundo de la psiquiatría, así como una oportunidad de oro para las compañías farmacéuticas, que de pronto tenían cientos de trastornos nuevos para los que inventar medicamentos, millones de pacientes nuevos que tratar.

—Las farmacéuticas estaban felices con el *DSM* —aseguró Spitzer, feliz a su vez por ello—. Me encanta oír casos de padres que dicen: «Nos hacía la vida imposible hasta que le dimos su medicación, y entonces cambió radicalmente.» Eso es una buena noticia para un responsable del *DSM*.

Pero entonces las cosas se torcieron.

Gary Maier —el psiquiatra que inventó los talleres de sueños y los ritos con cánticos en Oak Ridge antes de que lo despidieran por administrar LSD a veintiséis psicópatas a la vez— recibió una invitación a almorzar con unos representantes de alguna compañía farmacéutica. Ahora, Maier trabajaba en dos cárceles de máxima seguridad de Madison, Wisconsin, y su departamento acababa de tomar la decisión de romper todo trato con dichas empresas. Por consiguiente, un puñado de representantes lo invitó a almorzar para averiguar el porqué.

—Eran dos mujeres preciosas y un tipo bastante majo —me contó Gary después de que finalizara el almuerzo.

—¿Qué te han dicho? —le pregunté.

—Bueno, si buscas mi nombre en Internet, encontrarás unos ensayos que escribí sobre los montículos con efigie —respondió—. Son mi hobby. Así que las dos mujeres preciosas se han pasado buena parte del almuerzo haciéndome preguntas sobre los montículos con efigie. Me han pedido que dibuje efigies en el mantel.

—¿Y luego? —quise saber.

—Luego han ido al grano —dijo—. ¿Por qué no utilizaba sus productos? Les he explicado: «Ustedes son el enemigo. Han hecho su agosto a costa de mi profesión. Solo les interesa vender sus productos, no tratar a los pacientes.» Todos se me echaron encima. Yo no di el brazo a torcer. Entonces nos trajeron la cuenta. Estábamos listos para irnos, cuando la más atractiva de las dos mujeres dijo: «¡Ah! ¿Quiere unas muestras de Viagra?» —Gary se quedó callado. Luego añadió, con cierta rabia—: Como camellos de la calle.

Gary me aseguró que no tenía nada contra las listas de autoevaluación.

—Una buena lista de autoevaluación resulta útil. Pero ahora estamos inundados de listas de autoevaluación. Pueden encontrarse hasta en la revista *Parade*.

Y un exceso de listas de autoevaluación, agregó, sumado a los representantes sin escrúpulos de las farmacéuticas, podía ser una combinación aterradora.

Hay un libro ilustrado para niños titulado *Brandon and the Bipolar Bear* [Brandon y el oso bipolar], escrito por una mujer que se llama Tracy Anglada. En él, el pequeño Brandon se pone furioso a la menor provocación. En otros momentos se comporta como un bobalicón atolondrado. Su madre lo lleva junto con su oso al médico, que le comunica que padece un trastorno bipolar. Brandon le pregunta al médico si algún día se pondrá mejor. El médico le responde que sí, que ahora existen unas medicinas muy buenas que ayudan a los niños y niñas con trastorno bipolar, y que Brandon puede empezar a tomarlas de inmediato. Le pide a Brandon que prometa que se tomará su medicina cada vez que su madre se lo indique.

Si Brandon fuera un niño real, lo más probable es que el diagnóstico de trastorno bipolar sería erróneo.

—En Estados Unidos se diagnostican más trastornos de la cuenta, y aunque el trastorno bipolar en niños es el más reciente, es también el más preocupante por sus implicaciones.

—Ian Goodyer es profesor de psiquiatría infantil y adolescente en la Universidad de Cambridge. Al igual que prácticamente todos los neurólogos y psiquiatras infantiles que ejercen fuera de Estados Unidos, y muchos de los que ejercen dentro, sencillamente no cree que el trastorno bipolar infantil exista—. Los estudios epidemiológicos nunca han arrojado resultados que respalden las cifras que esgrimen quienes sostienen la existencia de niños bipolares —me dijo—. Es una enfermedad que aparece al final de la adolescencia. Es muy, muy raro detectarla en niños de menos de siete años.

Lo que no deja de resultar curioso, dado que hoy en día se diagnostica este trastorno a un gran número de niños estadounidenses de menos de siete años.

Es posible que estén enfermos, algunos de ellos de gravedad, o que tengan problemas serios, aseveró Ian Goodyer, pero no son bipolares.

Cuando Robert Spitzer dimitió como director del *DSM-III*, un psiquiatra llamado Allen Frances ocupó su lugar. Continuó con la tradición de Spitzer de incluir en el manual el mayor número posible de trastornos mentales nuevos, con sus listas de síntomas correspondientes. Una vez terminado, el *DSM-IV* constaba de 886 páginas.

Ahora, mientras viajaba en coche de Nueva York a Florida, el doctor Frances me dijo por teléfono que tenían la sensación de haber cometido errores terribles.

—Es muy fácil desatar una falsa epidemia en el campo de la psiquiatría —declaró—. Y sin querer contribuimos a crear tres que no han sido erradicadas aún.

—¿Cuáles? —pregunté.

—El autismo, el déficit de atención y el bipolar infantil —dijo.

—¿Cómo lo hicisteis?

—En el caso del autismo, lo que hicimos fue principalmente introducir el Asperger, una variante mucho más suave —respondió—. El número de diagnósticos del trastorno autista en niños pasó de menos de uno por cada dos mil a más de uno por cada cien. A muchos niños que habrían podido considerarse extravagantes, diferentes, de pronto se les puso la etiqueta de autistas.

Recordé mi viaje por carretera al centro penitenciario de Coxsackie, de aquella valla publicitaria que vi cerca de Albany: CADA 20 SEGUNDOS SE LE DIAGNOSTICA AUTISMO A UN NIÑO.

Algunos padres llegaron a creer, erróneamente, que esta epidemia repentina y alarmante estaba relacionada con la vacuna triple vírica. Médicos como Andrew Wakefield y famosos como Jenny McCarthy y Jim Carrey ayudaron a difundir esta creencia. Muchos padres dejaron de vacunar a sus hijos. Algunos contrajeron el sarampión y murieron.

Pero este caos, dijo Allen Frances, era una nimiedad en comparación con el trastorno bipolar infantil.

—La manera en que se realizan ahora los diagnósticos en Estados Unidos no fue un efecto deseado por nosotros —afirmó—. A los niños propensos a la irritabilidad extrema, el malhumor y las rabietas los están catalogando como bipolares. Las compañías farmacéuticas y los grupos de presión ejercen una enorme influencia en la propagación de la epidemia.

Casualmente, Tracy Anglada, autora de *Brandon and the Bipolar Bear*, es la jefa de un grupo de presión, centrado en el trastorno bipolar infantil, que se llama BP Children. Me escribió por correo electrónico que me deseaba lo mejor con mi proyecto, pero que no quería que la entrevistara. No obstante, si tenía a bien enviarle una copia del manuscrito terminado, añadió, con mucho gusto se plantearía la posibilidad de escribir una reseña.

—Los diagnósticos psiquiátricos se acercan cada vez más a la frontera de lo normal —dijo Allen Frances—. Esa frontera está muy poblada. La frontera más abarrotada es la frontera de lo normal.

—¿Por qué? —pregunté.

—La sociedad nos empuja hacia la uniformidad en todos los aspectos —contestó—. Hay una tolerancia menor hacia la diferencia. Por eso, algunas personas prefieren llevar una etiqueta. Les infunde esperanzas y la sensación de tener una meta en la vida. «Antes se reían de mí, se metían conmigo, nadie me apreciaba, pero ahora puedo comunicarme con otros bipolares por Internet y ya no me siento solo.» —Hizo una pausa—. En los viejos tiempos, a algunos de ellos quizá les habrían diagnosticado algo más condenatorio como un «trastorno de la conducta», «trastorno de la personalidad» o «trastorno negativista desafiante». El trastorno bipolar infantil alivia el sentimiento de culpa de los padres que tal vez son responsables de la actitud rebelde de su hijo.

—Así que a lo mejor todo eso es positivo —aventuré—. A lo mejor es bueno que a un niño le diagnostiquen un trastorno bipolar.

—No —repuso—. No es positivo en absoluto. Y te daré una buena razón.

Bryna Hebert, que vive a más de trescientos kilómetros de la ciudad de Robert Spitzer, en Barrington, Rhode Island, era «una niña con una energía desbordante. ¿Me habrían puesto la etiqueta? Seguramente. Hacía toda clase de locuras. Bajaba las escaleras dando volteretas hacia atrás...»

Sin embargo, su infancia transcurrió antes de que se publicara el *DSM-III*, por lo que su conducta se achacaba sencillamente a su edad.

Todo sucedió de forma muy distinta con sus hijos. Yo estaba sentado con ellos en su espacioso hogar de clase media. Matt, de catorce años, vagaba por allí tocando *Smoke on the Water* con una Gibson Epiphone. A Hannah le preocupaba que unas sobras que había comido estuvieran pasadas. Jessica no había regresado del colegio. Todo me parecía normal y agradable. Por otro lado, Matt estaba bajo medicación. Fui a ver a Bryna porque, al igual que su amiga Tracy Anglada, había escrito un libro infantil sobre el trastorno: *My Bipolar, Roller Coaster, Feelings Book* [Mi libro de sentimientos bipolares con altibajos].

—Siempre han sido muy inquietos —dijo Bryna—. Eran críos difíciles. Sufrían cólicos. Tenían que moverse todo el rato. A los seis meses gateaban. Andaban a los diez. Iba a buscarlos al colegio, y la maestra decía: «Hoy Hannah se ha comido el arroz de la fuente de arroz. ¡Se ha llenado la boca con arroz de la fuente de arroz!» —Bryna se rio, sonrojada. Seguía teniendo una energía desbordante; hablaba a toda velocidad, sus palabras y pensamientos salían atropelladamente de su boca—. Antes teníamos que pegarles los pañales con cinta americana. Se los quitaban mientras dormían. Eran bastante espabilados. ¡Matt! ¿Quieres hacer el favor de tomarte tus medicinas?

Estaban colocadas en fila sobre la mesa de la cocina. Él se las tomó en el acto.

El apodo que le habían puesto al bebé Matt era «Don Maniacodepresivo».

—Porque le cambiaba el humor de buenas a primeras. Estaba sentado en su trona, la mar de contento, y dos segundos después estaba tirando cosas al otro extremo de la habitación. Lloraba y se enfadaba, y nadie sabía por qué. Cuando tenía tres años, se volvió más difícil de tratar. Caía bien a los otros niños, pero empezaba a darles miedo porque no podían predecir lo que haría a continuación. Les pegaba y no sentía el menor remordimiento por ello. Estaba obsesionado con los vampiros. Recortaba triangulitos de papel y se los ponía en los dientes, como colmillos de vampiro, e iba por ahí, siseando. ¡Por la calle! Se acercaba a los desconocidos. Era un poco raro.

—¿Eso te ponía nerviosa? —pregunté.

—Sí —dijo Bryna—. Cuando nos subíamos al coche, él decía que quería ver los edificios del centro. ¡Pero estaban a cincuenta kilómetros! Cuando jugábamos al Rey León, él se creía Simba de verdad. Tenía comportamientos maníacos muy a menudo; depresivos, solo de vez en cuando. Decía que no merecía vivir, pero nunca mostraba actitudes suicidas. Y a veces le daban rabietas que duraban mucho rato. Un día, en casa, él quería comerse unas galletas saladas antes del almuerzo y, como yo estaba cocinando, le dije que no, que no iba a comer galletas saladas. Entonces empuñó un cuchillo para la carne y me amenazó con él. Tuve que gritarle que lo soltara.

—¿Qué edad tenía?

—Cuatro años.

—¿Y lo soltó?

—Sí.

—¿Fue la única vez? —inquirí.

—Es la única vez que se ha pasado de la raya —dijo Bryna—. Bueno, le ha pegado a Jessica en la cabeza y le ha dado patadas en el estómago.

—Fue ella quien me dio un puñetazo a mí en la cabeza —replicó Matt desde la otra punta de la sala.

Bryna pareció enfurecerse. Hizo un esfuerzo por tranquilizarse.

Me explicó que lo llevaron a que le hicieran pruebas después del incidente con el cuchillo.

Resultó que quien dirigía la unidad de pediatría de su hospital local —el Massachusetts General— era el doctor Joseph

Biederman, el defensor más veterano del trastorno bipolar infantil. En noviembre de 2008, fue acusado de conflicto de intereses cuando se descubrió que su unidad había recibido fondos de Johnson & Johnson, fabricante del fármaco antipsicótico Risperdal, que se receta con frecuencia a niños. Aunque el hospital negó que la unidad promocionara productos de Johnson & Johnson, *The New York Times* publicó pasajes de un documento interno en el que Biederman prometía intentar «favorecer los objetivos comerciales de J&J».

Biederman ha afirmado que el trastorno bipolar puede darse «desde el momento en que el niño abre los ojos».

Ha negado las acusaciones formuladas contra él.

La ciencia de la medicación psiquiátrica infantil es tan primitiva, y la influencia de Biederman tan grande, que basta con que mencione un fármaco durante una presentación para que decenas de miles de niños acaben consumiendo ese fármaco o esa combinación de fármacos en un margen de un par de años. A falta de pruebas farmacológicas de ninguna clase, la decisión se basa en el boca a boca entre los 7.000 psiquiatras infantiles de Estados Unidos.

LAWRENCE DILLER,
San Francisco Chronicle,
13 de julio de 2008

—Cuando estaban realizándole pruebas a Matt, él encendía y apagaba el sistema de megafonía —dijo Bryna—. Encendía y apagaba las luces, una y otra vez. Se metía debajo de la mesa, se subía encima de la mesa. Nos hicieron responder a varios cuestionarios de síntomas. Dijo que había soñado una vez que un enorme pájaro con hélices les cortaba la cabeza a sus hermanas. En otro sueño, un fantasma lo devoraba. Cuando le oyeron contar esos sueños, empezaron a prestarle mucha atención.

Al cabo de un rato, uno de los colegas del doctor Biederman dijo: «Tenemos la certeza de que Matt cumple los criterios de trastorno bipolar que establece el *DSM*.»

Eso ocurrió hacía diez años, y Matt se medica desde entonces, al igual que su hermana Jessica, a quien el doctor Biederman diagnosticó también un trastorno bipolar.

—Hemos probado con un millón de medicamentos distintos —dijo Bryna—. Con el primero, él mejoró mucho, pero engordó casi cinco kilos en un mes. O sea que provocan aumento de peso. Tics. Irritabilidad. Sopor. Dan buenos resultados durante un par de años, y luego dejan de surtir efecto. ¡MATT! —Matt estaba tocando *Smoke on the Water* muy cerca de nosotros—. Matt —repitió ella—. ¿Quieres ir a hacer eso a otra parte? Cariño, ¿podrías buscar algo que hacer? Vete a otro sitio.

Bryna está convencida de que sus hijos son bipolares, y yo no iba a pasarme la tarde en casa de una desconocida para luego decirle que eran todos normales. Eso habría resultado condescendiente y ofensivo por mi parte. Además, tal como me dijo David Shaffer —el venerable psiquiatra infantil y pionero del *DSM*, divorciado recientemente de Anna Wintour, la directora de *Vogue*— cuando me reuní con él en Nueva York aquella noche: «Los niños a quienes les diagnostican equivocadamente un trastorno bipolar pueden ser muy rebeldes y presentar problemas importantes. No son niños normales. Son muy difíciles de controlar, y aterrorizan a las familias, a veces hasta el punto de destrozarlas. Son niños muy poderosos que pueden robarte muchos años de felicidad. Pero no tienen un trastorno bipolar.»

—Entonces ¿qué tienen? —quise saber.

—¿Trastorno por déficit de atención? —aventuró—. A

menudo, cuando alguien está con un niño que padece ese trastorno, piensa: «Madre mía, es igual que un adulto maníaco.» Los niños con déficit de atención no se convierten en maníacos cuando crecen. Tienen episodios maníacos, pero no se convierten en maníacos. Por otro lado, los adultos maníacos no sufrían de trastorno por déficit de atención cuando eran niños. Pero los etiquetan como bipolares. Es una etiqueta que pesa mucho, que te marca para toda la vida. Si eres chica, tendrás que tomar una medicación que te causará toda clase de problemas en los ovarios y cambios significativos en tu equilibrio metabólico. Son las consecuencias de que te digan que padeces un trastorno genético familiar que hará de ti una persona poco fiable, impredecible, propensa a caer en depresiones terribles o al suicidio...

Bryna trabaja en una guardería infantil.

—Hace poco nos trajeron a un chico, un niño de acogida —dijo—. Lo habían apartado de su hogar por malos tratos y desatención. Como presentaba comportamientos sexualizados y había pasado por una etapa de cambios de humor bruscos, alguien decidió que tenía trastorno bipolar. Sus síntomas cuadraban con los de la lista. ¿Lo ves? Así que le recetaron unos medicamentos bastante potentes que lo atontaron y lo redujeron a un chaval gordo y babeante. Y entonces declararon que la medicación había sido un éxito.

Bryna añadió que al final quedó claro que el chico no era bipolar. Tenía cambios de humor y un comportamiento sexualizado porque habían abusado sexualmente de él. Pero eran esclavos de la lista de evaluación. Sus síntomas evidentes coincidían con los rasgos enumerados. El crío era solo uno de tantos en una de tantas guarderías. En los últimos años, se ha diagnosticado trastorno bipolar a millones de niños en Estados Unidos.

—¿Ha estudiado alguien si a los niños bipolares se les sigue diagnosticando el trastorno cuando llegan a la adolescencia? —le pregunté a Bryna.

—Sí —respondió—. A algunos, sí. Otros lo superan con la edad.

—¿Lo superan? —repetí—. ¿No se supone que el trastorno bipolar dura toda la vida? ¿No es otra forma de decir que en realidad nunca lo tuvieron?

Bryna me miró con severidad.

—Mi marido superó su asma y sus alergias alimentarias —dijo.

Cuando le pregunté a Robert Spitzer qué opinaba de la posibilidad de que hubiera creado un mundo en el que conductas normales se consideraban síntomas de trastornos mentales, se quedó callado. Esperé a que respondiera. Pero el silencio duró tres minutos.

—No lo sé —dijo al fin.

—¿Alguna vez piensa en ello? —inquirí.

—Supongo que la respuesta es que no mucho —dijo—. Tal vez debería. Pero no me gusta la idea de hacer conjeturas sobre cuántas de las categorías que figuran en el *DSM-III* describen comportamientos normales.

—¿Por qué no te gusta hacer conjeturas? —quise saber.

—Porque entonces estaría haciendo conjeturas sobre hasta qué porción del libro es un error —contestó. Se produjo otro largo silencio—. Una parte de él podría serlo —admitió.

La noche del 13 de diciembre de 2006, en Boston, Massachusetts, Rebecca Riley, de cuatro años, estaba resfriada y no podía dormir, así que llamó a su madre, que la llevó a su propia habitación, le dio un medicamento para el resfriado y su pastilla para el trastorno bipolar, y le dijo que podía dormir en el suelo, junto a la cama. Cuando su madre intentó despertarla a la mañana siguiente, descubrió que su hija había muerto.

La autopsia reveló que sus padres le habían administrado una sobredosis de los antipsicóticos que le habían recetado para su trastorno bipolar, que no habían sido aprobados para su uso en niños. Se habían habituado a darle las pastillas para hacerla callar cuando se ponía pesada. Los dos fueron condenados por el asesinato de Rebecca.

Quien la había diagnosticado como bipolar y le había prescrito una medicación —diez pastillas al día— era un psiquiatra respetable llamado Kayoko Kifuji, que trabaja en el Tufts Medical Center y era un gran admirador de las investigaciones del doctor Joseph Biederman sobre el trastorno bipolar infantil. Rebecca había obtenido una puntuación alta en la escala de evaluación del *DSM*, pese a que en aquel entonces contaba solo tres años y apenas era capaz de construir una frase entera.

Poco después de recibir la sentencia, Carolyn, la madre de Rebecca, concedió una entrevista a Katie Couric, de la CBS:

K. COURIC: ¿Cree que Rebecca padecía de verdad un trastorno bipolar?

C. RILEY: Seguramente no.

K. COURIC: ¿Cuál cree ahora que era su problema?

C. RILEY: No lo sé. Tal vez era simplemente demasiado inquieta para su edad.

11

Buena suerte

Había transcurrido más de un año desde que Deborah Talmi había deslizado sobre la mesa su ejemplar de aquel libro delgado, extraño y misterioso en el Costa Coffee. Tony de Broadmoor me llamó. Hacía meses que no tenía noticias suyas.

—¡Jon! —dijo. Parecía emocionado. Su emoción resonaba, como en un pasillo largo y vacío.

Me alegré sinceramente de que me telefoneara, aunque no estaba seguro de hasta qué punto era apropiado que me alegrara. ¿Quién era Tony? ¿Era Toto Constant, que me había parecido el arquetipo de psicópata de Bob Hare, encantador y peligroso, que se ajustaba a la lista de síntomas con una precisión inquietante y aterradora? ¿Era Al Dunlap, a quien, en retrospectiva, tenía la impresión de haber metido con calzador en el perfil de psicópata, a pesar de que él mismo hacía suyos muchos de los ítems, pues los consideraba manifestaciones del Sueño Americano, del espíritu emprendedor? ¿Era David Shayler, cuya demencia palpable pero inofensiva para los demás lo había reducido a un juguete en manos de la industria de la locura? ¿O era Rebecca Riley, o Colin Stagg, declarados dementes de forma equivocada solo porque no eran quienes las personas que los rodeaban querían que fueran? Costaba tratar con ellas, no eran lo bastante normales.

—Va a examinarme una comisión —dijo Tony—. Quiero que vengas, en calidad de invitado mío.

—Ah —respondí, intentando sonar animado.

Brian, el cienciólogo de la CCDH, me había hablado de los numerosos exámenes a los que se había sometido Tony. Este los solicitaba continuamente, año tras año, desde que lo habían ingresado en el pabellón para trastornos de la personalidad graves y peligrosos de Broadmoor, hacía ya mucho tiempo. Intentaba convencer a todo el mundo de que formara parte de la comisión: psiquiatras, cienciólogos, yo, cualquiera. Sin embargo, el resultado era siempre el mismo. No se llegaba a nada.

—¿Dónde se reunirá la comisión? —inquirí.

—Aquí mismo —dijo Tony—. Al final del pasillo.

Los periodistas rara vez consiguen entrar en una unidad de TPGP —mis encuentros con Tony siempre habían tenido lugar en el comedor principal, el Centro de Bienestar—, y yo tenía curiosidad por ver el lugar por dentro. Según el profesor Maden, el jefe clínico del módulo, de no ser por la escala de evaluación de Bob Hare aquel sitio no existiría. Tony estaba allí porque había obtenido una puntuación alta, al igual que los trescientos pacientes del pabellón TPGP, incluidos Robert Napper, el hombre que había matado a Rachel Nickell en Wimbledon Common, y Peter Sutcliffe, el Destripador de Yorkshire, entre otros. Había cuatro módulos de TPGP en Gran Bretaña, cuatro para hombres y uno para mujeres, en Durham. Este último se llamaba La Prímula. El de Tony se llamaba El Cercado.

Según la versión oficial, eran lugares donde se trataba a los psicópatas (con terapia cognitiva conductista y fármacos inhibidores del deseo sexual —castración química— en el caso de los agresores sexuales) y se les enseñaba a controlar su psicopatía con vistas, supuestamente, a reincorporarlos algún día a la sociedad como ciudadanos pacíficos y productivos. Sin embargo, según la teoría más extendida, todo era una artimaña para mantener a los psicópatas encerrados de por vida.

«No son más que una engañifa —me había asegurado Brian cuando había almorzado con él unos dos años antes—. Aplican a los presos, perdón, quiero decir a los pacientes, un poco de terapia cognitiva conductista, califican de terapia una conversación informal entre un enfermero y un paciente durante la hora de la comida. Si el paciente participa en la conversación, se interpreta como que está respondiendo a la terapia. Está "bajo tratamiento". De ese modo, cualquiera que saque una puntuación alta en la escala de Hare puede acabar encerrado para siempre.»

La historia del módulo para TPGP comenzó un día de verano de 1996. Lin Russell, sus dos hijas, Megan y Josie, y su perra *Lucy* estaban paseando por un camino rural cuando vieron que un hombre las observaba desde su coche. Se bajó y les pidió dinero. Sujetaba un martillo.

—No llevo dinero —repuso Lin—. ¿Quiere que vaya a buscarlo a mi casa?

—No —dijo el hombre, antes de matarlas de una paliza. Josie fue la única superviviente.

El asesino, que se llamaba Michael Stone, era un psicópata conocido. Tenía varias condenas previas. Sin embargo, la ley establecía que solo los pacientes con trastornos mentales que se considerasen tratables podían permanecer recluidos después de haber cumplido la pena impuesta. Como la psicopatía no se consideraba tratable, habían tenido que poner en libertad a Michael Stone.

Tras su condena por el asesinato de las Russell, el gobierno decidió fundar una serie de centros de tratamiento —«centros de tratamiento», había dicho Brian, simulando comillas con los dedos— para psicópatas. Poco después, se construyeron los módulos de TPGP. Y, en efecto, durante los diez años siguientes, prácticamente no se puso en libertad a ninguno de los internos. Al parecer, en cuanto se dictaminaba que alguien era un paciente TPGP, esa persona ya nunca saldría de allí.

—Ah, por cierto —me dijo Tony por teléfono ahora—. Hay algo que quería pedirte. Un favor.

—¿Ah, sí? —pregunté.

—Cuando escribas sobre mí en tu libro —dijo—, por favor, llámame por mi nombre. Mi nombre de verdad. Olvídate de esa tontería de «Tony». Usa mi nombre verdadero.

El Centro Cercado era una fortaleza limpia, anodina, moderna, de un relajante color pino, un módulo de seguridad dentro de otro módulo de seguridad. La iluminación, deliberadamente intensa, cegadora, eliminaba toda posibilidad de sombra. Las paredes eran de un amarillo pastel, un color tan inocuo que apenas existía. Los únicos toques de algo parecido a un color de verdad eran el rojo vivo de los numerosos botones de pánico. Formaban una línea discontinua en las paredes, a intervalos regulares. La calefacción sonaba como un suspiro largo y fuerte.

Un guardia de seguridad me indicó que me sentara en una silla de plástico en un pasillo desangelado —era como el pasillo de un Travel Inn recién construido—, bajo un botón de pánico.

—No se preocupe —dijo, aunque yo no le había preguntado nada—. Los pacientes no pueden entrar aquí.

—¿Dónde están los pacientes? —inquirí.

Hizo un gesto con la cabeza en dirección al fondo del pasillo, donde había una especie de sala de observación. Más allá, al otro lado de un vidrio grueso y transparente, había dos salas grandes, limpias, diáfanas y sin detalles destacables. Unos hombres, los psicópatas, caminaban por ellas arrastrando los pies, comiendo chocolatinas, contemplando por las ventanas las onduladas colinas del exterior. En algún lugar, no muy lejos, entre la nieve, estaban el castillo de Windsor, el hipódromo de Ascot, Legoland.

Transcurrió una hora interminable. Unos enfermeros y guardias de seguridad se acercaron para saludarme y preguntarme quién era. Les dije que era amigo de Tony.

—Ah, Tony —dijo un enfermero—. Conozco a Tony.

—¿Qué opina de Tony? —quise saber.

—Tengo una opinión muy radical sobre Tony —aseveró—. Pero no sería apropiado que se la dijera.

—Su opinión sobre Tony ¿es radicalmente positiva o radicalmente negativa? —pregunté.

Me miró como diciendo: «No pienso responder a eso.»

Pasó más tiempo. Ahora éramos cuatro en el pasillo: el enfermero, dos guardias de seguridad y yo. Todos estábamos callados.

—Me siento privilegiado por estar en este edificio —comenté, rompiendo el silencio.

—¿En serio? —preguntaron los demás a coro, lanzándome miradas de desconcierto.

—Bueno —dije—. Es misterioso. —Hice una pausa—. Los que no trabajan o viven aquí nunca llegan a ver esto por dentro.

—Nos sobran algunas camas, si le interesa —dijo el enfermero.

De pronto, aquello se convirtió en un hervidero de actividad. Unas personas iban y venían —abogados, enfermeros, psiquiatras, jueces, guardias de seguridad— con mucha prisa, apiñados en grupos, manteniendo conversaciones reservadas, alejándose a paso veloz para realizar llamadas frenéticas, entrando juntos en habitaciones privadas.

—¿Siempre hay tanto movimiento por aquí? —le pregunté a un guardia.

—No —dijo. Parecía sorprendido. Enderezó la espalda en su silla—. Esto no es normal. Algo está pasando.

—¿Algo relacionado con Tony? —inquirí.

—No lo sé —dijo. Sus ojos recorrían el pasillo de un extremo a otro como los de una suricata. Sin embargo, nadie le pidió que ayudara a lidiar con el problema que había surgido, fuera cual fuese, así que se repantigó de nuevo en su asiento.

Un hombre se detuvo para presentarse.

—Soy Anthony Maden —dijo.

—Ah, hola —contesté. Aunque desde hacía un tiempo me escribía con él por correo electrónico de vez en cuando, era la primera vez que veía al clínico de Tony, el jefe del módulo TPGP. Parecía más joven de cómo yo lo imaginaba, un poco más desaliñado, más simpático.

—Es una mañana de locos —dijo.

—¿Por culpa de Tony? —pregunté.

—Todo se aclarará, o tal vez no, en el transcurso de la mañana —afirmó, y echó a andar apresuradamente.

—Una cosa —grité para que me oyera—. Tony quiere que mencione su nombre en mi libro. Su nombre real.

Se paró en seco.

—Ah —dijo.

—Pero ¿y si consigue salir en libertad algún día? —inquirí—. ¿Y si alguien que podría contratarlo lee mi libro? ¿En qué le ayudaría que el mundo se enterara de que se ha pasado media vida en el módulo para trastornos de personalidad graves y peligrosos?

—Tienes razón —dijo Anthony Maden.

—Me preocupa un poco —confesé, bajando la voz— que

solo me haya pedido que mencione su nombre por el ítem dos de la escala de evaluación de Hare. «Concepto elevado de la propia valía.»

Se le iluminó el rostro, como si dijera: «O sea que en realidad lo has entendido.»

—Exacto —respondió.

Un hombre mayor de aspecto agradable detuvo sus pasos. Llevaba un traje de *tweed* y una pajarita.

—¿Y usted quién es? —me preguntó.

—Soy un periodista —expliqué—. Estoy escribiendo algo sobre Tony.

—Ah, es un caso muy interesante —dijo—. Soy uno de los jueces de la comisión examinadora.

—A mí también me parece interesante —dije—. Al profesor Maden siempre le ha parecido algo extraño que yo quisiera escribir sobre Tony y no sobre, ya sabe, el estrangulador de Stockwell o alguien por el estilo. Pero él es interesante, ¿verdad? —Al cabo de un momento, añadí—: Ambiguo, ¿no?

El juez me miró, de repente con expresión sombría.

—No será usted un cienciólogo, ¿verdad?

Era frecuente que miembros de la CCDH acudieran a sesiones como aquella.

—No —contesté—. ¡No, no, no! ¡No, no! Qué va. Para nada. Pero fueron los cienciólogos quienes me trajeron a Broadmoor por primera vez. Y creo que sí que vendrá uno de ellos. Un hombre llamado Brian.

—Los cienciólogos son una gente de lo más rara —comentó.

—Cierto —convine—, pero han sido amables conmigo y no me han exigido, bueno, nada extraño. Han sido amables y serviciales sin pedir nada a cambio. Lo sé, a mí también me sorprende, pero ¿qué quiere que le diga? —Me encogí de hombros—. Es la verdad.

(En realidad, me habían pedido algo a cambio recientemente. La BBC iba a realizar un documental crítico con ellos, así que me enviaron un mensaje de correo electrónico para preguntarme si querría participar en un vídeo de réplica para dar fe de lo mucho que me habían ayudado desde que los conocía. Les dije que no. Enseguida contestaron que vale, que ningún problema.)

Brian llegó aturullado y sin aliento.

—¿Me he perdido algo? —me preguntó.

—Nada aparte de un ajetreo tremendo y misterioso —respondí—. Algo está pasando, pero nadie quiere decir qué.

—Hmmm —murmuró Brian, mirando en torno a sí con los ojos entrecerrados.

De pronto, un destello de color, una camisa granate y un golpeteo metálico. Clanc, clanc, clanc.

—¡Eh, eh! —dijo el guardia—. ¡Aquí llega!

Tony estaba distinto. Cuando lo conocí, llevaba el cabello muy corto. Ahora lo tenía largo y más bien lacio. Además, había engordado un poco. Cojeaba apoyándose en unas muletas de metal.

—¿Qué le ha pasado a tu pierna? —preguntó Brian.

—Me he quedado lisiado —dijo Tony. Echó un vistazo alrededor y, en un susurro acuciante, se dirigió a Brian y a mí con una mirada de súplica—: Los guardias me han pegado una paliza.

—¡¿Qué?! —susurré a mi vez, escandalizado.

Una expresión de indignación y rabia cruzó el rostro de Brian. Sus ojos recorrieron nerviosamente la sala, en busca de alguien a quien denunciar los hechos.

—Era broma. —Tony sonrió de oreja a oreja—. Me la rompí jugando al fútbol.

Había llegado la hora. Entramos en la sala donde iba a celebrarse la sesión de la comisión examinadora. Duró por lo menos cinco minutos, y los jueces dedicaron uno de ellos a advertirme que si publicaba los detalles sobre lo ocurrido en el interior de la sala —quién había dicho qué—, me meterían en la cárcel. Así que no los publicaré. Pero el resultado final fue que Tony iba a quedar en libertad.

Parecía como si lo hubiera atropellado un autobús. En el pasillo, su abogado y los psiquiatras independientes que había ganado para su causa lo rodearon para felicitarlo. El proceso llevaría tres meses —debían decidir si lo ingresarían durante un período de transición en un módulo de seguridad media o si lo dejarían directamente salir a la calle—, pero ya no cabía la menor duda. Sonrió, se me acercó cojeando y me tendió un fajo de papeles.

Eran informes independientes escritos para la comisión por varios psiquiatras a quienes habían invitado a evaluarlo. En ellos descubrí cosas de Tony que no sabía, como que su madre había sido alcohólica y solía pegarle y echarlo de casa, que él vivía como un vagabundo durante varios días seguidos hasta que su madre lo acogía de nuevo, que la mayoría de los novios de ella eran drogadictos y delincuentes, que lo habían expulsado del colegio por amenazar a la cocinera del comedor con un cuchillo, o que lo habían metido en internados y escuelas especiales de los que él se escapaba porque echaba de menos su casa y a su madre.

Me pregunté si en ocasiones la diferencia entre un psicópata de Broadmoor y un psicópata de Wall Street radicaba en la suerte de haber nacido en el seno de una familia estable y rica.

Mientras Tony se dirigía a una habitación lateral con su abogado para firmar algunos documentos, yo seguí hojeando los papeles.

Fragmentos de notas clínicas de Broadmoor

27 de septiembre de 2009
De buen humor.

25 de septiembre de 2009
Animado.

17 de septiembre de 2009
Humor y comportamiento estables. Se ha pasado toda la tarde relacionándose con miembros del personal y otros pacientes.

5 de septiembre de 2009
Ha enseñado a los miembros del personal un personaje que había creado en la X-Box. El personaje era una mujer de piel negra, diseñada expresamente para resultar poco atractiva, con facciones que casi parecían las de un zombi. Ha dicho que se había inspirado en un miembro del personal. El miembro del personal que estaba hablando con él le ha dicho que eso era cruel e inapropiado y le ha pedido varias veces que cambie el nombre del personaje. Él se ha negado y ha dicho que ella debería saber aceptar una broma. La creación de este personaje no parece una broma bienintencionada, sino la expresión de su antipatía y su falta de respeto hacia ella.

(Mi hijo Joel hacía lo mismo a menudo últimamente, por cierto: creaba avatares que parecían caricaturas monstruosas de mí. Yo también tenía la sensación de que no se trataba de bromas bienintencionadas, sino de expresiones de su antipatía y su falta de respeto hacia mí. No, eso no es cierto. Creo que eran bromas.)

25 de agosto de 2009
Hoy, voleibol. Después, interacciones correctas con otros pacientes y miembros del personal.

Luego venían las conclusiones.

Opinión
La cuestión clave es la peligrosidad. No le falta inteligencia. No ha recaído en ningún momento. Si después de salir comete otro delito, recibirá una Condena Indeterminada para la Seguridad Pública con un período de internamiento muy largo; no cabe la menor duda sobre ello, y hay que informarlo al respecto, cosa que he olvidado hacer.

Recomendaría que se le concediera la libertad sin condiciones. Considero que las pruebas demuestran que su trastorno mental no es de naturaleza o grado tal que requiera que continúe bajo tratamiento en un hospital psiquiátrico. No veo necesidad de mantenerlo recluido en aras de su salud y de su seguridad, o para proteger a otros. No lo considero peligroso.

—El hecho, Jon —me dijo Tony cuando alcé la vista de los papeles—, lo que tienes que entender es que todo el mundo es un poco psicopático. Tú lo eres, yo lo soy... —Hizo una pausa—. Bueno, es obvio que yo lo soy —añadió.

—Y ahora, ¿qué vas a hacer? —le pregunté.

—Irme a vivir a Bélgica, tal vez —respondió—. Hay una mujer allí que me gusta. Pero está casada. Tendré que conseguir que se divorcie.

—Bueno, ya sabes lo que se dice de los psicópatas —comenté.

—¡Somos manipuladores! —exclamó Tony.

El enfermero que un rato antes había aludido crípticamente a sus opiniones radicales sobre Tony se me acercó.

—¿Y bien? —dije.

—Es la decisión correcta —declaró—. Todo el mundo cree que él debería estar en la calle. Es un buen tipo. Cometió un delito terrible, y está bien que se haya pasado una larga temporada encerrado, pero ha perdido en Broadmoor más años de su vida de los que debería.

—¿Opina lo mismo todo el mundo? —pregunté—. ¿También el profesor Maden? —Me volví hacia él. Creía que estaría decepcionado, o incluso preocupado, pero en realidad parecía encantado—. Desde que asistí a un curso de Bob Hare, me quedé con la idea de que los psicópatas son monstruos —confesé—. Pero solo son psicópatas, eso es lo que los define, lo que ellos son. —Me quedé callado por un instante—. Pero ¿no es Tony una especie de semipsicópata? ¿Un término medio? ¿No nos enseña esta historia que es un error juzgar a la gente que está en una zona gris por sus aspectos más desquiciados?

—Creo que tiene razón —respondió Maden—. A mí personalmente no me gusta el modo en que Bob Hare habla de los psicópatas, casi como si pertenecieran a otra especie. —Tony se había quedado de pie, solo, contemplando la pared—. Tiene rasgos psicopáticos muy marcados —admitió el profesor—. Nunca asume la responsabilidad por nada; todo es culpa de los demás. No es un delincuente depredador peligroso. Puede comportarse como un abusón en algunas circunstancias, pero nunca hace daño a nadie a propósito solo porque sí. Yo añadiría que las personas son mucho más que el trastorno que les hayan diagnosticado. Cuando uno mira más allá de la etiqueta de Tony, descubre que tiene muchas cualidades entrañables.

Dirigí la mirada hacia Tony. Por un momento me dio la impresión de que lloraba, pero no era así. Solo estaba allí, de pie.

—Aunque uno no acepte las críticas que se han hecho al trabajo de Bob Hare —prosiguió el profesor Maden—, es evidente, si uno echa un vistazo a su escala de evaluación, que uno puede obtener una puntuación alta si es impulsivo e irresponsable, o si planea fríamente las cosas. Por eso tantas personas diferentes obtienen la misma puntuación. —Hizo una pausa—. Pero hay que tener cuidado con las cualidades entrañables de Tony: muchas personas con graves problemas de personalidad tienen carisma, o alguna otra virtud que cautiva a la gente.

—¿Qué cree que pasará con él? —inquirí.

—Su destino está en sus propias manos. —Se encogió de hombros.

Resultó que el destino de Tony no estaba en sus propias manos. Lo dejaron salir de Broadmoor, en efecto, pero cuando me llamó unos meses más tarde, me aseguró que había «huido del fuego para caer en las brasas. Me han enviado a Bethlem, Jon, antes conocido como Bedlam, y no parecen tener muchas ganas de soltarme.»

Bedlam: una institución con una historia tan siniestra que su nombre se convirtió en inglés en un sinónimo de caos y locura.

—Cuando digo que he huido del fuego para caer en las brasas, hablo en serio —continuó Tony—. La otra noche, alguien incluso intentó incendiar el pabellón.

—¿Qué haces durante todo el día? —le pregunté.

—Me quedo aquí sentado rascándome los huevos —respondió—. Poniéndome morado de comida preparada.

—¿Cómo son tus vecinos? —quise saber—. Seguro que no intimidan tanto como el Estrangulador de Stockwell o el Violador de *Tiptoe Through the Tulips*, ¿no?

—Son mucho peores. Aquí hay personas que están como un cencerro.

—¿Como quiénes?

—Tony Ferrera. Investiga un poco. Verás que es una auténtica joya. Estaba viviendo en un fumadero de crack y un día estaba dando un paseo cuando vio a una mujer. La violó, la apuñaló y le prendió fuego. Está aquí. Y luego está Mark Gingell, doble violador y qué sé yo qué más...

—¿Hay alguno con el que te lleves bien?

—No.

—¿Tienes miedo?

—Mucho. Habría que estar muy mal de la cabeza para no tenerle miedo a esta gente.

—Ah, a propósito —dije—, quería hablarte del día que estuve con Toto Constant. Era el líder de un escuadrón de la muerte haitiano. Ahora está en la cárcel por un fraude hipotecario. Cuando lo conocí, no paraba de repetir que quería caer bien a la gente. Era muy sensible respecto a lo que los demás opinaran de él. Pensé: «Eso no es muy propio de un psicópata.»

—Ya —dijo Tony—. La verdad es que da bastante pena.

—Así que al final le comenté: «¿No es una debilidad estar tan ansioso por agradar a la gente?» Y él dijo: «¡No, no lo es! Si consigues agradar a alguien, puedes manipularlo para que haga lo que tú quieras.»

—¡La hostia! —exclamó Tony—. Ese sí que es un psicópata como Dios manda. —Al cabo de un momento, añadió—: ¡Ni siquiera se me había ocurrido! Te juro por lo que más quiera que ni siquiera se me había pasado por la cabeza.

A principios de enero de 2011, poco después de enviarme una felicitación navideña («Los amigos son como los panales: unos están colgados, otros están zumbados y otros son dulces»), dejaron salir a Tony de Bethlem.

Creo que el negocio de la locura está lleno de personas como Tony, reducidas a sus facetas más desquiciadas. A algunos, como a Tony, los encierran en módulos TGPG por haber sacado una puntuación demasiado alta en la prueba de Bob.

Otros salen por la tele a las nueve de la noche, previa eliminación de las imágenes que muestran su cara más normal, aburrida y cuerda, para que sirvan de ejemplo de lo que no debemos ser. Evidentemente, hay muchas personas muy enfermas en el mundo. Pero también hay personas que están en una zona intermedia y a las que se les pone sin contemplaciones una etiqueta excesiva, con lo que pasan a ser simplemente una personificación de la locura a ojos de quienes se aprovechan de ellas.

Bob Hare iba a hacer una escala en Heathrow, así que nos encontramos por última vez.

—El tipo que he visitado varias veces en Broadmoor —le informé, removiendo mi café—. Tony. Acaban de dejarlo en libertad.

—Madre mía —dijo Bob.

Lo miré.

—Bueno, lo han enviado a Bethlem —aclaré—, pero estoy seguro de que pronto estará en la calle. —Hice una pausa—. Su clínico es muy crítico contigo —agregué—. Dice que hablas de los psicópatas casi como si fueran de otra especie.

—Todas las investigaciones apuntan a que no son de otra especie —dijo Bob—. No hay pruebas de que constituyan una especie diferente. O sea que el hombre no está bien informado acerca de la literatura especializada. Debería estar al corriente sobre la literatura especializada. Es una cuestión dimensional. Él debería saberlo. Es dimensional.

—Claro que es dimensional —dije—. Las puntuaciones de tu escala de evaluación van de cero a cuarenta. Pero él se refería al modo en que generalizas cuando hablas de los psicópatas...

—Ah, ya —dijo Bob, con frialdad—. Lo sé.

—A eso se refería —insistí.

—Lo hago por comodidad —aseveró Bob—. Si hablamos

de alguien con la presión arterial alta, decimos que es un hipertenso. No es más que un término. El tipo no entiende este concepto en particular. Decir «psicopático» es como decir «hipertenso». Yo podría emplear la expresión: «Persona que ha obtenido una puntuación superior a cierto número en la escala de evaluación PCL-R.» Sería muy pesado. Así que los llamo psicópatas. Cuando hablo de psicopatía, me refiero a eso: a una puntuación alta en el PCL-R. No estoy seguro de cuán alta tiene que ser. Para propósitos de investigación, treinta resulta práctico, pero no es un número incuestionable. —Posó la vista en mí, impasible—. Tengo la conciencia totalmente tranquila —afirmó. Se hizo un silencio—. Por otro lado, mi intuición me dice, muy en el fondo, que tal vez sean diferentes —añadió—, aunque es algo que no hemos demostrado aún.

—Creo que mi amigo de Broadmoor es un semipsicópata —dije. Bob se encogió de hombros. No conocía a Tony—. ¿Debemos definirlo por su psicopatía o por su cordura? —pregunté.

—Bueno, las personas que dicen esa clase de cosas —respondió Bob—, y no lo digo en sentido peyorativo, son, bueno, muy de izquierdas, intelectuales muy izquierdistas. No les gustan las etiquetas. No les gusta hablar de las diferencias entre las personas. —Hizo una pausa—. Hay quien opina que defino la psicopatía en términos despectivos. ¿Cómo voy a definirla, si no? ¿Quieren que hable de los aspectos positivos de los psicópatas? Podría decir que tienen don de palabra. Que besan bien. Que bailan muy bien. Que tienen modales exquisitos a la mesa. Pero resulta que también van por ahí acostándose con todo el mundo y matando a la gente. Así que ¿qué aspecto crees que debería poner de relieve? —Bob se rio, y yo también—. Pídele a una víctima que se fije en las cualidades positivas y te contestará: «No puedo, tengo los ojos hinchados.» —Naturalmente, añadió, a veces se ponen etiquetas excesivas, pero esto es responsabilidad de las compañías farmacéuticas—. Ya verás lo que ocurrirá cuando desarrollen un medicamento para la psicopatía. El umbral bajará a veinticinco o veinte...

—Creo que el poder que me confiere ser un detector de psicópatas me ha cegado un poco —dije—. Creo que estoy un poco ciego de poder desde que asistí a tu curso.

—El conocimiento es poder —dijo Bob. Me lanzó una mirada significativa—. Me pregunto por qué el poder no me ha cegado a mí.

Unas semanas después, recibí un paquete. Llevaba matasellos de Gotemburgo, Suecia. Alguien había escrito en la esquina superior: «Hoy se cumplen veintiún años del Suceso. ¡Ahora todo depende de nosotros!»

Me quedé mirándolo. Luego lo rasgué para abrirlo.

En el interior había un ejemplar de *El ser o la nada*. Lo hice girar entre mis manos, admirando su belleza extraña y sencilla, el agujero recortado en la página 13, las palabras, los dibujos y diseños crípticos, las veintiuna páginas en blanco.

Convertirme en un destinatario de *El ser o la nada* fue una gran sorpresa para mí, aunque no del todo inesperada. Petter me había escrito hacía unos días por correo electrónico para avisarme de que pronto recibiría algo por correo ordinario, que dentro habría un mensaje para mí, un mensaje que tal vez no entendería de inmediato, pero que era importante, por lo que debía perseverar, o quizás incluso consultar a mis compañeros.

«Tardé dieciocho años en averiguar cómo ejecutar la primera fase —escribió—, así que ten paciencia. Acabarás por descubrir lo que debes hacer a continuación. Después de mañana, no podré seguir comunicándome contigo. Es una lástima, pero así es como tienen que ser las cosas.»

«Si te mando un correo electrónico pasado mañana, ¿no me responderás?», le escribí.

«Puedes mandarme un correo electrónico, pero no te responderé —contestó—. Así es como tienen que ser las cosas.»

De modo que tenía un margen de un día para bombardearlo con todas las preguntas que se me ocurrieran. Para empezar, le pregunté por qué todas las páginas pares del libro estaban en blanco.

«Me sorprende que nadie me haya comentado nada al respecto antes, pero no se trata de una casualidad, por supuesto —respondió—. 21 páginas con texto y 21 en blanco = 42 páginas (el ser o la nada). Creí que sería bastante obvio.»

«Todas esas labores manuales tan complicadas (recortar con cuidado las letras de la página 13 y demás), ¿las hiciste tú solo, o te ayudó alguien?»

«Yo mismo recorto, pego los adhesivos e inserto "la carta al profesor Hofstadter" —contestó—. Son tareas más bien tediosas.»

«¿Qué hay de los destinatarios? —le escribí—. ¿Cómo los escoges? ¿Cuál es la pauta?»

No me envió una respuesta de inmediato. Me quedé mirando la bandeja de entrada. Entonces llegó: «Tiene que quedar un poco de misterio», había escrito.

Dicho esto, pareció retraerse de nuevo, como si aquella franqueza fortuita lo hubiera asustado.

«No puedo revelarte nada más —agregó—. Cuando recibas el mensaje, haz lo que te dicte el corazón. En cuanto a los siguientes pasos que debes dar, ya lo descubrirás. Deja que los acontecimientos se sucedan. ¡Ahora el elegido eres tú, no yo! Eres una buena persona, y estoy seguro de que harás lo correcto, sea lo que sea.»

Tenía la tele encendida de fondo. Estaban dando un programa sobre cómo Lindsay Lohan estaba «perdiendo los papeles al estilo Britney».

¡Ahora el elegido eres tú, no yo! Eres una buena persona, y estoy seguro de que harás lo correcto, sea lo que sea.

Sin pararme a pensar, le escribí un correo electrónico en el que entonaba el mea culpa y le decía que, cuando lo conocí, cuando me presenté ante su puerta en Gotemburgo, me había parecido que no era más que un tipo excéntrico y obsesivo. Mi mente lo había reducido a eso. Pero ahora había caído en la cuenta de que sus excentricidades y obsesiones lo habían llevado a crear y distribuir *El ser o la nada* de formas sumamente fascinantes. No hay pruebas de que estemos en este mundo para ser especialmente felices o normales. De hecho, nuestra infelicidad y nuestras rarezas, nuestras ansiedades y compulsiones son a menudo lo que nos impulsa a hacer cosas interesantes.

«Puedo llegar a ser un poco obsesivo —me escribió—. Lo reconozco...»

Y luego, tal como había prometido, interrumpió todo contacto por correo electrónico.

Ahora, mientras hacía girar el libro entre mis manos, algo cayó de entre sus páginas. Era un sobre que llevaba mi nombre escrito y una pegatina de un delfín.

Presa de una emoción inesperada, lo abrí.

Era una postal: una pintura de una mariposa y un lirio azul. Abrí la tarjeta. Dentro, escrito a mano, estaba el mensaje, que constaba de solo dos palabras:

Notas/Fuentes/Bibliografía/Agradecimientos

Creo que ser los primeros lectores de un libro mío puede resultar bastante estresante, ya que tiendo a entregar el manuscrito y a quedarme allí, con un aire entre desafiante y desesperado. Así pues, Elaine, mi esposa; William Fiennes; Emma Kennedy; y Derek Johns y Christine Glover, de AP Watt, merecen mi mayor agradecimiento.

Había cuatro o cinco páginas del capítulo «La noche de los muertos vivientes» que resultaban aburridas, y necesitaba que alguien me lo dijera. Ben Goldacre lo hizo encantado, tal vez demasiado encantado. Adam Curtis y Rebecca Watson me dieron unas opiniones preliminares extraordinariamente lúcidas, al igual que mis editores Geoff Kloske, en Riverhead, y Paul Baggaley, en Picador, además de Camilla Elworthy y Kris Doyle.

Le estoy muy agradecido a Lucy Greenwell por ayudarme con el trabajo de documentación y con la organización de mi viaje a Gotemburgo.

Grabé una versión anterior de «El hombre que fingió demencia» para el programa de la radio pública de Chicago *This American Life*. Quiero dar las gracias, como siempre, a Sarah Koenig, Ira Glass y Julie Snyder.

Para documentarme sobre Harry Bailey y el Tratamiento

de Sueño Profundo consulté *Medical Murder: Disturbing Cases of Doctors Who Kill*, de Robert M. Kaplan (Allen and Unwin, 2009).

Mi información sobre la vida y la muerte de L. Ron Hubbard procede de vídeos de la Cienciología y del documental de 1997 de Channel 4 *Secret Lives: L. Ron Hubbard*, producido y dirigido por Jill Robinson y 3BM Films.

Reconstruir la historia de Elliott Barker y Oak Ridge fue una grata experiencia. La investigación de la odisea del doctor Barker me llevó a consultar *R. D. Laing: A Life*, de Adrian Laing (Sutton, 1994-2006); «Baring the Soul: Paul Bindrim, Abraham Maslow and "Nude Psychotherapy"», de Ian Nicholson (*Journal of the History of the Behavioral Sciences*, vol. 43, núm. 4, 2007); y *Please Touch*, de Jane Howard (McGraw-Hill, 1970) [*Tóqueme por favor: reportaje sobre el Movimiento de Potencial Humano*, Kairós, 1977].

Me informé sobre el experimento de Oak Ridge leyendo «An Evaluation of a Maximum Security Therapeutic Community for Psychopaths and Other Mentally Disordered Offenders», de Marnie E. Rice, Grant T. Harris y Catherine A. Cormier (*Law and Human Behavior*, vol. 16, núm. 4, 1992); «Reflections on the Oak Ridge Experiment with Mentally Disordered Offenders, 1965-1968», de Richard Weisman (*International Journal of Law and Psychiatry*, vol. 18, 1995); «The Total Encounter Capsule», de Elliott T. Barker y Alan J. McLaughlin (*Canadian Psychiatric Association Journal*, vol. 22, núm. 7, 1977); y *Total Encounters: The Life and Times of the Mental Health Centre at Penetanguishene*, de Robert F. Nielsen (McMaster University Press, 2000). Gracias a Catherine Cormier y Pat Reid, de Oak Ridge, así como a Joel Rochon.

El capítulo sobre Bob Hare está basado en parte en las entrevistas que le hice, pero también en sus libros *Without Conscience: The Disturbing World of the Psychopaths Among Us* (Guilford Press, 1999) [*Sin conciencia: el inquietante mundo de los psicópatas que nos rodea*, Paidós, 2003] y *Snakes in Suits: When Psychopaths Go to Work* (HarperBusiness, 2007), que coescribió con Paul Babiak.

La anécdota que Bob Hare cuenta sobre Nicole Kidman procede del artículo «Psychopaths Among Us», de Robert Hercz, 2001. La información sobre la historia de Jack Abbott y Norman Mailer la extraje de «The Strange Case of the Writer and the Criminal», de Michiko Kakutani (*The New York Times Book Review*, 20 de septiembre de 1981) y *In the Belly of the Beast*, de Jack Henry Abbott, con una introducción de Norman Mailer (Vintage, 1991) [*En el vientre de la bestia: cartas desde la cárcel*, Ediciones Martínez Roca, 1982].

Me documenté sobre las circunstancias de los crímenes de Emmanuel *Toto* Constant en «Giving "The Devil" His Due», de David Grann (*The Atlantic*, junio de 2001).

Agradezco a Ben Blair y Alan Hayling su ayuda con el capítulo «La noche de los muertos vivientes», y a John Byrne por su libro *Chainsaw: The Notorious Career of Al Dunlap in the Era of Profit-at-Any-Price* (HarperBusiness, 1999), además de sus investigaciones sobre Al Dunlap publicadas en las revistas *BusinessWeek* y *Fast Company*.

Mi intento de entender la relación entre las reestructuraciones implacables de Al Dunlap y la subida vertiginosa de las acciones de Sunbeam me llevó hasta Michael Shermer, Joel Dimmock, Paul Zak y Ali Arik.

Doy las gracias a Laura Parfitt y Simon Jacobs, productores de mi serie de BBC Radio 4 *Jon Ronson On...*, por su ayuda con la investigación sobre David Shayler, y a Merope Mills y Liese Spencer de *Guardian Weekend* por su ayuda con Paul Britton. El fiasco Colin Stagg/Paul Britton está relatado de forma muy interesante en los libros *The Rachel Files*, de Keith Pedder (John Blake, 2002); *The Jigsaw Man*, de Paul Britton (Corgi Books, 1998); y *Who Really Killed Rachel?*, de Colin Stagg y David Kessler (Greenzone, 1999).

Para informarme sobre el *DSM-IV* y el capítulo «La

muerte evitable de Rebecca Riley» recurrí a cuatro fuentes estupendas: «The Dictionary of Disorder: How One Man Revolutionized Psychiatry», de Alix Spiegel (*The New Yorker*, 3 de enero de 2005); *The Trap*, de Adam Curtis (BBC Television); «The Encyclopedia of Insanity: A Psychiatric Handbook Lists a Madness for Everyone», de L. J. Davis (*Harper's*, febrero de 1997); y «Pediatric Bipolar Disorder: An Object of Study in the Creation of an Illness», de David Healy y Joanna Le Noury (*The International Journal of Risk & Safety in Medicine*, vol. 19, 2007).

Doy las gracias a Alistair Stevenson por proporcionarme una frase hermosa que resume lo que yo pienso sobre esos ideólogos cuyo afán de polémica y cuya desconfianza hacia la psiquiatría les impide ver el sufrimiento muy real de personas con síntomas mentales poco comunes.

Índice